中国蒙古族系列丛书之七

元朝之后的蒙古汗国

班布日 著

内蒙古人民出版社

图书在版编目（CIP）数据

元朝之后的蒙古汗国 / 班布日著. — 呼和浩特：内蒙古人民出版社，2017.12

（中国蒙古族系列丛书 / 孛儿只斤•苏和主编）

ISBN 978-7-204-15212-4

Ⅰ. ①元… Ⅱ. ①班… Ⅲ. ①蒙古族－民族历史－中国－古代 Ⅳ. ①K281.2

中国版本图书馆CIP数据核字(2017)第329010号

元朝之后的蒙古汗国

作　　者	班布日
责任编辑	王世喜
责任校对	李向东
装帧设计	刘那日苏
责任印刷	王丽燕
出版发行	内蒙古人民出版社
地　　址	呼和浩特市新城区中山东路8号波士名人国际B座5层
印　　刷	内蒙古爱信达教育印务有限责任公司
开　　本	720×1000　1/16
印　　张	16.125
字　　数	280千
版　　次	2017年12月第一版
印　　次	2017年12月第1次印刷
印　　数	1－5000册
书　　号	ISBN978-7-204-15212-4
定　　价	55.00元

如出现印装质量问题，请与我社联系。

联系电话：（0471）3946230　3946120

网址：http://www.nmgrmcbs.com

《中国蒙古族系列丛书》编委会

赵如意 摄

前　言

蒙古族曾经是一个有过辉煌历史的民族。在蒙古圣主成吉思汗的统帅下，建立了横跨欧亚大陆的蒙古大帝国，使蒙古民族的历史载入人类历史史册。在中国，由于蒙古民族建立了中国历史上空前统一的大元王朝，结束了中国自唐朝以来364年的分裂局面，也使蒙古族成为了中华民族中的佼佼者和举足轻重的一员。从成吉思汗的蒙古帝国时期到近代长达700多年的漫长岁月里，蒙古民族叱咤风云、前仆后继，为中华民族做出了突出的贡献，这体现在中国的国家版图、政治体系、哲学、宗教、科技、战争、商业、文化等诸方面。

蒙古民族在历史的进程中走过了一条独特的道路。蒙元帝国时期是她最辉煌灿烂的时期。

到了明朝，蒙古族退居漠北，史称“北元”。初期大汗的统治衰落，使蒙古族内部进入纷争之中，并形成各部落割据状态。达延汗再度统一蒙古，成为“蒙古中兴英主”，他把蒙古各部分封给诸子，形成了成吉思汗黄金家族一统天下的统治局面。但是随着时间的延续、黄金家族亲缘关系的逐渐远离、游牧地域的扩展和游离，使蒙古各部落的关系渐行渐远，形成了事实上的部落割据状态。但不管怎么样，蒙古北元政权对漠北的统治一直维持到1636年清王朝建立时为止。这期间形成了蒙古左右翼六万户、科尔沁及阿鲁蒙古、兀良哈三卫、四卫拉特等蒙古诸部，以及滞留在中国内地隐居下来的蒙古族。蒙古族近现代各部落和群体就在这个时期基本形成了雏形。

在这以后，蒙古民族对中国的影响不再是以整体民族出现，而是体现在蒙古各部落之中。这是由于达延汗以后的北元蒙古大汗对蒙古族整体的统治权随着各部落的崛起和割据而逐渐趋于弱化。一些崛起的部落纷纷进入了各自的历史角色，这些蒙古部落的政治和军事活动的结果，从不同的程度和角度上对中国的政治历史产生了重大影响。这个时期的蒙古族历史更突出了部落的独立性。

我们举例来说明这种影响。在明朝，其实际疆域不含明长城以北、以西的蒙古高原和西域（现新疆）地区，对青藏地区也影响甚微。而蒙古族各部落正是这一地区的实际统治者和控制者，蒙古族作为中国元朝的统治民族和曾经担任过中国皇帝的民族，他们对这一地区的控制实际上起到了防止这一部分国土从中国分裂出去的危险。察哈尔部是北元大汗的直属部落，达延汗的蒙古中兴使蒙古族对这一地区的控制得到了加强。土默特部的阿勒坦汗缓和了明蒙矛盾，并引进了农业、手工业经济，使蒙古地区与明王朝和睦相处了几十年。到了清朝，科尔沁及其漠南蒙古诸部作为清朝统治者的同盟军，为清朝巩固北部边疆和开疆扩土做出了重大贡献。西部卫拉特蒙古所起的作用更不容忽视。准噶尔部在西域建立了疆域广大的准噶尔汗国，和硕特部在青藏高原建立了和硕特汗国，他们归附了清朝，使这一地区继元朝以后重新纳入了中国的版图。土尔扈特部在欧洲伏尔加河建立土尔扈特汗国，后因不堪忍受沙俄的统治毅然东归故土，这一举动起到了巩固国家和增强民族凝聚力的作用。

再比如，蒙古族接受藏传佛教以后，利用其威势巩固了藏传佛教——黄教在青藏高原的统治地位。1578年，土默特部首领阿拉坦汗赠封青海藏传佛教格鲁派领袖索南嘉措为“达赖喇嘛”称号。1645年，和硕特部首领固实汗加封西藏扎什伦布寺寺主罗桑却吉坚赞为“班禅博克多”的称号。从此确立了藏传佛教“达赖”、“班禅”佛教体制。事隔多年以后的1653年（清顺治十年），这一封号才得到了清朝政府的承认。

现在中国蒙古族聚居地区的很多地名都来源于蒙古族的部落名称。但是由于历史的变迁，很多人不十分清楚这些地名的历史沿革，这些地名本身就隐含着一部蒙古部落的历史。蒙古族的民俗文化博大精深，世人皆知，她除了继承蒙古族的主体文化以外，各部落还独具特色。这是由于蒙古族各部落的历史、居住地域广阔，以及与周边不同民族接触和影响所造成的，因此蒙古各部落的民俗文化也各具特点。

综上所述，这些蒙古族鲜为人知、尘封多年的历史文化，在不同的蒙古族部落里也不尽相同。要真正了解蒙古族的历史文化，必须从蒙古族各部落和群体的角度来加以研究，才能清晰地勾画出来龙去脉而展现其历史的本来面目。

孛儿只斤·苏和先生经过多年对蒙古族历史文化的倾心研究，把他的研究成果以《中国蒙古民族系列丛书》的形式展现在读者面前。该书系统介绍了中国境内蒙古部落和群体。相信这部系列丛书与读者见面以后，能够起到在广大读者中普及蒙古民族历史文化的作用，为落实中央关于推动社会主义文化大发展、大繁荣，以及为我们内蒙古自治区文化大区建设做出贡献。

内蒙古民族事务委员会主任

于二〇一一年十月

目 录

赵如意 摄

赵如意 摄

成吉思汗（1162～1227）

第一章　大元余晖——北元风云

公元1294年2月18日，大元王朝至元三十一年正月十九。这一天，王朝的实际奠基者、一代雄主忽必烈病逝于元大都紫檀殿，享年八十岁。

忽必烈一生可谓波澜壮阔，作为一个含着金钥匙出生的“金枝玉叶”，他的童年是在蒙古帝国蒸蒸日上的辉煌中度过的。他目睹了爷爷成吉思汗、伯父窝阔台汗、还有父亲托雷金戈铁马，扬鞭世界，缔造出了空前绝后的帝国。青年时代，他率兵十万，深入南疆，征服了传奇的大理国，并亲手搀着大哥蒙哥的手，将他扶上蒙古帝国的大汗宝座。

在中年，当大哥暴死，蒙古帝国分崩离析之际，他不顾传统，联合东道诸王、世袭重臣以及汉地诸侯，击败了幼弟阿里不哥，成为帝国的第五任大汗。而面对着帝国无法恢复的局面，他重整河山，接受汉法，立国号为元，接过了延续数千年的中华法统，成为中国皇帝，并灭亡南宋，结束了唐末持续数百年的分裂局面。

及至晚年，他最挚爱的妻子和最属意的接班人先后离他而去，对外战争又屡败于日本、安南（今越南北部）这样的小国，尤其是以蒙古正统自居的窝阔台汗国之汗海都更是成为元朝西北一大宿敌，双方鏖战经年，互有胜负，直到忽必烈去世，海都仍然雄踞中亚不见颓势。

虽然不能说是无憾而终，但忽必烈盛年即位，在位三十四年，功成名就，统治着极为广大的帝国，拥有着难以计数的财富，已经算是古来少有的有福气的皇帝了，尤其是能活到八十高龄，这在中国历史上三百多位帝王中，除了梁武帝和清高宗乾隆外，便

元世祖忽必烈（1215~1294年）

只此一人而已。

然而，令忽必烈想不到的是，自己的子孙们的生命力竟然都极为脆弱。从他的接班人元成宗铁穆耳开始，连续八任皇帝，没有一任能活过五十岁，大多在二三十岁的青年时代便匆匆“谢幕”，更有还未成年便夭亡者。短命的皇帝，更迭频繁的皇位，所面对的，却是一个幅员辽阔，民族众多，问题复杂，且天灾“较其前之任何朝代，皆严重多矣”[①]的王朝。大元王朝经过短暂的繁荣，便进入了衰败期。

更让忽必烈想不到的是，当他的子孙中终于有一个活过五十岁，坐在皇位上的时间超过他的人时，却已经是亡国之君。

这便是忽必烈的五世孙，元惠宗妥懽帖睦尔。

①邓拓：《中国救荒史》，第30页，上海书店1984年。

第一节 帝国末日

妥懽帖睦尔是一个不幸的幸运儿。

说不幸，是因为他在早年命运坎坷，懵懂之际，便不自觉地陷入皇室上层的血腥政争。

妥懽帖睦尔九岁时，致和元年（1328年）八月，元朝发生了著名的“两都之战”。他的叔叔图帖睦尔在权臣燕帖木儿的拥立下，趁着泰定帝也孙铁木儿在上都（今内蒙古正蓝旗上都镇）驾崩之际，控制大都（今北京）称帝，这便是元文宗。之后，泰定帝之子阿速吉八在上都为帝，改元“天顺”，是为天顺帝。两个皇帝占据两座都城，互相发兵大打出手，混战两个月，上都一方失败，天顺帝不知所终，元文宗成为元朝的统治者。

战争结束了，天下大势看似可以稳住了，但文宗曾经的承诺却让事情起了波澜，也开始了妥懽帖睦尔青少年时代的不幸。

原来，文宗图帖睦尔是元武宗海山的次子，他还有个大哥和世㻋，这便是妥懽帖睦尔的父亲。

当年元成宗驾崩，太子早亡，作为成宗亲侄子的海山以及自己的弟弟爱育黎拔力八达便成为皇位的候选人，以中书右丞相哈剌哈孙为首的朝臣也属意于这兄弟二人。但成宗的皇后却并不想立这两个侄子，朝廷内部顿时剑拔弩张。是时，海山还在西北领兵，无法返回；

元明宗和世㻋

而他的弟弟爱育黎拔力八达正在怀州（今河南沁阳），离大都很近，于是率从臣宿卫回京，在哈剌哈孙的帮助下剪除成宗皇后一党，迎海山即位。

海山即位为元武宗后。为了表彰弟弟的功劳，立弟弟为“皇太子”，约定兄终弟及，叔侄相传。也就是武宗死后，皇位传给弟弟，弟弟死后再传给武宗之子。武宗在位三年而崩，爱育黎拔力八达继位，是为元仁宗。元仁宗虽然是元朝有名的贤君，但也违反了诺言，立自己的儿子为太子，没有传给武宗之子。武宗长子和世㻋不满叔叔违约，起兵叛乱，结果失败逃亡，到察合台汗国栖身。

和世㻋在察合台汗国居住了十五年之久，妥懽帖睦尔便出生在这里，和父母过着虽然不够豪奢，却也平静安宁的生活。

两都之战时，文宗虽然即位为帝，但曾经昭告天下，皇位应该是哥哥和世㻋的，只是因为大哥“辽隔朔漠”，自己不得不暂时登基，待到日后天下安定，一定要“谨俟大兄之至，以遂朕固让之心”。待到一切尘埃落定，元文宗便派人到察合台汗国，迎请哥哥回国即位。

弟弟的谦让，使得和世㻋成了大元朝的明宗皇帝，由近臣簇拥着南下即位。当他的使臣先来到大都之时，百姓们欢呼鼓舞，都云：“吾天子实自北来矣！”诸王、旧臣也“争先迎谒，所至成聚”[①]。一片广受拥护的大好局面。

然而，文宗虽然谦让皇位，但他所代表的并非自己一人，而是代表着以燕帖木儿为首的一大批文武官员的利益。文宗幼年也频遭流放，处境凄凉，身边并无宿卫近臣，他的即位，对于燕帖木儿等人是最好的选择。而明宗当年逃亡之时，身边便有千余名文武护驾，这些人与他同甘共苦，如今主人当了皇帝，自然是要位列将相的。这么一来，燕帖木儿等人的利益受到威胁，自然不能坐视明宗坐稳皇位。而明宗在回大都的路上，也过于张扬，不但在没通知弟弟的情况下便在蒙古故都哈剌和林举行了登基大典，而且将自己的宿卫近臣委任各种官职。这让原本有谦让之心的文宗甚为不满。

我们不能说当初文宗让位不是出于真诚，如果只是虚伪，不会一再宣示要让位给兄长。两都之战后，也不会第一时间便派人前去迎接明宗。但是，人性是复杂的。慷慨的谦让也会伴随着不甘和妒忌，只是在神圣的光环之下会隐藏的较深。而一旦有外来的刺激，这种不甘和妒忌便会释放出来，逐渐将自己曾经坚持的美好愿望

①宋濂：《元史·明宗》。

消磨、腐蚀，最后点滴不剩。终于，这场看似温情的兄弟礼让演变成了血腥阴谋。

明宗在路上走了近一年，天历元年（1329年）八月来到上都和大都之间的旺忽察都之地。此时，作为太子的文宗也赶来相见，兄弟二人相见甚欢。可仅四天后，连龙椅都没有正式坐过的明宗便不明不白地“暴崩”。

明宗之死，标志着文宗又重新回到皇位，开始自己的皇帝生涯。也标志着妥懽帖睦尔开始了不幸的童年。父亲遇害时，他年仅九岁，而仅两年后，他十一岁时，母亲又被文宗赐死。还未成年便父母双亡已经是人生的惨剧，而他又被宣布不是父亲的儿子，先流放到高丽大青岛，后又被流放到广西静江（今桂林）。

被流放到静江的妥懽帖睦尔，可算是到了他童年最不幸的时刻。父母双亡，没了身份，流放边鄙之地，身边又有朝廷的官员随时准备加害。而同时，他的幸运也随之到来。

妥懽帖睦尔在静江的住所，是当地的大圆寺。寺庙的主持秋江长老是一位学问高深的儒僧，他对妥懽帖睦尔的遭遇很是同情，与寺僧一起对其深为照顾，使他逃过了监视官员的加害。又见妥懽帖睦尔聪明伶俐，秋江长老也着意对其进行培养，年幼的妥懽帖睦尔系统地学习了儒家经典，成为元朝诸帝中浸淫汉文化最深的一个。

大圆寺坐落在桂林独秀峰下，明代改为靖江王府

紧接着好运接踵而来。至顺三年（1332年）元文宗图帖睦尔驾崩，临终前因为对哥哥一家的歉疚，他立下遗诏传位给哥哥明宗的次子、妥懽帖

睦尔的弟弟懿璘质班。但懿璘质班即位仅四十三天便夭折，无奈之下，执掌朝政的权臣燕帖木儿不得不将十三岁的妥懽帖睦尔接回大都继位。

燕帖木儿是文宗时代独揽大权之人，也是两都之战中勇冠三军的猛将，他本就不同意文宗传位明宗之子的主意。在迎接妥懽帖睦尔时，发现妥懽帖睦尔沉默寡言，难窥真心，便制造舆论，指出妥懽帖睦尔“不可立，立则天下乱”，并一连数月不举行登基大典，准备废掉妥懽帖睦尔。

岂料，此时妥懽帖睦尔红运当头，正当燕帖木儿紧锣密鼓安排废立之时，他自己却突然“体羸溺血而薨”，仓促谢幕。妥懽帖睦尔终于登基称帝，这便是元惠宗。

惠宗即位后只是傀儡，燕帖木儿家族仍然执掌大权。而好运再次降临，原本处于朝中第二号人物的伯颜主动倒向他，开始对付燕帖木儿家族。

这伯颜本来燕帖木儿一样，都是扶立文宗上位的功臣，但一直在燕帖木儿的阴影下屈居次位。如今燕帖木儿已死，他自然不再甘心再居于燕帖木儿子侄之下。于是，在至元元年（1340年）正月，伯颜与惠宗密切配合，一举铲除燕帖木儿家族。

燕帖木儿家族虽然覆灭，但也开始了长达五年的伯颜专政时代，惠宗仍是傀儡。正当惠宗无计可施之时，伯颜的侄子、的掌管宿卫兵马的脱脱却成为惠宗的幸运天使，主动投靠到惠宗麾下。

脱脱是伯颜弟弟马札儿台的儿子，自幼师从于大儒吴直方，深通儒学，“日记古人嘉言善行服之终身”。不但学问很好，且“膂力过人，能挽弓一石”，可谓文武双全。因为深谙儒家忠君爱国之道，脱脱虽然深受伯父伯颜信任，但对伯颜“骄纵已甚”的行为十分不满。他倒向惠宗，经过政变，将伯颜搬倒，使惠宗真正成了乾纲独断的皇帝。

惠宗掌握实权后，任命脱脱为中书右丞相，君臣二人开始了雷厉风行

元惠宗妥懽帖睦尔

的“更化改制”。 恢复科举、设宣文阁、开经筵、行太庙四时祭、修辽金宋三史、翻译经史书籍、编纂《后妃功臣传》等史书、修订《至正条格》与《六条政类》等典章。

在大兴文教的同时，惠宗君臣还大力推行新法，纾解民困。元朝本就灾害频繁，再加上官府豪绅的盘剥，小民百姓生活已经相当困苦，虽然英宗、泰定帝时期施行助役法，缓解民困，但到文宗、惠宗之时也已经出现弊端，“其庶人之役于官者，往往闾左之民也，而富人则有田而无役，甚或不以征，岁终保称贷而输之，至破产者无算。次其田虽近于均，而役则不均也。”[①]针对“助役法”败坏，造成赋役不均的问题，惠宗和脱脱在部分地区推行“核田定役”，也就是核实田产，分配徭役，避免富人将徭役转嫁于贫民。同时，为了应付接连不断的天灾，惠宗还恢复了常平仓制度，并仿照历代旧制，施行义仓制度。

从至元六年（1340年）到至正四年（1344年），近四年的时间中，惠宗在脱脱的辅助之下，尽了极大的努力想将帝国从日趋崩坏的下坡路上拉回来，而他们的作为比之前代的无所作为（文宗）和胡作非为（伯颜）也显得务实、积极、富有责任感。久在衰乱中挣扎的百姓们也惊喜地发现，大都宫殿中高高在上的皇帝和中书省一言九鼎的宰相对他们来说不再是只顾着争权夺利纸醉金迷的影子，已经开始顾忌自己的生死，考虑帝国的兴衰。百姓总是容易被感动的，也容易相信这样的情况会继续下去，时人赞颂朝廷更化是“至正宾兴郡国贤，威仪重见甲寅前”，脱脱被“中外翕然称为贤相”[②]。后世的史家中，连对惠宗抱有成见的权衡也认为惠宗“持其心常如至正之初，则终保天下”，绝不会日后“远遁而为亡虏”[③]。

然而，很快，惠宗与脱脱这对君臣之间发生了嫌隙。脱脱虽然吸取伯父的教训，不擅权自专，但制度所然，习惯所然，一旦成了宰相，怎么小心，也出现了“威权震海内”[④]，“虽不弄权，而权自盛”的情况。于是，惠宗在至正四年五月逼迫脱脱辞去相位，自己一力掌管朝政。

所谓“天予弗取，反受其咎”，从此时开始，幸运之神远离了惠宗，诸般厄运也接踵而来。

罢黜脱脱后，惠宗一度每必躬亲，继续推行新政，在“修律例”“定荐举守令法”“遣奉使巡行

①余阙：《宪使董公均役之记》，《青阳集》卷九。
②《元史·脱脱传》。
③权衡：《庚申外史》，卷下。
④《侨吴集》卷十二《陶煜墓碣》。

天下”“举逸隐士，沙汰僧尼”四件大事上大为用心。甚至，为了能有合格的地方官，惠宗还要求所有即将上任的官员都要“陛辞听旨”，自己亲自进行面试，对每位官员都谆谆教导：“汝为我牧此民，无使之失所，而有饥渴之患，则为良牧守矣。”①

可惜，惠宗的励精图治没能够换来海晏河清，天下升平，而是巨大的天灾。

脱脱刚刚罢相，至正四年五月，北方便遭遇了罕见的大洪水，瓢泼大雨二十余日，使得黄河暴溢，白茅堤（今河南兰考东北）、金堤全部绝口，平底水深竟达二丈。北方各地，如济宁路（治今山东巨野）的单州（今山东单县）、虞城（今河南虞城北）、砀山（今属安徽）、金乡（今属山东）、鱼台（今山东鱼台西）、丰（今江苏丰县）、沛（今江苏沛县）、任城（今山东济宁）、嘉祥（今属山东），曹州（今山东菏泽）的定陶（今属山东）、楚丘（今山东曹县东南）、成武（今属山东），大名路（治今河北大名南）的东明（今山东东明东南），东平路（治今山东东平）的汶上（今属山东）等州县均陷入一片泽国，百姓破家殒命者不计其数。

而到至正八年正月，河水又决，先是淹没济宁路，继而北侵安山（今山东东平西），汇入运河，延袤济南、河间。这不但使得连接南北的大运河有中断之虞，且河间、山东两盐运司所属几十个盐场也有被淹没的危险。

运河是大都赖以获得粮食和生活用品的主要通道，而盐税是政府的重要收入来源。滔天洪水不仅荼毒了一般百姓，即使京城中的达官显贵也无法安生了。

而天灾之下，人祸又起。水患造成了大量的饥民和游民，他们得不到官府的有力赈济，为了生存，不得不铤而走险。河南、山东等河泛区“沿河盗起，剽掠无忌，有司莫能禁”。从至正四年七月开始到至正十年，山东、福建、湖南、浙江、辽东、山西、江西各地均爆发了游民起义，数量达到数百起之多。

惠宗努力经年，国势不断衰乱，毫无回转的迹象。无奈之下，他终于放弃了自行其是，至正九年（1349年）闰七月召回脱脱复为中书右丞相，重新总领国事。

脱脱再登相位，可此时的他已经必须把更化、改革放在一边，集中精力做好三件大事：治河、变钞和镇压各地民变。

在治河能臣贾鲁的操持下，治

①权衡：《庚申外史》，卷上。

河取得了极好的成果，但也使得大量的民工聚集，让有心图乱者找到了机会。世间出现了“石人一只眼，挑动黄河天下反”的民谣，民变起义之火烧得更为炽烈。而变钞的失败又使得通货膨胀达到极致，经济几乎到了崩溃的边缘，给动乱的天下雪上加霜。

至正十一年（1351年），白莲教主韩山童在颍州颍上（今属安徽）发动起义，虽然起义刚一发动，韩山童便被捕身死，但其部下刘福通则统领其部，众至十余万。之后，彭莹玉起兵淮西，芝麻李占领徐州，邹普胜、徐寿辉起兵蕲州（今湖北蕲春南），取“压倒大元”之意，建立天完政权，王权、张椿等攻占邓州、南阳，称“北琐红军”，孟海马等攻占襄阳（今湖北襄樊），称“南琐红军”，定远人郭子兴等攻占濠州（今安徽凤阳东北）。

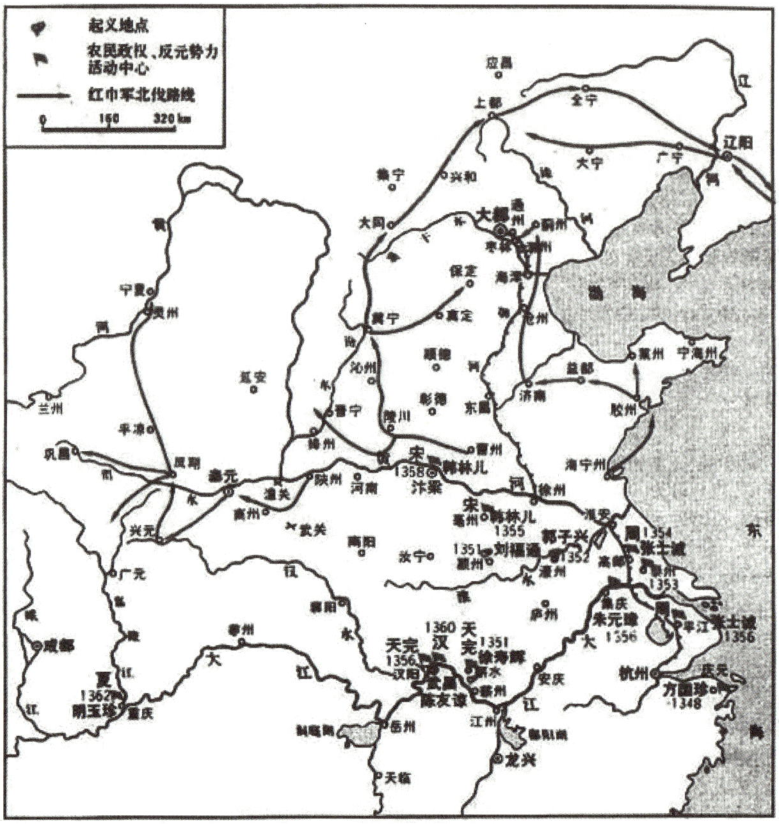

元末农民战争形势图

闹到最后，所有的事情，都不得归于军事——对各地起义军的镇压。

上天的眷顾让惠宗从朝不保夕的流亡皇子成了九五至尊说一不二的帝王，在他意图振作之时，也有很多能臣愿意为他所用。虽然有过一次失败，但上天并没有抛弃他。脱脱重新主政之后，治河的成功使得灾变的损失不会再扩大，而对各地义军的征讨，也在脱脱的主持下有了次第平息的希望。

至正十二年（1352年）五月，元军攻陷襄阳，北琐红军被镇压；至正十二年九月，脱脱亲自率军攻陷徐州，杀芝麻李；至正十三年（1353）十一月，江西行省右丞火你赤攻占瑞州，杀彭莹玉等；至正十三年十二月，元军合攻天完政权，攻占蕲州，擒杀天完官员四百余人，随后夺取武昌、汉阳，徐寿辉“遁去”；至正十四年（1354年）正月，元军攻陷峡州，南琐红军被镇压，而与此同时，濠州郭子兴与部将不和，所部分裂，势力大衰。

如果惠宗能够趁此机会重新振作，未尝不能将失败扭转，可这个时候的他，已经被种瓜得豆的残酷现实击倒，完全放弃了自己的理想，也放弃了一个皇帝的责任。他躲进深宫，开始了“怠于政事，荒于游宴”的奢靡生活。他的身边，不再有饱学之士，社稷之臣，而是一切宵小谄媚之徒，每日只知鼓动他与西域番僧学习“房中运气之术”，以至于“丑声秽行，著闻于外”。他的聪明才智，也不再致力于国计民生，而是投入到“科学研究”——制造龙船、宫漏、五云车等玩具，“其精巧绝出，人谓前代所罕有”①。

惠宗彻底沉沦了，但因为有脱脱主持大局，大元王朝还不至于迅速走上分崩离析。可是，惠宗的太子爱猷识理达腊也是一个从小系统接受儒家教育的人，对于父亲不顾朝政，只追求自身享乐的做派极看不惯。他挺身而出，联络多名重臣，组成“太子党”，开始谋划逼惠宗退位。而惠宗历经坎坷才成为皇帝，对于权位看得比什么都重，也不可能拱手让位，忠于他的大臣组成“帝党”，专与“太子党”为难。

国家多难，朝堂之上却父子失和，局面终于不可收拾。

至正十四年（1354年）九月，脱脱亲率大军将称帝的张士诚部围困于高邮。但在破城在即的紧要关头，朝中两党之争波及军队。因为脱脱不愿参与太子逼惠宗退位的图谋，被太子视为政敌，趁他领兵在外之际，太子党发起弹劾，将脱脱免职流放。脱脱深得军心，无故被贬，军心大乱，甚至有将领悲愤自杀。张士诚趁机率军出城反攻，元军立即陷入大溃败，大军百万，一时四散。从此，元朝政府能够直接指挥的军队已经所剩无几

官军主力元气大伤，靠募兵起家的察罕帖木儿、答失八都鲁、李思齐、张良弼等逐渐崛起，成为元军主力。答失八都鲁死后，其子勃罗帖木儿继之；察罕帖木儿死后，其养子扩廓帖木儿继之。可这些军阀扩大自己

①宋濂：《元史·顺帝六》。

的地盘要比拱卫朝廷上心得多，互相争权夺利，攻伐不已。太子党与帝党也交结这些军阀，使得内讧频仍，兵连祸结，根本无力再征讨起义军了。

与元朝内部的分裂相反，南方的义军却经过多年的淘汰整合，逐渐形成了陈友谅、张士诚、朱元璋、方国珍等几大势力。而朱元璋异军突起，至正二十三年（1363年），灭陈友谅的汉政权；至正二十七年（1367年）九月，灭张士诚的周政权；十二月招降方国珍。而从至正二十七年开始，朱元璋更命徐达为大将军，常遇春为副将军，出兵北伐。北伐军攻入山东，元山东诸将多降，南军入济南、益都等地。

到至正二十八年（1368年），朱元璋正式即皇帝位，定国号为明，建元洪武，定都南京。同时，明军北伐入河南，仅用两个月时间便占领河南全境。

到此时，元朝的天下已经摇摇欲坠，只等着敌人来做最后的收场了。

元代石刻画《纺织图》

第二节 北元的开始

朱元璋北伐的策略为先取山东，次下河南，后夺潼关，对大都进行战略包围，待取得大都后，再分兵夺取山西、陕北、关中、甘肃等地。而实行这战略的北伐军是由丞相徐达、平章常遇春率领的二十五万百战精锐。

朱元璋很看重自己的对手，他的战略无懈可击，但却有些无用武之地的感觉。

此时的元朝，将帅不受制于朝廷，士兵毫无战心，混乱到了没有还手之力的地步，数月之间，山东、河北、河南相继丢失。

明军顺利地将大都城置于唾手可得的境地。

1368年（元至正二十八年，明洪武元年）七月二十八日，北伐军兵临通州，镇守通州的知枢密院卜颜贴木儿力战而死。通州陷落。

通州是大都城的东南门户，失守后，大都除了自身的城防之外，再也无险可倚。虽然帝国还有左丞相扩廓帖木儿，太尉纳哈出、李思齐，梁王匝拉瓦尔密等人率领的数十万军队，但要么是远水不解近渴，要么是冷眼旁观，私心自保。没有一个靠得住。

元惠宗束手无措，召集百官朝议，决定“避兵北行”。

危急时刻，左丞相失列门、知枢密院事黑厮等大臣力主据城死守，宦官伯颜不花甚至痛哭道：“天下者，世祖之天下，陛下当以死守，奈何弃之！臣等愿率军民及诸怯薛歹出城拒战，愿陛下固守京城。”[①]

这样的血性虽然可贵，但在没有援军可盼的情况下固守京城无异于自杀。惠宗叹道：“今日岂可复作徽、钦！”命淮王帖木儿不花监国，与中书左丞相庆童同守京城。自己率皇后、皇妃、皇子及朝臣百余人北走上都，主动放弃了自己的京城。

皇帝的出走，大都城失去了最后抵抗的希望。五天后，徐达的大军轻而易举地攻入城内，被任命为监国的淮王帖木儿不花以及左丞相庆童、平章迭尔失、平章普赛因不花、左丞张伯、御史中丞满川等大臣战死，大都城陷落。

曾经无比强大帝国的首都，世界上最繁华的“汗八里”，有着被马可•波罗称为“设计的精巧和美观，简直非语言所能描述”[②]的城防，随着一小

①宋濂：《元史·顺帝十》。
②梁生智译：《马可·波罗游记》，中国文史出版社1998年版，第117页。

元大都复原图

群人乘着夜色仓皇出城，便永远地换了主人。

而这背后，是更为空前绝后的“奇迹”——一个游牧民族入主中原百余年，在失败后竟然全身而退，回到祖先故地继续国祚。

北元的历史从此开始，元惠宗妥懽帖睦尔既是元朝的末代皇帝，又是北元的开国皇帝。

日后，清朝皇帝一直禁止开发辽东，保护“祖宗龙兴之地”，也是想效法元朝，留个退路。可惜，世事变迁，除了在日本羽翼下弄了个“满洲国”外，一切只是镜花水月。

元惠宗的不战而逃，使得明太祖朱元璋认为他是“知顺天命”，“表彰”了他一个“顺帝”的名号。这虽然比“违命侯”“畏威候”“负义候”之类听起来好些，却也代表了不屑。

无论敌人如何评价自己，惠宗一行总算是平安地到达了上都城。

上都城又名开平，是元世祖忽必烈一手营建的草原城市，当年在蒙哥汗死后继承汗位的所在，可说是大元朝开基建业之地。在元朝兴盛时期是与大都并列的两都之一，定为夏都。每年四月，历代皇帝都到这里避暑，直到秋凉时节才返回大都。其地位“控引西北，东际辽海，南面而临制天下，形势尤重于大都”[①]。前文所说的“南坡之变”“两都之战”“天历之变”的发生都与上都城有着直接的关系。

①虞集：《贺丞相墓志铭》，《道国学古录》卷十八。

据史载，上都城垣周长八公里余，城内有官署约六十所，手工艺管理机构和厂局一百二十余处，佛教、伊斯兰教、基督教各种寺庙堂观一百六十余处。全城由宫城、皇城、外城三重城墙组成。坐落在城池中部偏北的宫城是全城的核心，有东华、西华、御天三门，宫城内建有水晶、大明、鸿禧等殿，大安、延春等阁，华严、乾元等寺庙，皇城“装饰豪华，整个建筑令人叹为观止”①。城西还有离宫西内，周围十里，设有方圆二十五公里的大御花园，里面饲养者各种珍禽异兽。元人周伯琦的《上京途中纪事》一诗赞曰：“行宫临白海，金碧出微茫。”

城中常住人口十一万，而经商的流动人口则达数十万，乃至上百万之多。胡助《纯白斋类稿》称之：“都城百万户，丧车早暄阗。”

也许惠宗还幻想着到上都城里继续自己梦幻生活，江山虽然残破，只要有个安乐窝，就还可以逃避下去。

但眼前的一切，让他大失所望。

早在十一年前的至正十七年（1357）年，已经建号“宋”的红巾

元上都大安阁遗址

①梁生智译：《马可·波罗游记》，中国文史出版社1998年版，92页。

军丞相刘福通以“虎贲三千，直抵幽燕之地；龙飞九五，重开大宋之天”为口号指挥三路大军北伐，中路军由关先生、破头潘率领，从山东曹州出发迂回包围大都，连下辽州、大同，最后攻克了上都。农民军在城中大肆焚掠，宫城几成灰烬，人口流失殆尽。

自那而后，因为战乱不断，上都城从未被修整过，留给惠宗的，仍是早已残破的断壁颓垣。

习惯麻木的人只有在残酷的现实前才会明白自己的错。几乎成为废墟的上都与繁华无匹的大都，如此强烈的对比终于让惠宗清醒了过来，不仅慨叹道：“朕不出京师，安知外事如此！”似乎一下子爆发了登基之初澄清天下的雄心，也一下子找回了祖先的血性。他开始重新视朝，一度“昼夜焦劳，召见省臣或至夜分”①，开始了图谋恢复的努力。

一道道谕旨如雪片一样从上都简陋的宫殿中发出，发给那些虽然有私心，但还没有丧失忠诚的将军们，要他们立即组织兵力反攻，夺回大都。

扩廓帖木儿最早接到谕旨，一向以大元忠臣自居的他立即率兵出雁门关，由保安州经居庸关进攻大都。

徐达自知大都有大将孙兴祖镇守，不至有失。于是，围魏救赵，趁扩廓帖木儿出兵大都之机，率军突袭太原。

扩廓帖木儿至保安州时闻讯，马上还兵救援。没想到在欲与明军决战之时，部下却暗投明军做内应。明军夜袭扩廓帖木儿军营，扩廓帖木儿大败，仅率十八骑北走大同，以后转战于山西、甘肃、陕西、宁夏等地。

第一次反攻失败，大都没有夺回，山西反而又丢了。

1369年（元至正二十九年，明洪武二年）五月，惠宗又派丞相也速率万余骑兵出山西营于白河。通州明军守备力量薄弱，但明守将宣宁侯曹良臣虚张声势，也速不明真情撤军。

北元军没能前进，明军却立即北上。六月，常遇春、李文忠率九万大军直逼上都，大败江文清于锦川，击溃阿速于会宁，又克大兴州，上都屏障尽失。惠宗无奈，迁往达里泊(达赉湖)。不久，上都被明军攻破，亲王、大臣以下一万余人被俘，损失军马牛羊数万。

这时候的惠宗，竟然愈挫愈奋。八月刚在达里泊安顿下来便又发出旨意，命令脱列伯、孔兴以重兵攻大同，打开收复大都之路。

元军在马邑(今山西马邑)与明将

①[明]刘佶撰：《北巡私记》，《明代蒙古汉籍史料汇编》（第一辑），内蒙古大学出版社2006年10月版，第2页。

李文忠部恶战，胶着之时，明援军到达，元军大败，脱列伯被俘。包围大同城的孔兴闻讯，撤兵绥德。

三次收复大都的努力都归于失败，而明朝却相继占领山西、陕西，扩阔帖木儿居无定所，李思齐兵败降明，长城以南的国土几乎尽数沦丧。随着明军压力日增，惠宗无奈之下再

元应昌城遗址

次迁都至弘吉剌部鲁王的王城应昌(今内蒙古赤峰市克什克腾旗西北达里诺尔西南的达尔罕苏木)。

到了应昌，下一步应该去哪里呢？在明军不停地打击下，也许不久还要迁都。

但惠宗倒不用再烦恼了。迁到应昌的当年，1370年（元至正三十年，明洪武三年），他病逝于此。人们常说，年轻时吃苦不算苦，老来得享清福便是福气。而惠宗在少年时身陷囹圄，饱尝朝不保夕的苦况，到了晚年又颠沛流离，忍受一次又一次的失败，也算苦命到家。这一回，他终于彻底的顺天命而去了。

一直与父亲相争，希望取而代之

的太子爱猷识理达腊终于继位，是为昭宗，汗号“必力克图汗”。

昭宗与父亲一样，深谙汉学，虽然他争权导致国家衰亡，但从大都出逃时便已经深为痛悔。那夜，他无奈地看着夜色中的大都渐行渐远，以城楼上一弯新月为题，随口吟出一首七律：

昨夜严陵失钓钩，
何人移上碧云头。
虽然未得团圆相，
也有清光遍九州。

北元昭宗爱猷识理达腊

这首《新月诗》存着国虽破而志不坠的志向，《草木子》作者叶子奇曾赞叹：“真储君之诗也。”[①]

惠宗还在时，昭宗只能陪在父亲身边无所作为，如今即位了，他立即开始重整河山的行动。首先，他建年号“宣光”，取意于杜甫《北征诗》“周汉获再兴，宣光果明哲”[②]，意图光复元朝，如周宣王、汉光武帝那样实现中兴。

可这雄心勃勃的年号没有马上迎来好的局面。昭宗刚刚继位，明太祖朱元璋便兵分两路进攻应昌及游击于陕甘宁一带扩廓帖木儿。西路军由大将徐达率领，自潼关出西安，进兵定西；东路军由李文忠率领，由北平（明朝已把元大都改称北平）经万全，过野狐岭，直趋应昌。

①叶子奇：《草木子》卷四上《谈薮篇》，79页，中华书局2006年版。
②缪荃孙：《艺文堂文集》卷三，第31页，1901年刊本。

在沈儿峪（今甘肃定西以北），扩廓帖木儿被徐达击败，所部损失八万余人，仅与少数军士渡黄河北走蒙古故都哈剌和林（今蒙古国首都乌兰巴托）。

几乎同时，东路李文忠的五万大军兵临应昌，城中只有老弱残兵两万余人，虽然昭宗亲自迎战，但仍被击败，只得突围而奔哈剌和林，太子买的礼巴剌及后妃、宫人、诸王家属等被俘，应昌陷落。

应昌是元鲁王的“夏都”，经历代鲁王的营建，是漠南地区著名的大都市，“人民日众，车马第舍，填俘溢廓”，而且是被赞为“天家振文治，造士克国宝”的漠南儒学重镇。如今一朝城破，遭受了灭顶之灾，明军在城中大肆烧杀，乃至于遍地血污让人无法插足，弘吉剌鲁王家族百年基业毁于一旦，末代鲁王马某沙也在逃亡中被杀。

昭宗一行历经千辛万苦，终于到达了哈剌和林，而此时，从山西败逃的扩廓帖木儿也来到哈剌和林，君臣相见，不禁感慨万千。

昭宗和扩廓帖木儿在惠宗朝时因为争权而成为政敌，如今都落魄逃难，旧怨如何还能再提？君臣尽释前嫌。昭宗对扩廓帖木儿“复任以国事”①，封为“都总兵、河南王、中书右丞相”②，成为自己首席助手。

扩廓帖木儿对元室极为忠贞。当年朱元璋北伐时，曾遣使招降，并祭祀其父，册封其女为秦王妃。而当时的扩廓帖木儿正在被惠宗下令剿灭，若以良禽择木的道理来说，扩廓帖木儿本没有理由拒绝，但他仍斩杀使节，不予回应，被朱元璋赞为“天下奇男子”。

虽然君臣同心，但不断的失败使得他们所能掌握的兵马十分有限，别说反攻中原，连自保都成问题。所幸，这时元朝的东道诸王纷纷率本部人马前来“勤王”，昭宗终于又聚集起十数万大军。

这东道诸王便是成吉思汗四个弟弟的后裔，在元朝时，二弟哈撒儿后裔被封为齐王，三弟合赤温后裔被封为吴王，幼弟斡赤斤后裔被封为辽王，异母弟别勒古台的后裔被封为广宁王。这四大王族封地都在东部蒙古草原，元末大乱对他们影响不大，因此才能迅速聚集起大军来援。

有了军队，昭宗以哈剌和林为根据，重组朝廷，“延揽四方忠义，以为恢复之计”③，重用恢复派大臣，

---

①[清]张廷玉等撰：《明史·扩廓帖木儿传》，中华书局2007年10月版。
②[韩]金渭显编：《高丽史中中韩关系史料汇编》，台北食货出版社，1983年3月版，第784页。
③[韩]金渭显编：《高丽史中中韩关系史料汇编》，台北食货出版社，1983年3月版，第785页。

调度辽东纳哈出所部，联络云南梁王，招抚高丽，锐意中兴。

昭宗重用的大臣中，蒙古大臣除了扩廓帖木儿，还有哈剌章、蛮子和驴儿。哈剌章是脱脱之子，当年父亲被贬时，他也被流放肃州（今甘肃省酒泉市）。惠宗末年，脱脱平反，哈剌章被召回朝廷，授予中书平章政事，封申国公，分省大同，后随惠宗北迁。哈剌章的父亲脱脱师从大儒吴直方，而他则是师从于浦江名儒郑深。其人和父亲一样，十分忠义，自北迁以来孜孜以求便是“恢复之计”，成为昭宗身边仅次于扩廓帖木儿的重臣。出身于元朝著名的儒化蒙古世家，其弟弟别不花是文宗时期宰相，他则在惠宗朝任中书平章政事，后来分省保定。保定陷落后，他北走与惠宗汇合，应昌之战时，他与明军战于白海子骆驼山，掩护昭宗撤退。而驴儿，则是惠宗朝知枢密院事，负责防卫山东，山东失陷后，也北走投奔故主，是被明太祖朱元璋称赞为具有“坚贞之节”的忠臣。

除了这些蒙古大臣，还有两位汉臣刘仲德、朱彦德。他们被昭宗“任为帷幄之助”，是重要谋臣。明太祖非常重视他们，称之为“元二生”，曾专门派人招降，但二人只是回答：“固守赴海之节，耻蹈射钩之失”[1]，坚决拒绝。

有了东部诸王的兵马，又有这些矢志中兴的忠臣，屡遭重创的北元朝廷不但没有分崩离析，反而迅速团结起来，这对朱元璋来说是使他卧不安席的消息。

为了能彻底消灭心头大患。1372年（北元宣光二年，明洪武五年）春，朱元璋再次兴兵北征。命魏

明魏国公徐达

①[清]昭连著：《啸亭杂录·续录》，卷四，《元二臣》，北京中华书局1997年12月版，第501页。

国公徐达率精骑五万出雁门关，为中路军；曹国公李文忠率精骑五万出居庸关，为东路军；宋国公冯胜率精骑五万出金兰，为西路军。十五万大军旌旗蔽天，声势浩大。

北元命悬一线，北元君臣也倾尽全力准备防守。昭宗坐镇哈剌和林，扩廓帖木儿率兵阻截徐达，哈剌章、蛮子则率兵阻击李文忠。

中路明军的主将徐达是朱元璋麾下第一帅才，他的任务是直趋哈剌和林。为了对付他，刘仲德和朱彦德向扩廓帖木儿献上诱敌深入，以逸待劳的计策。扩廓帖木儿依计而行，派遣游骑不停引诱徐达。在此之前，徐达与扩廓帖木儿多次交手，总是胜多败少，因此十分轻敌，见对方不敢与自己作战，便挥军长驱直入，结果陷入扩廓帖木儿的包围圈。明军战死万余人，被迫撤回。

扩廓帖木儿大败徐达的同时，哈剌章与蛮子则与李文忠鏖战。他们在阿鲁浑河（今鄂尔浑河）、称海（和林偏北）布置两道防线层层防御，无论李文忠如何强攻都死战不退。李文忠率部苦战，损失惨重，宣宁侯曹良臣、骁骑左卫指挥使周显、振武卫指挥同知常荣、神策卫指挥使张耀等高级将领战死，无奈之下，也撤兵南返。

明军三路之中，只有冯胜所率西路军完成了作战任务，在西凉州（今甘肃武威）、永昌（今甘肃永昌）、扫林山(今甘肃省肃北县境)、瓜州（今甘肃安西）、沙州(今甘肃敦煌)击败北元军，降服甘州（今甘肃张掖）和亦集乃路(今内蒙古额济纳旗)。

这一次北伐，收获远少于损失，朱元璋不得不承认失败。为了避免北元乘胜反攻，派人送还俘虏的昭宗之子买的礼巴剌，并致书修好[①]。

而高丽在得知北元岭北大捷的消息后，便决定倒向北元，将已用的明朝“洪武”年号改为“宣光”。

胜利，使得昭宗君臣大受鼓舞，不顾朱元璋的修好表示，转入反攻。扩廓帖木儿、纳哈出等接连不断的南下出击。

然而，北元国力只是“几于中兴”[②]，与如日中天的明朝相比，仍是太过弱小。一次次的战斗，虽小有斩获，但无法对明朝的边防形成真正的威胁，若说匡复大元，夺回大都，只能是鼓舞士气的口号，可望而不可即。

时间一年年地过去，昭宗仍居住在“行在”——哈剌和林，没有回到

①《明太祖实录》，洪武五年十二月壬寅。
②郑麟趾：《高丽史》卷四十四，《恭愍王世家》。

哈剌和林遗址

日思夜想的大都。

1375年（北元宣光五年，明洪武八年），昭宗重要辅臣扩廓帖木儿病逝于金山方面哈喇纳海的衙庭，北元的擎天一柱崩塌，中兴大业更加虚无缥缈。

1377年（北元宣光七年，明洪武十年），高丽使节到达北元朝廷，面见昭宗时，使节身穿朝服以元朝礼节行礼，昭宗和群臣不仅怆然涕下："自我播迁，困于行间，不图今日复见礼仪！"[①]

努力多年，仍然未能重返中原，代表皇帝尊严的皇家礼仪也无法恢复。这泪水和哭声，似乎代表着放弃和绝望。

果然，仅一年后，1378年（北元宣光八年，明洪武十一年）四月，矢志中兴的北元昭宗、"必里可图汗"爱猷识理达腊病逝，年仅四十一岁。昭宗之弟（也有说法是儿子，至今没有定论）脱古思帖木儿继位，是为益宗，改元"天元"[②]，汗号"乌萨哈勒汗"。

益宗即位后，不仅扩廓帖木儿已经物故多年，刘仲德、朱彦德、驴儿等大臣也都相继病故，只剩下哈剌章、蛮子两位老臣支撑朝局，而多年反攻未获成功，也使得军心涣散，士气低落。益宗没有了其兄力图恢复

①《高丽史》，辛翰禑世家三年六月。
②王世贞著，董复表辑：《弇州史料前集》卷十八，《北虏始末志》。

的志向，只想偏安求生，将汗廷迁至捕鱼儿海（今贝尔湖）。

但树欲静而风不止，明太祖朱元璋却从没有忘怀北元朝廷的存在，不断地进行蚕食。1380年（北元天元二年，明洪武十三年），明将沐英攻破蒙古故都哈剌和林，国公脱火赤、平章爱足等被俘。为了显示军威，明军纵火焚城，大火足足燃烧了二十五天，百里之外，红光映天。从窝阔台汗于1235年建城，到此时被焚毁，这座草原名城经历了145年的风雨，终被彻底毁灭。

当时被称为捕鱼儿海的贝尔湖

1381年（北元天元三年，明洪武十四年），明军攻占云南，一直辖云南抗拒明军的元梁王瓦剌匝尔密兵败自尽。

1387年（北元天元九年，明洪武二十年），明军兵发辽东，元太尉纳哈出率众二十万出降，辽东尽属明朝。

一连串的攻击，原本应该使益宗警醒，但一直到纳哈出败灭，他还认为明军降服辽东后必然疲弊，不会对自己用兵，没有丝毫戒备。

然而，收降纳哈出的朱元璋认为歼灭北元朝廷的时机已到，当年便派大将蓝玉率十五万大军北征。

1388年（北元天元十年，明洪武二十一年）三月，蓝玉大军到达庆州（今内蒙古巴林左旗西北），得知益宗君臣均在捕鱼儿海，立即兼程前往。

四月十二日，明军兵临捕鱼儿海，此时风沙大起，白昼如晦，蓝玉指挥大军进击。

北元军在毫无防范之下大乱，太尉蛮子仓皇间率少量部队拒战，兵败战死。皇子地保奴、汗妃以及宗室大臣五十余人，将领2994人，兵卒男女77037人以及牲畜十五万余头全部被俘。随后，太师哈剌章的营盘也被攻破，被俘军兵15803人，马驼四万八千余，哈剌章本人不知所踪，从此再未

在历史中出现，应该死于乱军之中。汗廷武装遭到毁灭性打击。

益宗和太子天宝奴、知院捏怯来、丞相失列门等仅率数百人突围。苍茫大漠，益宗一行人慌不择路，来到土拉河暂时休息，商讨对策。

岂料，对他这位大汗欲除之而后快的，并不仅有朱元璋。君臣几个的对策还没有商量出结果，便遭到一支部队的突然袭击。

袭击他的，是阿里不哥的后裔也速迭尔。为了祖先的仇怨，这位宗王“勇敢”地来报仇了。

弑杀北元益宗的也速迭尔

益宗再次亡命，身边只剩下知院捏怯来等十六人跟随。正在山穷水尽之时，在捕鱼儿海离散的丞相咬住和太尉马尔哈咱率三千余人找到了益宗，君臣相见，免不了感极而涕。稍事休整后决定向辽东方向转移。

辽东尚有太师阔阔帖木儿的万余人马，若益宗君臣能够到达，汗廷的生存也许还能延续。

但因风雪交加，益宗等人行动缓慢，最终被也速迭尔的追兵赶上。这一次，益宗没能逃出生天，与太子天保奴均被杀害。

也速迭尔站在益宗父子的尸体上即可汗位，成为北元第四任可汗。129年前，阿里不哥与忽必烈争汗位失败，他的后裔倒是了了他未尽的心愿。

知院捏怯来、丞相失列门、丞相咬住“耻侍”也速迭尔，率所部投向明朝。太尉马尔哈咱则自行游牧于漠北。

捕鱼儿海之败与益宗脱古思帖木儿的死，标志着稳定的北元朝廷不复存在，蒙古高原可汗更迭频繁，群雄逐鹿的乱世开始了。

第三节 草原乱世

也速迭尔落井下石，杀害了益宗篡夺了北元汗位。但他和自己的先祖一样不争气，并没有什么过人的才能。这次之所以得手，完全由于卫拉特贵族的支持。

这卫拉特人被称为西蒙古，在日后的蒙古历史中极为显赫，这次参与弑君行动是他们从幕后走向台前的开始。

这个部族的来源错综复杂，需要仔细说说。

最早的卫拉特人，是在叶塞尼河流域广大森林中的森林狩猎民，他们当时被称“斡亦剌惕”“斡亦剌”“外剌”“外剌歹”，明朝时被称为“瓦剌”。

1206年，成吉思汗统一蒙古建国后，一面开始针对西夏、金朝的军事扩张，一面也向周边各小国进行招抚。成吉思汗派长子术赤招抚“林木中百姓”。面对强大蒙古军的威慑及成吉思汗丰厚奖赏的怀柔，“林木中百姓”斡亦剌部首领忽都合别乞很识时务，主动接受了招抚，并帮助术赤招抚其他部落。忽都合别乞不战而降，又为成吉思汗统治其他“林木中百姓”建立了功勋，从而受到极高奖赏，不但得以统治原有部落，受封太师，而且成为成吉思汗的亲家，其儿子脱劣勒赤娶了成吉思汗的女儿扯扯干公主，斡亦剌部也随之成为大蒙古国的皇亲国戚，极为显贵。

所谓种下梧桐树，招得金凤凰，周围林木中百姓各部落都以斡亦剌为荣，虽然在内部继续沿用各自的名称，对外都喜欢自称斡亦剌。因此，原本的林木中百姓，逐渐有了一个统一的名字斡亦剌，也便是瓦剌或卫拉特。卫拉特成为蒙古的一部分后，也和蒙古其他部落一样，分为左右两翼，左翼被称为“准噶尔”，右翼被称为“杜尔伯特”，都是以“绰罗斯”为姓氏。

关于绰罗斯的姓氏，还有一个奇异的传说：在古代，有名叫阿木尼和多木尼的两个人住在蛮荒之地。阿木尼的十个儿子成为准噶尔的部众，多木尼的四个儿子，成了杜尔伯特的部众。一天，他们中一个猎人在森林狩猎时发现一个婴儿躺在一棵树下，那树的形状像一个弓形的管子，从中流出的树汁哺育这婴儿，而旁边则有一只鸮（音xiao，一种鹞鹰）在守着婴儿。猎人认为树是孩子的母亲，而鸮是孩子的父亲，这是神奇的婴儿，于是将孩子抱回部落，取名“绰罗

斯”，长大后因为其神奇的出身和过人的英武，众人便推举他为准噶尔和杜尔伯特的首领，于是，绰罗斯便成了准噶尔和杜尔伯特的姓氏。

1227年成吉思汗去世，窝阔台汗及其子贵由汗相继继位，而贵由汗死后，成吉思汗第四子托雷之子蒙哥依靠家族强大的实力并获得术赤家族、察合台家族的支持，一举夺得了蒙古大汗汗位。因为汗位易主，一场清洗也就不可避免，蒙哥汗对窝阔台家族的贵族们进行了强力镇压，或处死、或改封，将“窝阔台兀鲁斯”除国。这场变故，使得大蒙古国内部各贵族的封地出现了一次大洗牌，卫拉特此时的首领是忽都合别乞之子脱劣勒赤，他将两个女儿分别嫁给了蒙哥汗的弟弟阿里不哥以及察合台的孙子哈剌旭烈，在这次事变中站在蒙哥汗一方，受封很多牧场和属民，于是，卫拉特人大量西迁，来到阿尔泰山及现今蒙古国西部地区，从森林狩猎民逐渐转变为了草原游牧民。

1259年，蒙哥汗在攻打南宋的合州钓鱼城时暴崩，两个弟弟阿里不哥和忽必烈开始了长达四年的争位战争，卫拉特部因为是阿里不哥的岳丈，自然全力支持阿里不哥一系。阿里不哥失败后，又转而支持与忽必烈作对的窝阔台汗国之汗海都，参与战乱三十余年，所部损失惨重。不过，脱劣勒赤第三子巴儿思不花之子别乞里迷失一直跟随忽必烈，在攻打南宋之战、平定昔里吉之乱中立下汗马功劳而备受宠信，官至同知枢密院事高位，从而保住了卫拉特人在元朝的地位，得以继续发展。除了准噶尔、杜尔伯特之外，又有土尔扈特、辉特等部落加入。

到了元末，从至正十一年（公元1351年）开始，无论塞北、辽东、中原、江南都陷入了长时间的战乱，即使较为封闭的吐蕃，也有着帕竹政权取代萨迦政权战争，几乎处处烽火，遍地狼烟。到元至正二十八年元朝灭亡，虽大部分战乱都已结束，但新建立的明朝又开始了针对北元朝廷的多次北伐，数十年间，干戈不息。而在这动乱之世，卫拉特蒙古远居漠西，没有参与战争。当时卫拉特北与乞儿吉思为邻 ，西南与别失八里、哈密毗连，最东到达达札布汗河、科布多河流域,优越的地理条件使卫拉特免遭战乱。

相对卫拉特的实力未损，北元朝廷却在益宗登基后锐气尽失，再难复振。此消彼长，卫拉特已经有了问鼎北元最高权力的实力。

而在此时，卫拉特蒙古出现了一位杰出的领袖——猛可帖木儿。

关于猛可帖木儿的身世，史学界有多种说法。而主流意见，其人就是卫拉特土尔扈特部首领乌格齐哈什哈，在他统领卫拉特期间，卫拉特一方面由于自身部落繁衍，另一方面也由于不断吸收和联合周围其他部落，势力渐强，人数发展到四万户以上，被明朝称为“瓦剌王”。在明军摧毁北元汗廷武装后，他率领卫拉特东进，帮助也速迭儿杀害了北元益宗，夺走了元朝传国玉玺，立也速迭儿为汗。

也速迭儿的复仇除了可汗的名号之外，所得的却着实不多。大元王朝只剩下大漠南北草原地带的残山剩水，更可怕的是，

额勒伯克汗买的礼八剌

即使是草原上的各蒙古部落，也并不怎么拿这位可汗当回事，尤其是卫拉特部，仰仗着强大实力和拥戴之功，跋扈非常，视可汗为傀儡。

也速迭尔做了四年可汗，从他开始，不再有皇帝庙号，其汗号“恩克卓里克图汗”，勉强能够政由己出，但离傀儡只有一步之遥。他于1391年（明洪武二十四年）病死。其子继位，号“昂克汗”，在位三年而死。

昂克汗死后，卫拉特蒙古与蒙古正统派达成妥协，拥立北元昭宗之子买的礼巴剌为汗，号“额勒伯克汗”，忽必烈家族复辟。

这位额勒伯克汗虽是正统的元裔，却并没有继承祖先的任何优点，在位五年期间毫无作为，反而残忍好色。因听到卫拉特绰罗斯部首领浩海说自己的弟媳美貌，竟然荒唐地杀死了胞弟哈尔古楚克洪合吉，并霸占了弟媳鄂勒哲依图洪拜济。这已经是违背人伦的倒行逆施了，而更荒唐的事

情还在后面：鄂勒哲依图洪拜济被大伯霸占后，一直想为夫君报仇，便在额勒伯克汗耳边说浩海的坏话，这位可汗也不分辨是非曲直，便又处死了浩海。待得知浩海冤枉后，为了弥补过失，将女儿萨穆尔公主嫁给浩海的儿子马哈木，并封马哈木为丞相，统领卫拉特。

前文说过，此时统领卫拉特的是“瓦剌王”猛可帖木儿，额勒伯克汗此举无疑是捅了马蜂窝。猛可帖木儿大怒道：“此合罕杀其弟哈尔古楚克洪合吉，以弟媳洪拜济为夫人，肆行不道，为妃子所欺，杀我臣浩海而耻之，知有我在，竟令我所属之巴图拉（马哈木）领四卫拉特耶？！”[①]于是于1399年（明建文元年）发兵攻打汗廷。

这额勒伯克汗是由众部首领拥立的，没有多少实力，再加上淫乱无道，没多少人支持他，如何能抵挡卫拉特的虎狼之师，很快便被袭杀。

这场变故，使得好不容易复辟的忽必烈家族又失去了汗位，不但东蒙古正统派损失惨重，被猛可帖木儿“降蒙古人众大半”，不得不屈服于卫拉特之下，额勒伯克汗的儿子本雅失里也逃到中亚，投奔了帖木儿帝国。

而猛可帖木儿在这次大胜后，彻底掌控了北元汗廷，立阿里不哥后裔坤帖木儿为汗，号“脱欢汗”。

1402年（明建文四年），卫拉特一代雄主猛可帖木儿病逝，在他之后，卫拉特没有一位首领能够统领各部，于是，出现了绰罗斯部首领马哈木、土尔扈特部首领太平、辉特部首领把秃孛罗三人共掌权柄的局面。

此时，忽必烈的后裔凋零难兴，正统派贵族以东部诸王为首，也都衰弱不堪，按说卫拉特执掌北元汗廷的局面已经不可逆转。然而，一个名叫阿鲁台的人却异军突起，开始挑战卫拉特的权威。

阿鲁台所统帅的阿苏特部是蒙古化的伊朗人，起源于高加索，随着蒙古西征而进入东亚，成为蒙古帝国一支重要的军团。元武宗时，还成为皇帝的近卫军。元室北迁之后，这支军队便演化为阿苏特部。而他本人是惠宗、昭宗、益宗三朝时的重臣太尉蛮子的亲戚，按辈分应该是蛮子的侄儿[②]。在捕鱼儿海之战中，蛮子战死，阿鲁台的家人也被明军俘虏，

①道润梯步译校：《蒙古源流》，内蒙古人民出版社2006年版，205页。
②“文化大革命”期间，在南京出土了吕原所撰《明故南宁伯追封南宁侯谥庄毅毛公夫人白氏合葬墓志铭》碑，其中记载明朝正统、景泰年间重要的军事将领毛胜的生平，在说到其家世时，碑中写道：“公讳胜，字用钦，姓毛氏，世为幽冀贵族，仕于元，曾祖教化封冀宁王，王有二子，长蛮子顺帝时太尉，于公为伯祖。次别卜花，文宗时右丞相，公之祖也。”而据《名山藏》所载，其人还是“和宁王阿鲁台之裔”，可见阿鲁台和蛮子有亲缘，应该是蛮子的侄儿。

他则率残部逃走，后与不愿降明也不愿投靠也速迭儿的太尉马尔哈咱合兵一处，一直等待着重兴北元的机会。

1403年（明永乐元年），“脱欢汗”坤帖木儿去世，卫拉特三巨头一时没能达成共识，未能第一时间找出继承人。阿鲁台趁机拥立月鲁帖木儿为汗，自己担任太师。

这位月鲁帖木儿汗是窝阔台庶子合丹的后裔，原本没有即位合法性。但在忽必烈子孙无处寻访之时，拥立蒙古帝国第二任大汗窝阔台的后裔，也要比阿里不哥后裔更具有号召力。于是，

明永乐帝朱棣

一个由阿鲁台实际操控的新的北元汗廷便这样建立了起来。

月鲁帖木儿也被称为“鬼力赤”，在位时的其他事迹已不可考，但因为从他开始，大汗的敕书都不再用汉文而只用蒙古文书写，从而引出了一桩公案。

从元惠宗北迁开始，蒙古人仍然坚持“大元”国号，明朝称其为“残元”或“故元”，而朝鲜人称其为“北元”。历任皇帝在发布敕书时，都自称“大元蒙古可汗”，蒙古文汉文对照都无问题。但在月鲁帖木儿汗时，敕书中的国号成了“yeke Mohgrol ulus”，也就是“也客•蒙古•兀鲁斯”，回到了成吉思汗时代的“大蒙古国”，而忽必烈苦心经营的“大元”，不见了。

因为没有了汉文对照，这个变动立即让明朝的成祖皇帝朱棣大喜过望，马上宣布蒙古人已经自去国号，自称“鞑靼可汗”，那个曾经是正统的元朝，已经消失了。

很多学者也认为，以此为标志，

大元国号被废除，蒙古人不再试图重返中原。但也有学者认为，这一说法并不准确。

这桩公案至今没有定论，乱世中，本就有着太多的混沌不清。但日后很多可汗仍然自称“大元可汗”，加之阿鲁台又出身于元朝宿臣家族，对“元”的国号不可能弃如敝屣，因此这只能是明成祖聊以自慰的说法而已。

月鲁帖木儿汗挑起这桩公案后不久，他的末日便来临了。1408年（明永乐六年），买的礼巴剌之子本雅失里从中亚回到了草原。这位忽必烈的嫡系子孙自然要比月鲁帖木儿更具有可汗的合法性，阿鲁台作为元室忠臣后裔，有了本雅失里，自然不会再奉月鲁帖木儿为主了。于是，他阴谋杀掉月鲁帖木儿拥立本雅失里为汗，号“完者帖木儿汗”，阿鲁台仍为太师。

完者帖木儿汗 本雅失里

在阿鲁台这边忙着废立可汗的时候，卫拉特的三大首领也没有闲着，他们自然不能坐视自己的权力就这么被剥夺，拒不服从汗廷指挥，自成体系，称臣于明朝，与汗廷俨成敌国。

相对于以往的众多傀儡可汗，本

雅失里有着较大的自主权力，而他与阿鲁台竟然没有了君臣之间屡见不鲜的敌视和猜忌，显得琴瑟合鸣。不但对卫拉特的战争取得优势，还在1409年（明永乐七年）精诚合作，全歼明成祖麾下大将丘福所率的十万北征军。

那丘福是明成祖麾下第一勇将。在成祖的“靖难之役”中，“大战真定”“战白沟河”“灵璧诸大战”以及淮河渡江战等战役中，都是“皆为军锋”，立下“以劲卒捣中坚”的卓越战功。而且其人厚道不居功，“每战胜，诸将争前效虏获，福独后”。成祖对他评价很高，即位后，“大封功臣，第福为首”，虽比不上汉之韩信，却类似于唐之尉迟敬德。

所以，率领十万大军北征，成祖选择丘福为帅，可说是理所当然。

但是，丘福是个将才，却非帅才，此时又已年高，十分固执。在北征过程中，完全是刚愎自用，轻敌冒进。与北元军遭遇获得小胜后，便不顾部将前期侦查的建议，率军长驱直入。而本雅失里和阿鲁台则不停地派小股部队作为引诱，丘福一意孤行，只知道前进，部下都感到末日将近，纷纷“泣下”[①]，跟着主帅踏上不归路。

终于，明军陷入北元军设下的重围，全军覆没，六十七岁的老将丘福也被俘杀。

能够击败明朝宿将，歼灭如此多的军队，是继北元昭宗的岭北大捷后最大的一场胜仗。本雅失里和阿鲁台都兴奋不已，似乎可汗的荣耀将重现草原。

然而好景不长，决不能坐视蒙古崛起的明成祖亲自发难，1410年（明永乐八年）率五十万大军北伐而来。

刚经过大战的北元根本没有力量再次迎接一场寡众悬殊的战争，本雅失里和阿鲁台只得放弃汗廷撤退。在撤退途中发生分歧，本雅失里希望向西背靠帖木儿帝国徐图发展，而阿鲁台的根据地却是在呼伦贝尔草原，执意东撤。君臣争执不下，甚至刀兵相见。最后，二人各领所部分道扬镳。

关键时刻的分裂，给了已经有着绝对优势的明成祖绝佳的各个击破的机会。

本雅失里所部首先被击溃，几乎孤身一人逃亡到卫拉特马哈木处，希望其看在是自己妹夫的面上给条活路。可枭雄马哈木绝对没有糊涂到认为亲情可以强过政治利益，将这位“完者帖木儿汗”处死。

本雅失里败亡后。阿鲁台也随之被打败，无奈之下遣使向明朝称臣。

卫拉特的首领们向自己称臣，现

①张廷玉等撰：《明史·丘福传》。

在阿鲁台也向自己称臣，大汗本雅失里已死，在明成祖朱棣的心目中，北元已经灭亡了，他可以高枕无忧了。

可惜，这只是他的一厢情愿。

卫拉特的马哈木、太平和把秃孛罗三位首领都接受了明成祖的册封，成为顺宁王、贤义王、安乐王。可那只是为了得到封赏，并借之对抗阿鲁台控制的北元汗廷。

现在，看着汗廷覆灭，他们绝不会放弃这个重新获得草原号召力的机会。

于是，在杀死本雅失里后，三位首领立即摇身一变，成为存亡续绝的“忠义之臣”，拥立阿里不哥后裔答力巴为汗，马哈木自任太师。

明成祖是以消灭北元汗廷为目的，岂料按下葫芦浮起瓢，一个大汗刚死，另一个大汗又出现了。他只能再次采取平衡之术，转而支持阿鲁台与之作对，封其为和宁王，并提供大量军械。

原本已经元气大伤的阿鲁台在受到明朝的支持后，迅速重新崛起，为了表示对卫拉特人拥立大汗的不承认，自己也拥立了一位大汗，以彰显正统。

这位大汗名叫阿克萨合勒，汗号为“阿台汗”。其人的身份史学界有很多争论，有人认为其为成吉思汗二弟哈撒儿七世孙，科尔沁部首领；有人则认为他是月鲁帖木儿之子；有

阿台汗阿克萨合勒

人认为是成吉思汗幼弟斡赤斤后裔；还有人认为其人是阿克萨合勒之子。

为了行文方便，笔者采用最广泛的说法：其人为科尔沁部首领阿克萨合勒。

蒙古高原形成东西两大政治中心，答里巴为西汗，阿克萨合勒为东汗，双方不停地征战。但两位大汗都是台上的木偶，真正较量的则是两位太师：马哈木和阿鲁台。

可悲的是，马哈木和阿鲁台的身后，也有着一双控制局势的手，那便是明成祖朱棣，谁赢谁输，都要看着双手会摆向哪一方。

1414年（明永乐十二年），明成祖再次率五十万大军北征漠北，兵锋直指马哈木控制的西汗廷。答力巴汗、马哈木、太平、把秃孛罗率精锐三万骑兵在克鲁伦河的忽兰忽施温（红山嘴）迎战。激战的结果，双方“杀伤略相当”，但明成祖损失几万人只是九牛一毛，卫拉特几万人战死几乎是灭顶之灾，如此平手，自然是大败。

东汗廷太师阿鲁台闻讯，立即率军连连西征。这样的“雪中送炭”，使得西汗廷几乎崩溃，可汗答力巴、太师马哈木先后战死。马哈木是卫拉特的灵魂人物，他的死更让西汗廷元气大伤。而马哈木之子脱欢也被阿鲁台俘虏，幸亏其母是额勒伯克汗的女儿萨穆尔公主，身上有着黄金家族的血，阿鲁台没有将他杀害，并于1418（明永乐十六年）年放归，统领马哈木余部。

在脱欢被囚禁期间，卫拉特联盟的事务都由太平、把秃孛罗主管，他们拥立阿里不哥后裔斡亦剌歹为汗，率残部西迁，等待时局的变化。

他们知道，阿鲁台以正统大元太师自居，一旦有了实力，决不会安心臣服明朝，而明成祖更是决不会允许蒙古出现一家独大，尤其不能容忍坚持正统的东汗廷独大。时局马上就要变化了。

果然，日益强盛的阿鲁台开始频频骚扰明边，明成祖认为其“凶悖之心复萌”[1]，决定再次翻脸。

在生命的最后三年，明成祖朱棣始终坐在马背上，1422（明永乐二十年）、1423（明永乐二十一年）、1424（明永乐二十二年）年三次亲征攻打东汗廷，阿鲁台虽然以避而不战的方针尽量保存实力，让成祖到死都没能和他交上手。但物资、人口特别是作为太师的威望损失巨大，在不战而败中迅速衰落。

这回，轮到西汗廷“雪中送炭”了。

此时，马哈木的继承人脱欢于

①《明太宗实录》，永乐二十年三月乙亥。

1424年（明永乐二十二年）兼并了太平，1434年（明宣德九年）兼并了把秃孛罗，“内杀贤义、安乐两王，尽有其众”[1]，结束了卫拉特三巨头的历史。继猛可帖木儿之后，成了名副其实的“瓦剌王”，已经厉兵秣马多年。明成祖自南而北，脱欢自西而东，阿鲁台屡屡战败，再加天灾不断，所部日益解体。

1434年（明宣德九年）七月，在北元担任太师三十余年、拥立了三位大汗的阿鲁台终于被脱欢攻杀。

与福威自操的阿鲁台相比，阿台汗阿克萨合勒要冤枉得多。近二十年来，自己毫无实权，只是有一个汗号。可偏偏这个汗号成了他的催命符，明朝和脱欢都要将他消灭而后快。成为众矢之的的阿台汗，在将领朵儿只伯的保护下四处逃难，身边的部队最多时不超过千人。

但这位阿台汗甚有骨气，虽然穷途末路，仍然拒绝了明朝的招降。在脱欢和明朝的夹击下又苦撑了四年，终于败死在巴丹吉林沙漠。

东汗廷灭亡，脱欢控制的西汗廷成为北元蒙古唯一的中心。

此时，斡亦剌歹汗已死，在位的是“岱总汗”脱脱不花。这位脱脱不花是被额勒伯克汗杀害的哈尔古楚克洪台吉的孙子。哈尔古楚克洪台吉遇害后，其子阿寨台吉在姑姑萨穆尔夫人的保护下生存了下来，后归附明朝。他有三个儿子，长子脱脱不花，次子阿巴噶尔济，幼子满都古勒。

他们在明朝边外游牧，身边只有二十户属民。斡亦剌歹汗死后，脱欢将他们请回草原，立脱脱不花为可汗

脱欢在统一卫拉特，消灭东汗廷后，已经将蒙古高原完全统一。一个强臣，到了这个地步，就该谋划篡位自立了，立实力微乎其微的脱脱不花为汗，也就是在为自己称汗铺路。

然而，因为黄金家族在蒙古人心中的崇高威望，以及“非黄金家族不得称汗”惯例的深入人心，脱欢的自立无法得到绝大多数蒙古人的支持。罗密的《蒙古家谱》中，曾记载了脱欢试图篡位而不成的故事：

脱欢想要自立为汗，在成吉思汗陵用刀砍墙壁，说道：“咄咄成吉思汗陵寝，若是其显贵乎？余苏太后，不汝弱也。”在场的大臣都劝他：“不可，此圣祖不特蒙古君，天下主也，汝当叩首谢罪求免。”可脱欢毫不在意，说道：“余行将代彼也，何以谢为？今众蒙古皆已属我，我欲法古人君陟位之制，称汗于陵前。”结果，就在设宴准备称汗的时候，挂在墙壁上的箭筒中的箭突然发出声响，紧接着脱欢身上便有了箭伤，脱欢因

[1]张廷玉等撰：《明史·瓦剌传》。

此而死。

这自然是神话故事，但也侧面的表现了当时蒙古社会对非黄金家族的脱欢欲图自立为汗的反对。同时，被脱欢拥立的岱总汗脱脱不花也是位“聪智”、“有奇策”[①]的人物，被立为可汗后，韬光养晦，收买人心，并在击败东汗廷的战争中将阿鲁台残部收编到自己麾下，实力迅速壮大。

黄金家族的声望加上脱脱不花的经营，脱欢虽然有自立的打算，却始终不敢违背传统。他所能达到的辉煌，最多不过是蒙古的曹操。

1440年（明正统五年），脱欢病逝，将自己的功业和成为可汗的梦想，留给了自己的儿子，也先。

元代琉璃建筑构件

①根据《蒙古源流》《李朝实录》的记载。

第四节 一载帝国

如果一个人，他的祖父和父亲都十分杰出，无论他愿不愿意，便要承受与生俱来的压力。他即使与祖、父一样出色都会被看作无能，他只能青出于蓝，才会被人们承认。

从古至今，不知道有多少年轻人被这样的压力压垮。

也先就生长在这样“艰难”的环境当中。爷爷奠定了卫拉特人的霸主地位，父亲统一蒙古高原。他们留给他的任务太艰巨了——一个由他绰罗斯家族建立的新的蒙古帝国。

为了这个目标，他在父亲在位时，便抓紧一切机会锻炼自己的能力，积累自己的经验。

歪思汗陵墓

接替父亲成为太师之前，他的训练场在西部，而陪练，则是东察合台汗国。

蒙古四大汗国之一的察合台汗国在1346年（元至正六年）分裂为东西两部分，西察合台汗国后被帖木儿帝国取代。而东察合台汗国则一直坚持了下来，到1414年（明永乐十二年）时，第八位可汗歪思汗成为统治者。

歪思汗在东察合台汗国也是一位雄主，被称为“英武过人”[①]，即位后放逐了曾经拥立过六位察合台汗的权臣忽歹达，独掌大权。身为一个虔诚的伊斯兰教徒，他也频频向外发动“圣战”。

脱欢时代，因为卫拉特人都不信仰伊斯兰教，歪思汗视为“异教徒”，屡屡发兵来犯。

①米儿咱·马黑麻·海答儿著，新疆社会科学院民族研究所译：《中亚蒙兀儿史——拉失德史》（第一编），新疆人民出版社1983年版，第246页。

从法统上来说，东察合台汗国应该是北元的属国，属国君主攻打宗主国太师，当算犯上作乱。可在大元朝鼎盛的时候都不买账的察合台后裔，哪里还管这些？

脱欢自然不能坐视西部边陲出事，何况那里还是自己家族的“龙兴之地”，于是派出自己的儿子也先前去经略。

初出茅庐的也先激情澎湃，几乎不间断对歪思汗发动攻击，史书记载双方“总共打了六十一次仗”①，除了一次之外，每次都取得胜利。歪思汗损兵折将，丧城失地，在明拉克一战中，自己也被俘虏，也先此时还表现出对黄金家族的尊重，“以优礼相待，将之释放”②。

可歪思汗也是钻牛角尖的人物，并不甘心，再次提兵来战，结果不久又在吐鲁番被也先俘虏。这回也先不打算无条件放人，必须得到某种保证。歪思汗不得不用女人换自由，将妹妹哈尼木公主嫁给也先。

从此，歪思汗终于愿赌服输，不再与也先交兵。也先也放过了大舅哥，开始向北部经营，降服了乞儿吉斯人。乞儿吉斯人从此便成为卫拉特人的属民，虽然屡有反复，却直到清朝乾隆时期，卫拉特人建立的最后一个帝国准噶尔帝国灭亡后，才彻底改变了这种状态。

在这一系列战斗中，也先日益成熟，声望也逐渐提高。为他日后接父亲的班，以至于完成父亲未尽的心愿，奠定了坚实的基础。

有了许多显赫的战功，又是嫡长子。到父亲去世时，也先接替“太师”一职，内部没有任何的动荡。

成为太师的也先，开始颇有政治手腕。对于“岱总汗”脱脱不花十分恭敬，几乎所有大事都以大汗的名义行事，而脱脱不花也想在和平中壮大自己的实力，心甘情愿地成为也先的助手。

一切后顾之忧都已经排除，也先可以放心实施建立自己帝国的计划了。

他的运气非常好，这个时候，大明王朝继承成祖事业的仁宗、宣宗都已去世，在位的是九岁登基、如今只有十四岁的英宗皇帝朱祁镇。皇帝年纪小倒也没什么，因为有太皇太后张氏和宣宗重臣“三杨”（杨士奇、杨荣、杨溥）辅政，还能维持仁宣之治的成果。但在张太皇太后和三杨或去世或致仕后，司礼监太监王振仗着是

①米儿咱·马黑麻·海答儿著，新疆社会科学院民族研究所译：《中亚蒙兀儿史——拉失德史》（第一编），新疆人民出版社1983年版，第248页。
②米儿咱·马黑麻·海答儿著，新疆社会科学院民族研究所译：《中亚蒙兀儿史——拉失德史》（第一编），新疆人民出版社1983年版，第246页。

朵颜三卫形势图

英宗的侍读而备受宠信，从而接管了朝政。

宦官处于非男非女的状态，若是使坏，可以集中两者的优点，胆大包天又阴狠刻毒；可要治国便又可以集中两者的缺点，自高自大又自私短识。

这样的人专权，大明王朝的盛世结束了。结束了盛世的明朝，对于边防便不再关心。不关心边防的明朝，对于边境的蒙古诸卫被别人控制便不会在意。

而吞并诸卫，正是也先初期目标。

明初，明廷在辽东地区设置朵颜、泰宁和福余三卫。安置归附的蒙古部落，其中以朵颜卫最大，故被称为“朵颜三卫”，又因为朵颜卫中有大量的兀良哈人，又被称为“兀良哈三卫”。

在西北，明朝设置哈密、安定、阿端、曲先、罕东、沙州和赤斤蒙古诸卫。作为明王朝护卫边疆的“屏蔽”，尤其是朵颜三卫，更在明成祖

“靖难之役”中立下汗马功劳。

但是，这些卫对于明廷只是名义上隶属，实际上一直处于独立自治状态。在北元与明的战争中左右逢源，对谁都不是死心塌地。

朵颜三卫因为成祖许诺赐予大宁之地而食言，一度从“屏蔽”成为边患，后归附阿鲁台，阿鲁台败亡后重新向明朝臣服，但实际上仍是独立发展。

而西北诸卫中的哈密、安定、阿端和曲先等卫的统治者是察合台第六子拜答儿的后裔。不但在元朝时封爵显赫，明朝对之也是封王、赐印，完全是一个个自主小王国。赤斤蒙古卫的首领冒称为蒙古丞相之后裔，也是福威自操，拿全额的明朝俸禄，只履行愿意履行的臣子义务。

朵颜三卫首先成为也先的目标。

也先先用政治手段，促成脱脱不花汗迎娶嫩科尔沁郭尔罗斯部首领沙布丹之女为妻，自己则娶泰宁卫首领拙赤之女为妻。希望以此笼络朵颜三卫，可事与愿违，诸卫首领更倾向于脱脱不花汗，逐渐成为脱脱不花的直属部落，同时仍坚持与明朝的朝贡关系，对这位太师并不买账。

敬酒不吃，只好吃罚酒。1446年（明正统十一年），也先率大军进攻朵颜三卫。

三卫首领本与建州女真争斗，突然被攻，腹背受敌，顿时“大困”“艰窘至极”[①]，各首领先后被杀，也先“几歼三卫达子”[②]，三卫不得不归附于也先，其部众大部分被迁往今呼和浩特以北、小河套甚至亦集乃（今阿拉善黑城遗址）以西。而趁着大胜，也先又顺势向女真各部用兵，1447年（明正统十二年），攻伐海西女真，十一月，征讨野人女真。翌年又向建州女真出击，一路北上，直抵黑龙江，后来因南方的攻略才撤军。

收拾朵颜三卫的同时，也先也在向西北方向下手。

相对于对付朵颜三卫的铁血手段，也先在收复西北诸卫时则要温柔得多。脱欢在世时，便将自己的女儿嫁给哈密王卜答施里，生下了王子道瓦答施里，后继位为哈密王。哈密王数代都很“庸懦”，无法控制领地内的局势，权臣趁机架空王权。也先于是派兵进驻哈密，帮助外甥剪除权臣，安定局势。道瓦答施里对这位舅舅感激涕零，遂归附也先。

西北诸卫中，哈密最大，哈密王的态度迅速带动了其他首领，纷纷向也先投效。1444年（明正统九年），

①张廷玉等撰：《明史·朵颜传》

②《李朝实录》，世宗二十九年闰四月戊子。

沙州卫首领喃哥接受也先以大汗名义授予的平章职衔，其弟锁南奔被封为祁王，其余头领为参政、三平章、大使等。同年，赤斤蒙古卫首领阿速与也先联姻，接受蒙古印诰，确立臣属关系。1446年（明正统十一年），罕东卫首领班麻思结也与也先结为姻亲。

原本是明朝“西陲屏蔽”的西北诸卫几年之内便改换门庭。也先在其地恢复了元代甘肃行省的建制，统一管辖诸卫事宜。

到1448年（明正统十三年），也先掌握实权的北元汗廷控制了东起女真，西达哈密及其以西的裕勒都斯河流域，北抵叶尼塞河上游，南临长城的广袤地区，“漠北东西万里，无敢与之抗者”①。

也先只差一步，便可以将自己的太师头衔换成可汗了。这一步，便是

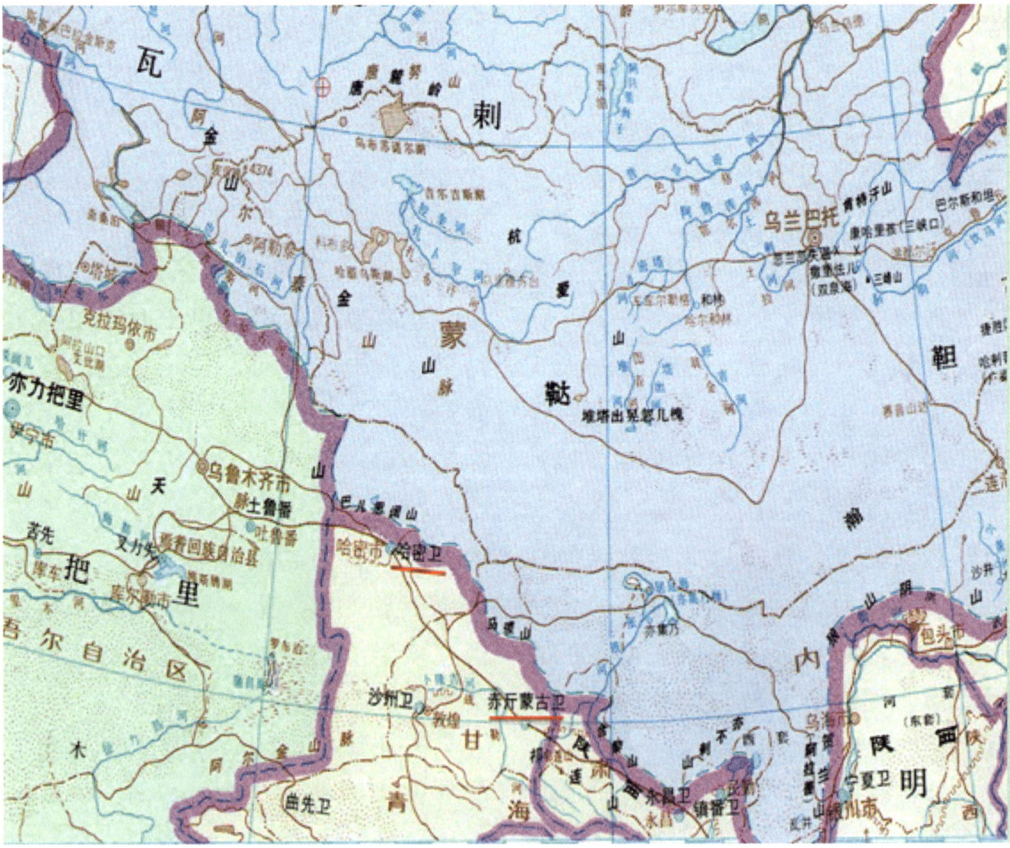

西北诸卫形势图

①《明英宗实录》，正统十二年正月。

打击明朝，使之不会成为自己篡位的障碍。

当年东西汗廷对立，明朝忽而助彼攻此，忽而助此攻彼，坐收渔人之利。现在，“岱总汗”脱脱不花还有很强实力，受到很多正统派贵族支持，不把明朝搞定，这样的情况还会发生。

早在1447年（明正统十二年），也先便召集朝会，决定南征明朝。聪慧过人的脱脱不花汗自然知道也先的目的绝不会是“求大元一统天下”[①]，而是为篡位做准备，于是坚决反对。其时，东北的战事还未平息，也先便暂时作罢。

到了1449年（明正统十四年），大漠南北尽数平定，也先再次把南征提上议事日程。脱脱不花汗、知院阿剌都表示反对，但慑于其威，又没有拿得出手的理由，违心赞同。

以也先的战略，并不是要以此消灭明朝，他知道自己没有这个实力，动兵的目的主要是两个，一是要“使其田不得耕，民不得息”[②]，削弱明朝实力，让明朝皇帝丧失干涉北元内政的能力；二则是逼迫明朝扩大与北元的边贸，解除对军器、钢铁、锅釜、茶叶的禁运，以获取更大的商业利益。

可连他自己都没有想到，在太祖、成祖时代强悍无匹，差点使蒙古人亡国灭种的大明边军，会衰落得那么彻底，自己的进兵顺利得匪夷所思。

1449年（明正统十四年）七月十一日，也先以四路大军直逼明边：自己率军进攻大同；脱脱不花汗率军进攻辽东；阿剌知院进攻宣府；将军阿乐楚攻打陕西。

七月三十日，也先率军到达大同，首战击败明朝参将吴浩所部，斩吴浩，攻陷大同边外诸堡。

八月三日，大同总督军务宋瑛、总兵官朱冕、都督石亨等，在太监郭敬的监督下与也先激战于阳和(今山西阳高县)。既然有太监监军，明军自然“师无纪律，全军覆没”[③]，宋瑛、朱冕均弃尸战场；石亨只身逃回大同；郭敬躲藏于草丛中，幸免一死。

同时，知院阿剌所部直抵宣府，围困马营(在今河北赤城县西北)，断绝明军水源。马营守备杨俊，不敢出战，弃城而遁。知院阿剌继而挥戈南下，连续攻破独石(今河北赤城县东北)、永宁(今北京延庆县东)，击毙守备孙刚，直逼居庸关。

①佚名：《正统北狩事迹》。
②《明英宗实录》，正统十二年十一月丁未。
③《明英宗实录》，正统十四年七月癸巳。

明英宗朱祁镇

将军阿乐楚所部到达陕西镇夷所（今甘肃高台县北）后，与明朝总兵官任礼、都督刘永、镇守肃州卫指挥胡麟激战于临水堡之西，大败明军，斩胡麟与左参将阮和、谷聪。接着，又败右参将都指挥刘震等，斩杀指挥阎震。虏获人、畜万余。

四路大军中，脱脱不花汗最不愿作战，很不卖力，但却收获颇丰。到达广宁（今辽宁北镇市）附近时，明朝总兵官王翱闭门自守，不敢迎战。脱脱不花汗于是将广宁卫和辽东卫（今辽宁辽阳市）之间的站路破坏殆尽，掳掠人、畜数万。

也先的长驱直入，不但他自己深感意外，北京城中的王振也没有想到。这位大太监不懂军事，却在此时爆发出豪情，怂恿年仅二十二岁的英宗皇帝亲征。英宗年轻气盛，又想到祖父辈们都曾经亲征，很想寻个刺激，于是仓促间下令准备二日，即行出发。朝廷上下顿时一片混乱，大臣们伏阙极谏，认为不可行，但王振和英宗根本不理。

七月十七日，英宗、王振与扈从的文武大臣率数十万大军从北京出发，儿戏般地开始了亲征。由于准备极不充分，一路之上，“士兵乏粮，僵尸满路”[1]，没等作战便开始严重减员，扈从文武纷纷上书劝止前行，均被王振呵斥。

八月初一，英宗的亲征军抵达大同，蒙古军佯退。这时，太监郭敬

①谷应泰：《明史纪事本末》卷32《土木之变》。

赶到，报告了明军惨败的消息，王振这才决定撤退。可在撤退途中，大太监出于虚荣，想让英宗到自己的家乡蔚州巡幸，让自己光彩一番，于是向蔚州出发。可行进了四十里后，王振发现军队沿途损毁庄稼，出于桑梓之情，又让大军掉头东去。

几十万大军在这样胡乱的指挥下越来越混乱，士兵疲惫不堪。八月初十到达宣府时，也先兵马追到，恭顺侯吴克忠任殿军抵御，兵败战死。之后成国公朱勇、永顺伯薛绶率四万人出战。结果又被包围全歼。

在听说大明皇帝亲征的消息时，也先原本想见好就收，撤回草原。哪想英宗的亲征军未战先退，行军路线又一再变动。便尾随而来，一经接战，发现明军不堪一击，胆气顿壮，准备与之决战。

八月十四日，英宗大军到达土木堡，这里仅离怀来二十里。诸文武奏请让皇帝先入怀来，但王振因为自己千余车辎重未到，下令就地驻扎。

次日，也先率军赶到，为了争取时间，他身边只有先头部队二万骑兵，但仍然迅速占据桑干河，将土木堡包围。

明军虽然无能，但毕竟人数众多，也先知道强攻无法取胜，于是主动派遣使节谈和，骗得英宗将营中所带金银珠宝交出，便伪装撤退。

看到也先准备解围，王振断然下令全军立即开拔。在这样的命令下，明军行列大乱，士兵争先奔逃。

一直等待这一刻的也先立即集结骑兵四面突击，蹂阵而入。

如果说这是一场决战，实在有些抬高了也先，这是一场二万人对数十万人的大屠杀，虽

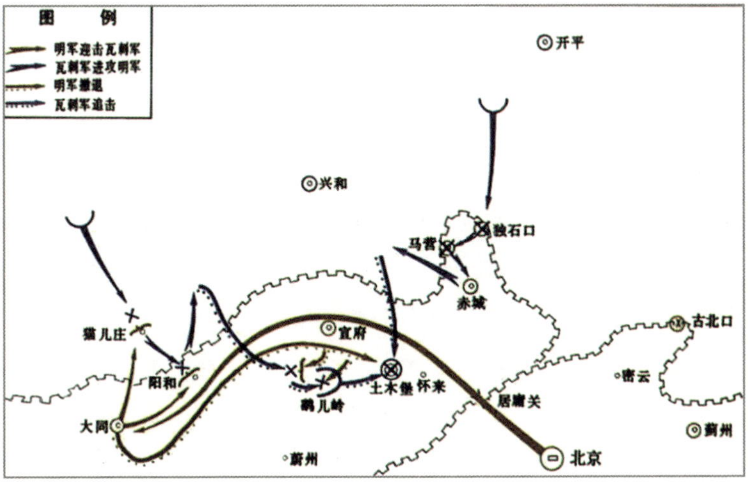

土木之战示意图

然双方都有武器，但根本没有交战，只有一方对另一方的砍瓜切菜。王振这回无论如何跋扈都没了活路，与数百扈从文武一起死在乱军之中。英宗

皇帝无处可逃，被也先俘虏。

公平地说，明军的战斗力绝非如此之差，也并非没有可战之将，例如死在军中的英国公张辅，便是曾经平定安南，威震远邦的名将。可惜，王振将一切优势变成了劣势，数十万大军成了待宰羔羊。

这著名的“土木之变”，实在是王振导演，也先主演的“土木屠杀”。

这场胜利，对也先来说，是无意间的乐透大奖，他如果在大明皇帝被俘、明朝京军损失殆尽、北京城中一片混乱之际迅速推进至北京，以当时的情况，完全有可能将之攻陷。

但是，也先梦寐以求的是建立自己的帝国，代替黄金家族成为蒙古的可汗。如果这个时候攻陷了北京，最为得益的便是北元的“岱总汗”脱脱不花，自己若要篡位反而会增加困难。于是，他带着英宗皇帝于二十四日出边，到威宁海子、九十九泉、黑河等地“观光旅游”，在大青山两侧游牧一个多月，才又进入明边，决定将英宗皇帝送还北京，让明朝皇帝感激自己，从而不干涉自己篡位。

而这个时候，大明朝中的兵部尚书于谦已经和朝臣们拥立英宗的弟弟朱祁钰为帝，是为景泰帝，下诏各地兵马勤王，在北京集结了二十余万军队，下定决心不会答应也先的任何条件。

而也先阵营中，脱脱不花汗在得知俘虏英宗后，迅速从辽东赶来与也先汇合，希望一鼓作气拿下北京，“令彼南迁，与我大都”[①]。但没想到也先根本没有进攻北京的意思，只是想把英宗送回，获取更多利益。脱脱不花汗于是再次消极怠工，到古北口后屯兵不前。知院阿剌在此次南征中所部损失不小，而也先的缴获最多却不分与他，于是也磨洋工，在宣府停留。

也先失去了先机，又没有了战友的配合，单独到北京后，明朝君臣拒不迎接英宗。双方激战五天，也先损失惨重，弟弟孛罗、大将卯那亥战死，兵力损失数万，无奈之下只得撤兵。

虽然遭受失败，也先却看出景泰帝对英宗不能回去的期望，于是“成人之美”，将之送回。埋下“正统还入，则与景泰必有猜疑，以成内乱。如此，徐观其势，欲施其策”[②]的伏笔。1450年（明景泰元年）八月初三，也先将英宗皇帝送回，结束了与明朝的战争。日后，英宗和景泰帝兄弟二人果然同室操戈，演出了“夺门

①《明英宗实录》正统十四年十月庚戌。
②《李朝实录》，世宗三十一年十月乙丑。

之变”的惨剧。然而，那时这出大剧的策划也先，已经不在人世。

外部的事情处理完毕，也先准备完成自己最迫切的心愿了，那便是废黜脱脱不花，由自己登基为汗。

不过，脱脱不花绝非束手待毙的庸懦之人，在也先送还英宗的时候，脱脱不花汗征服了海西女真，斩杀其首领不刺吹、刺塔、别里格等人，将嫩江、松花江广大地区纳入自己控制，实力大为增强。也先再不动手，脱脱不花汗也要来铲除他这个路人皆知其心得司马昭了。

岱总汗脱脱不花

毕竟有君臣之义多年，如果毫无由头便起兵交战，有违常理。必须得有一个说得过去的由头。

也先很容易便找了一个很好的借口：请大汗更换太子。

脱脱不花汗的正室是也先的姐姐，而他所立的太子却并非正室所生。也先名正言顺的要求脱脱不花汗将正室所生之子，也就是自己的外甥立为太子。

插手汗室立储大事，这是明显的挑衅。脱脱不花汗当然知道，自己如果示弱，也先便会得寸进尺，于是坚决不从。君臣二人的关系急剧恶化。而也先的跋扈，不但激怒了东蒙古各

正统派部落，也使得自己的麾下出现了分裂，他的部下阿哈剌忽知院以及哈喇嗔部首领对他不满，各率本部投奔了脱脱不花汗，汗廷可指挥的兵马迅速增多。

对脱脱不花汗来说，既然早晚都要和也先翻脸，现在自己又有了实力，何不抢先动手，占得先机呢？于是，1451年（明景泰二年）冬，“岱总汗”脱脱不花集合汗廷人马，并传谕各部共同讨伐也先。

大汗讨伐太师，北元顿时大乱，支持太师与支持可汗的部落分属两个阵营，开始了大决战。

此时支持也先的，大多是卫拉特贵族，比如他的弟弟伯颜帖木儿，知院阿剌等，而支持脱脱不花汗的，不但有汗廷直属部落，还有科尔沁、哈喇嗔、蒙郭勒津等部，汗廷军威大盛。

由于兵力不足，又事发突然，也先初战不利，折了大将圭林奇，阿剌知院也受伤，只得退到杭爱山南麓休整，脱脱不花汗率军进逼，决心一举将之歼灭。

情势对也先不利，但他并不惊慌。他很清楚，能够置人于死地的，不仅仅是钢刀弓箭，还有阴谋。而脱脱不花汗身边，有人可以让他尽情施展阴谋。

也先派遣部下趁夜色潜入可汗大营，见到脱脱不花汗的二弟阿巴噶尔济，提出如果只要其临阵倒戈，杀死脱脱不花后便拥立其为汗。

阿巴噶尔济的儿子哈尔古楚克是也先的女婿，但深知自己的岳父是什么样的人，于是苦劝父亲道：“偏袒妻党者低下，维护同胞者高尚；向着外人的倒运，慈爱宗亲的发迹；作天子的会变得卑贱，作首脑的身躯会变成尾巴，这太可怕了！”[①]可阿巴噶尔济利令智昏，一心想做可汗，不顾儿子的劝谏，决定背叛大哥。

弟弟的背叛，脱脱不花汗毫不知情。他已经准备在1452年（明景泰三年）之前结束战争，用也先的人头作为对祖先的新春献祭贡品。那个时候，他就可以骄傲的对祖先们宣布，自己终于让黄金家族重新复兴，以后再没有权臣。他将独自率领蒙古铁骑南征北战，重现大元荣光。

他决不会想到，自己的梦想，结束在1451年（明景泰二年）十二月二十八日这一天。

天刚刚放亮，也先的大军在阿巴噶尔济的配合下突袭可汗大营，脱脱不花汗大败，人马损失殆尽，妻子儿子全被也先俘虏。自己仅带十余人逃走。

被弟弟出卖的脱脱不花汗无处可逃，只能前去投奔岳父郭尔罗斯部首

①朱风、贾敬颜译：《佚名蒙古黄金史纲》，内蒙古人民出版社2007年1月版，69~70页。

领沙布丹。

被亲人出卖一次已经很可悲，脱脱不花汗却一下经历了两次。岳父沙布丹并不想为了这个已经失势的女婿得罪也先，不顾女儿的哀求，将脱脱不花汗杀害。为了不让女儿太伤心，他收养了脱脱思花的两个幼子马尔古尔吉斯、脱古思蒙克，这两个孩子日后都被权臣拥立为可汗，但结局比父亲还要悲惨。

脱脱不花既死，那个愚蠢的阿巴噶尔济便没有了用途。也先请其赴宴商讨拥立其为汗事宜，阿巴噶尔济欣然前往，结果刚入席就掉入事先挖好的深坑当中，与护卫一起全部被杀。其子哈尔古楚克虽是也先女婿，但也没能幸免，随即在逃亡路上遇害。

紧接着，也先开始政治大清洗，“凡故元头目苗裔无不见杀”[①]，几乎将忽必烈直系子孙斩杀殆尽。除了上文所说的沙布丹保护的两个外孙之外，只有脱脱不花的三弟满都古勒因逃到合赤温后裔领地得以活命。

一切的障碍都已经排除，1453年（明景泰四年）夏，也先宰杀五头黑牛、是九匹白马祭天，自立为汗，称为“大元天圣可汗”，年号“天元”[②]。他终于完成了祖父和父亲都没

大元天圣可汗也先

①《明英宗实录》，景泰四年八月甲午。

②《明英宗实录》记载年号为“添元”，而沈德符《万历野获编》中认为是“天元”，这里取沈氏说法。

能完成的心愿，成为蒙古历史上第一位非黄金家族的可汗。

当然，他不会想到，自己也是最后一位。

因为也先忘了：高处不胜寒。站在高处的人，往往会迷失自己。

从北元建立以来，蒙古高原第一次出现了所有部落受一位可汗统治的局面，也先完成了从北元惠宗开始，历任可汗都没能完成的统一大业。虽然此时蒙古各部都是单一的游牧经济，难以形成稳固的统一基础，只是被也先的武力所压服，但只要他励精图治，未尝不能建立新的蒙古帝国。

但是，也先毕竟是受父祖的余荫，并非从底层一步步奋斗崛起，缺乏政治智慧，一旦有了成就便会忘乎所以。登上汗位后的他以成吉思汗流亚自诩，目空一切，曾经的谨慎小心全部抛在脑后，迅速成了“荒于酒色，又残忍”[①]的人。

登基为汗，应该封赏功臣，与成吉思汗一样，与功臣贵族共天下。

而也先却不这么认为，天下是自己的，那么一切的一切都应该归自己所有。而对于其他贵族，他最常用的封赏，是杀戮。

曾经支持黄金家族各部贵族不用说了，杀戮不用理由，没有隐瞒，想杀便杀。蒙郭勒津部首领蒙克拜、永邵布部首领索尔逊均因一言不合而被杀，科尔沁部首领锡布古台是蒙古各部中著名的神箭手，拥有崇高威望。在也先与脱脱不花汗之战中站在脱脱不花汗一边，阵斩也先大将圭林奇，结果归降后，被骗到汗廷，与弟弟兀鲁回墨尔根一起被处死。

而对自己赖以起家的卫拉特各部的贵族，也先也没有丝毫的客气。那个跟随自己多年的阿剌知院，先是拒绝了其就任太师的请求，以自己的次子斡失帖木儿为太师。之后，为了削弱阿剌知院，先后将其两个儿子暗杀。

刚当上可汗，也先就亲手把自己的根基弄得相当松动，让自己成为真正的“寡人”。

看着人们噤若寒蝉，也先感到高枕无忧了。在“形势一片大好”的幻景中，他开始兵分两路对外扩张。

第一路，他将重兵交给自己的次子，新任太师斡失帖木儿，让他向西方攻略。

斡失帖木儿是也先诸子中最有才能的一个，在得到父亲的旨意后，率七万大军一路向西攻伐。约在1452年至1455年（明景泰三年至六年）间，斡失帖木儿率军进入七河流域（指中亚注入巴尔喀什湖的七条河流：伊犁河、卡拉塔尔河、阿克苏河、列普萨

①郑晓：《皇明北虏考》，《吾学编》第六十九卷。

河、阿亚古兹河、楚河、塔拉斯河），在锡尔河畔打败了乌兹别克汗国的阿布勒海尔汗，兵锋达到河中地区东境，并且抄掠了塔什干以及其他绿洲。

斡失帖木儿的西征，历时十年左右，不但将察合台后王逐出天山北麓，掠夺了河中的东境，而且还恢复了对哈密以北及阿尔泰山以西辽阔草原地带的控制，收获相当丰厚。但是，斡失帖木儿带走了也先麾下的主力，使得也先的汗廷兵力空虚，为日后的败亡埋下了伏笔。

第二路的目标更为宏大，那便是南征明朝。

也先知道，自己成为可汗绝不是名正言顺，如果不能取得如成吉思汗、忽必烈一样的功业，绰罗斯家族完全代替黄金家族是不可能的。统一蒙古主要是父亲完成的，自己必须有更大的成功。

那除了征服明朝，还有什么比这功业更大的呢？

1454年（明景泰五年）刚一开始，明朝的景泰皇帝便感到从北方吹来的风越来越冷。

二月，边关部守不停地向朝廷奏报，越来越多的蒙古骑兵在沿边活动。

五月，有被俘虏的蒙古人招认，“天圣可汗”也先是派他们前来侦查，为在秋天大军入关做准备。

六月，传来朵颜三卫在也先的胁迫下，“尽发丁壮”随他南下作战的消息。

八月，也先准备南下的消息已经坐实，不但朵颜三卫随征，西北的赤斤蒙古诸卫也接到汗廷谕旨，起兵作为策应。

景泰重臣、兵部尚书于谦认为“意外不测之患，难保必无”①，开始加强边关警戒。

明朝重臣于谦

①《明英宗实录》，景泰五年二月丁亥。

然而，明军枕戈待旦许久，预想的战争却没有到来。反而很快得到了也先被杀、蒙古大乱的消息。

长出一口气的明朝君臣不仅面面相觑——那个也先，怎么这么快就走上了绝路？

他们并不需要奇怪，无数历史早就证明，一个用征服建立霸业的人，如果只知道用杀戮来维持霸业，那么，败亡可立待。

结果也先的，正是他曾经的得力助手——知院阿剌。

这个为也先卖命多年、一无所得、又被连杀两子的老人。怒火早已不可遏制，但在表面上还“益敬顺也先”[1]，暗中寻找着机会。

与也先一样，他也知道阴谋要比刀剑更容易置人于死地。

而对于志得意满的也先来说，给别人的杀掉自己的机会并不困难。正当他准备大举伐明的八月，在一次出猎中，阿剌准备的三万骑兵迅速将他包围。

面对着惊愕不已的也先，阿剌知院笑着说了番连他自己都不相信的理由：“汉儿人血在汝身上，脱脱不花王血在汝身上，兀良哈人的血在汝身上，天道好坏，今日轮到汝死矣！”[2]

在绝对优势的时候仍然不敢展露自己的真实想法，阿剌知院实在难算一个人物，他可以杀死也先，却无法代替也先。随着他的手起刀落，也先的生命和卫拉特人的辉煌就此一起结束。

也先就这样结束了自己的可汗梦，虽然他称汗时仍坚持“大元”国号，但西方很多史家还是习惯称他的政权为“卫拉特帝国”。

这个帝国，只存在了一年。

经过短暂的统一，蒙古高原再次分裂了。蒙古的可汗还是要回到黄金家族手中，但他们又能守得了多久？他们还能将四分五裂的草原重归一统吗？

元代白瓷黑花碗

①郑晓：《皇明北虏考》，《吾学编》第六十九卷。
②《明英宗实录》景泰五年十月甲午。

第五节 达延汗的中兴

阿剌知院的兵变，不但终结了也先的生命，也使卫拉特自身的力量遭到沉重的打击，几乎一蹶不振。处在核心地位的绰罗斯部受害最深，也先的弟弟赛罕王、伯颜帖木儿都死于这次变乱之中，另一个弟弟伯都王带领部分人马南下哈密地区，其母与其妻被阿剌俘获，长子火儿忽答孙率余部退回叶尼塞河上游卫拉特人的故地。

这真是妻离子散，国破家亡。

按说，阿剌知院应当取代也先，执掌大权。可他刺杀也先，完全是出于私愤，事先并没有政治方面的计划。当顺利的报仇雪恨后，下一步该怎么办，他完全没有了主意。

他的这种迟疑，不但造成了卫拉特各部的分裂，也使自己很快陷入四面楚歌。

原本拜服在也先脚下的东蒙古正统派各首领这个时候却空前团结，迅速取得了主动权。

1454年（明景泰五年），成吉思汗异母弟弟别勒古台后裔广宁王毛里孩、二弟哈撒儿后裔科尔沁部齐王勃鲁乃、哈剌嗔首领孛来、永邵部首领乩加思兰、知院阿哈剌忽、平章昂克、少师阿罗出等人拥立脱脱不花幼子马儿古儿吉思为汗，汗号“乌珂克图汗”。

这个新汗廷中，孛来和毛里孩实力最强，因此以他们二人为首。孛来为太师，而广宁王毛里孩则以“巴图鲁王”的身份同掌朝政，他们向明朝派遣使节宣布新汗继位，同时迅速以“臣弑君”为名起兵攻打阿剌。

此时的卫拉特各部已分崩离析，无人领导抵抗，阿剌知院除了本部人马外没有任何外援，众寡悬殊之下，兵败身亡。卫拉特各部虽然还能勉强保住漠南、漠北的牧场土地，但也大显败象，难以为继。

正当卫拉特诸部坐困愁城之时，一位救星回来了，他便是奉也先之命西征，经略中亚的太师斡失帖木儿。

1463 年（明天顺七年），斡失帖木儿从中亚返回蒙古，带回了经略西方的精锐之师，从而迅速改变了东西蒙古的力量对比，卫拉特诸部迅速团结在他的麾下，重新崛起。

在斡失帖木儿的努力之下，东蒙古正统派遭到强力反击，1465年（明成化元年）失去了漠北草原牧地，各部纷纷撤入漠南草原，甚至争相到河套“恃黄河以为险”“惧瓦剌阿失帖木儿（斡失帖木儿）与之仇杀，不敢渡河而北”。

斡失帖木儿不愧为一代英雄，从中亚回到蒙古，短短六年时间，便恢复了除漠南之外也先时代的疆土，东距漠北草原，西有天山北麓，北起林木中百姓故地，南至哈密北山。这时的东蒙古各部只有招架之功，毫无还手之力，连明朝的史籍中也记载：“成化间，大抵瓦剌为强，小王子次之”[1]，成化是明朝宪宗朱见深的年号，在位期间是1465年到1478年，而“小王子”是指先后被蒙古正统派拥立的马儿古儿吉思和脱古思蒙克。在这十三年当中，由斡失帖木儿领导的卫拉特，仍是蒙古第一大势力，无人能膺其锋。

虽然斡失帖木儿能力超群，那么东蒙古正统派的首领们，真的就是如此不堪一击吗？

乌珂克图汗马儿古儿吉思

当然不是，所谓“人必自侮，然后人侮之”，之所以会有如此局面，是因为正统派的贵族们在无休止的内斗中消耗，根本无法团结对敌。

他们制造了一个空前的大混战时代。

被拥立的“乌珂克图汗”马儿古儿吉思即位的时候只有七岁，是自然而然的傀儡，这在草原上已经司空见惯，他的先辈们大多都是如此。

但他有些不同，他身边没有能够控制

①郑晓：《皇明北虏考》，《吾学编》第六十九卷。

局势的权臣。拥立他的众多贵族，每个人都拥有强大的实力，谁也无法一家独大。

于是，大混乱不可避免地开始了。

从1457年（明景泰八年）开始，各位强臣你争我夺，杀伐不断。平章昂克、知院阿哈剌忽先后死于混战之中。乌珂克图汗在战争中颠沛流离，一会被这位挟持，一会被那位“迎驾”，境况与汉献帝无异。

这样的局势，如何能与卫拉特斡失帖木儿较量？

到1465年（明成化元年），太师孛来率军进攻斡失帖木儿，希望夺回漠北草原，却被杀得大败。按说，其他贵族应该予以支援，可各怀心腹事的巨头们却趁火打劫。广宁王毛里孩趁机对孛来发动猛攻，将之袭杀，兼并其部众。这还不算，此时乌珂克图汗正在孛来营中，结果玉石俱焚，还没到上大学的年龄便死于非命。

旧牌位不小心弄坏了，只好找个新的。太师毛里孩与少师阿罗出于是拥立脱脱不花汗另一儿子脱古思蒙克为汗，汗号“摩伦汗”。

这位摩伦汗比弟弟要幸运一些，太师毛里孩对可汗有着难得的尊重，给他大量部众作为可汗的属民，总算不至于完全寄人篱下。君臣之间一时颇为融洽，相安无事。

可有一种人是最见不得别人过好日子的，他们喜欢挑拨是非，制造混乱。这种人，叫小人。

小人分为两种，一种损人利己，一种损人不利己。摩伦汗身边便有两个喜欢损人不利己的小人：孟克、托和不罕。

不知出于什么原因，两人暗中对摩伦汗说毛里孩要派兵来杀他。摩伦汗起初不信，若是没有毛里孩，自己莫说成为可汗，就是生存都成问题，他怎么会突然加害我？于是，派人前去查看。

小人要造谣，自然早就找好了机会。这时，毛里孩正在狩猎，马蹄荡起的尘土疑似军兵。使者连忙报告：毛里孩太师真的要动手了。此时的摩伦汗只有十几岁，远没到看透生死的年纪，觉得与其等死不如奋力一搏，率本部人马攻打毛里孩。

可汗进兵途中，托和不罕又来到毛里孩处，告知他摩伦汗要杀他。毛里孩也不相信，派人登高瞭望，果然看到摩伦汗的人马向自己开来。感到很受伤的毛里孩不禁大怒：“上苍长生天你昭鉴吧！其次的福荫圣主你昭鉴吧！我尊崇你的子孙，而你的子孙却对我起了歹意！”[①]于是，派三个弟弟领兵低档。

①朱风、贾敬颜译：《蒙古黄金史纲》，内蒙古人民出版社2006年版，87页。

摩伦汗脱古思蒙克

摩伦汗的做法类似于曹髦杀司马昭，那点人马根本不够毛里孩塞牙缝。刚一交锋便败下阵来，摩伦汗也在乱军中被杀，在位仅一年。

一场君臣之间的火并就这么荒唐的开始，草率的结束。摩伦汗的皇后孟古彻尔听闻丈夫战死，到毛里孩处痛哭。一直还莫名其妙的毛里孩这才知道是有人挑唆，将孟克、托和不罕割掉舌头处死。

小人容易除掉，但弑君的罪名毛里孩却无法推托。科尔沁首领、齐王勃鲁乃与少师阿罗出以为可汗报仇为名进攻毛里孩，朵颜三卫也趁火打劫，毛里孩左支右绌，逐渐招架不住。

双方鏖战五年之久。到1469年（明成化五年），毛里孩太师终于兵败，被齐王勃鲁乃袭杀。如此看来，孟克、托和不罕两个小人那匪夷所思的挑唆，很可能是不愿蒙古安定的卫拉特的间谍活动，或者干脆就是齐王勃鲁乃除掉毛里孩的计策。

齐王勃鲁乃杀掉毛里孩后，短暂掌握了汗廷，但他没有立即拥立新的可汗，而是出兵进攻卫拉特的斡失帖木儿，很有可能想获得胜利后，自立为汗。可天不遂人愿，仍然被斡失帖木儿打得大败，自己也不知所踪。其残部由其弟弟兀捏孛罗特率领退回辽东根据地。

这么一来，再无有实力的贵族能够站出来号召拥立可汗了。十年之间，蒙古没有大汗，陷入空前的大混乱。

由此可知，十余年来，为什么卫拉特的斡失帖木儿能够独领风骚，成为草原首屈一指的大势力了。

不过，斡失帖木儿虽然厉害，却也无力消灭东部的正统派贵族，拥立新的可汗。东西蒙古在混乱中对峙。

局势动荡对于黎民百姓有百害而无一利，但却可以让一些豪杰们趁机崛起。

从北元益宗被杀开始，忽必烈家族就陷入了宿命，子孙们一次次的被拥立然后被杀，也先时代，还差点被杀得断了香火。脱脱不花汗的两个儿子虽都侥幸活了下来，却又陷入这个宿命当中，年纪轻轻便死于非命，连子嗣都没有留下。

到了大混乱期，“元裔”还剩下两根独苗，那便是脱脱不花汗的三弟满都古勒，以及脱脱不花汗二弟，那个背叛自己大哥的阿巴噶尔济的孙子巴彦蒙克。两个人不再是那种被人玩弄于股掌中的木偶，在群雄混战中，都通过种种手段获得了相当的实力。

满都古勒的故事并无新奇之处，而巴彦蒙克则充满传奇色彩。他的父亲便是曾经苦劝阿巴噶尔济不要背叛脱脱不花汗的哈尔古楚克，母亲则是也先的女儿齐齐格。哈尔古楚克被杀时，齐齐格已经怀有身孕。也先下令，如产下女儿便以公主之礼奉养，若是儿子便要处死。

所幸，也先的祖母萨穆尔太后是“额勒伯克汗”买的礼巴剌的女儿，也是黄金家族的公主，自然不能看到娘家绝嗣。她派人找来一个女婴，等到齐齐格生产时瞒过了也先的耳目。之后，将还在襁褓中的巴彦蒙克送到少师阿罗出处抚养。

少师阿罗出是护卫成吉思汗陵“八白室”的鄂尔多斯部首领，是极为忠心的正统派贵族，对巴彦蒙克视如己出。待到巴彦蒙克长大成人后，便继承了鄂尔多斯部，自号“济农”[①]。

他赶上了大混战年代，逐步收拾人马，扩大实力。并与自己的叔祖满都古勒联系，遥相呼应。1470年（明

①元朝时，晋王甘麻剌一系管理成吉思汗八白室祭祀。直到元末，晋王在漠北的管理机构“内史府”仍然继续存在。此后，“晋王”一词逐渐演变成“济农”，到了北元时期济农也被称为副汗。从此形成了在蒙古历史上由济农兼管八白室的惯例。

成吉思汗八白室

成化六年），巴彦蒙克率鄂尔多斯部进入河套地区，并将八白室安置于穆纳山以南的地方。从此，成吉思汗的八白室终于结束了四处播迁的历史，在成吉思汗赞为“这里是梅花鹿儿栖身之所，戴胜鸟儿育雏之乡，衰落王朝振兴之地，白发老翁享乐之邦”的鄂尔多斯高原安家了。

当其他强人一个个倒下、衰落之后，除了西部的卫拉特人，草原上较有实力的首领只剩下三个：满都古勒、巴彦蒙克还有永邵布部贵族乩加思兰。

乩加思兰原本是卫拉特的也力克部首领，但在也先败亡后到黄河河套地区发展，后窃取了蒙古本部永邵布部的权力，成为强大的军事首领。在孛来、毛里孩、勃鲁乃等人称雄的时候，他还只能担当配角。而现在他已经有机会来做主角了。

1475年（明成化十一年），乩加思兰与满都古勒、巴彦蒙克举行会盟，邀请其他贵族决定推举大汗，安定局势。以乩加思兰的意思，想推举巴彦蒙克为汗。但巴彦蒙克认为自己辈分太小，愿意主动让出称汗的机会给叔祖满都古勒，众贵族也附和其意，于是。在汗位虚悬十年之后，北元终于又有了自己的大汗——满都古勒汗。

满都古勒汗封亦加思兰为太师，巴彦蒙克为济农（副可汗），猛可为丞相，其他贵族也均有封赏，大局初安。

满都古勒汗原本有自己的军队和属民，且实力不弱，侄孙巴图蒙克也全力支持，其他贵族如丞相猛可、少师阿罗出也坚定地站在可汗一边。乩加思兰想要如以前的太师一样专权，已不可能。

大混乱时代似乎可以结束了。

但是，满都古勒汗的即位，毕竟是几个实力派互相妥协的结果。而这种妥协是没有任何约束的，只要有机会，每个人都希望获得更多。

乩加思兰尤其如此。当上太师不久，他便借故兼并了少师阿罗出的人马，迫其逃亡。不久，丞相猛可也无端被杀，所部被乩加思兰吞并。

满都古勒汗毕竟是饱经坎坷，自己打下一片天地的人物，不会看不出乩加思兰这种逐步蚕食他人的行为对自己这个大汗的威胁。卫拉特人执掌北元国运的时候，对大汗生杀予夺，为所欲为。这个乩加思兰到底也是个卫拉特人，他绝对不会不想效仿的。

果然，满都古勒汗很快得到密报，实力壮大的乩加思兰打算拥立毛里孩之子斡亦来为汗，而且已经在紧锣密鼓的运作当中。满都古勒汗必须将危险扼杀于萌芽，他立即开始行动，寻找可以迅速置乩加思兰于死地的人来做自己的盟友。

他锁定了乩加思兰的弟弟，亦思马因。

1479年（明成化十五年），在亦思马因的配合下，满都古勒汗攻破乩加思兰的营盘，将乩加思兰处死，亦思马因代替哥哥成为太师。

就在乩加思兰被杀的前一年，在西蒙古，也有一件大事发生——卫拉特首领、太师斡失帖木儿病逝。

斡失帖木儿是卫拉特能够维持统一时期的最后一位雄主，他去世后，其子克舍继位。克舍才能不如其父，但也并非无能之辈，本来能做个守成之君，但其运气不佳，在他登上太师之位后，东蒙古开始崛起了。

而这次崛起，则起源于一场因为美色而引发的离间骨肉的阴谋。

在游牧民族的传统中，继任可汗可以娶前任可汗除自己生母之外所有的妻子。蒙古人也不例外，在元朝时期，这个风俗一度绝迹，而到了北元时期。又重新复苏起来。

这当然不仅仅是因为生存条件恶劣，妇女比例减少的缘故，而是因为汗位动荡，法统无存，经常不得不用迎娶前汗的妻子来作为合法性的依据。

蒙古正统派的崛起便与这个风俗紧密相关。

满都古勒汗即位时已年近半百，三个汗妃只给他生了两个女儿，他只能从其他支系中寻找自己的继承人。而侄孙、被册封为济农的巴彦蒙克自然是不二人选。

可惜，巴彦蒙克有一位美貌的妻子锡吉尔，一直被亦思马因所垂涎。亦思马因当上太师后，屡屡向满都古勒汗进谗，诬陷巴彦蒙克谋反。满都古勒汗半信半疑，派人到巴彦蒙克处对质。

亦思马因趁机对满都古勒汗说道："如果济农心中没鬼，自然会明白答话，若是心中有鬼，便会不发一言。"而同时派人去告诉巴彦蒙克："可汗已经相信了对你的谗言，派然来试探你，你只有保持沉默，才能证明清白。"

结果可想而知，对叔祖误信人言恼怒的巴彦蒙克面对使者一言不发，而得到使者回禀的满都古勒汗也相信了谋反指控，悲愤交加："我除了二女外，并无子嗣，国本迟早为彼所有，今既心急如此，何可待耶！"①

祖孙二人战争立即爆发，亦思马因全力"支持"可汗，巴彦蒙克抵挡不住，战败逃亡，于路上被盗贼所杀。他的妻子终于被亦思马因霸占，鄂尔多斯部的统治权，则落在了与亦思马因出自同源的也力克部人满都赉手中。

而在此战之后不久，年老的满都古勒汗也随之病逝。

可汗死了，继承人也死了，谁来继承汗位？

黄金家族其他支系的

满都海彻辰夫人

①道润梯步译校：《蒙古黄金史纲》，内蒙古人民出版社2006年版，第252页。

首领们都跃跃欲试，成吉思汗二弟哈撒儿后裔、科尔沁部首领兀捏孛罗特是最积极的一个，他向满都古勒汗的第二位妻子满都海夫人求婚。

满都海夫人在满都古勒汗去世后，以哈屯（皇后）的名义进行监国，维持可汗本部没有解体。兀捏孛罗特的求婚，表明是在寻求成为大汗的资格。国公桑海之妻济罕阿噶进言道："若适哈撒儿之裔，将引入黑暗之途，离逖汝举国之众，将失后妃之名乎！若守合罕之后裔，将获上天之佑护，得主汝举国之众，扬汝后妃之名乎！"①

满都海夫人接受了济罕阿噶的建议，决定拒绝其他支系首领的求婚，而要"守合罕之后裔"，可是，到哪里去找大汗的子孙呢？

这时，唐古拉特部的小贵族哈达克将一个七岁的男孩送到了汗廷，他是巴彦蒙克之子，名叫巴图孟克。

原来，巴彦蒙克遇害后，妻子锡吉尔嫁给亦思马因。而他们的独生子巴图孟克却无人抚养，遭到虐待，以致患上膈症（胃病），哈达克萌生恻隐之心，将之接回家中，为其治病，才得以保全。

原本人丁兴旺的忽必烈家族，此时的男性后裔，仅此一人了。

满都海夫人没有食言，下嫁给年仅七岁的巴图孟克，并在自己的主持下，立巴图孟克为汗，汗号"达延汗"。②

满都海夫人此时已经三十二岁，嫁给巴图孟克委实是极大的牺牲。从此，她身兼母亲、妻子、辅臣三项重任，成为蒙古历史上著名的巾帼英雄。

从新组建的汗廷，主少国疑，有着众多觊觎者。不拿出点厉害的手段便难以服众，达延汗刚刚即位，满都海夫人便将达延汗装在皮箱中挂在自己战马上，亲自领兵上阵，远征卫拉特。

斡失帖木儿死后，卫拉特人在其子克舍的带领下，仍保持着强大的实力，杭爱山一带，以及蒙古故都和林都在其掌控之下。克舍听闻汗廷竟由女人领兵，没放在眼里，率军迎击。

岂料，满都海夫人虽是女人，却悍勇善战，在她的一路猛攻之下，克舍大败亏输，从博尔塔拉（今新疆博克塞里蒙古自治县）一路向西溃退，撤到杭爱山以西才稳住阵脚。

蒙古帝国的故都哈剌和林被满都海夫人收复，虽然这里只剩下了一片

①道润梯步译校：《蒙古源流》，内蒙古人民出版社2006年版，第257页。
②佚名《阿拉坦汗传》记载达延汗1474年生，1480年即位；《佚名黄金史》记载达延汗1473年生，1479年即位；《蒙古源流》记载1464年生，1470年即位。相对比较，还是《佚名黄金史》的记载最为可靠。

废墟，但其意义仍是极为重大——这意味着汗廷被卫拉特压着打的日子一去不返了。

但卫拉特人仍然不愿意接受汗廷的支配，满都海夫人也无法彻底征服他们，只能在军事胜利后与之签订盟约，规定卫拉特部长的住帐只能称宅，而“不得称殿”，其“冠缨不得过四指”[①]，这等于卫拉特承认达延汗为汗，不得自行称汗，独立于蒙古之外。同时，让达延汗迎娶阿剌知院的孙女为侧妃，以联姻的方式安抚卫拉特。

经此一败，卫拉特便一步步地沉沦下去。克舍于1486年（明成化二十二年）病逝，其子阿沙继太师之位，内部的分裂随之开始。克舍的弟弟阿力古多自称“太师”，不再服从阿沙太师，率部自行其是，两方遂起仇杀。绰罗斯部至此分裂，阿力古多统领的部众，被称为杜尔伯特部，而阿沙所统领的，便是准噶尔部。

从此，卫拉特再没出现一个首领来统领各部，成了一个松散联盟式的部落集团。

草原上最为看重的便是武功，无论男女，只有能够在军事上表现出成就，便会受到拥戴，达延汗还小，满都海夫人，被授予“彻辰”尊号。

这“彻辰”是音译，还有“薛禅”“斯琴”等译法，意为“睿智”。不过，这是元世祖忽必烈曾经使用过的蒙古语谥号，也有着至高无上的含义。能够被授予这样的称号，满都海夫人是前无古人后无来者。这也表现了汗廷经过此次大捷，威望直线上升。

有了实力，剪除权臣便是必然。那位害死达延汗生父巴彦蒙克一直希望独揽大权的亦思马因太师成了满都海彻辰夫人下一个目标。

亦思马因是个鼠目寸光的人，在满都古勒汗去世时，他没有趁机兼并汗廷；满都海夫人远征卫拉特时，也没有趁机作乱。只是没头没脑的骚扰明朝边境，结果被明朝名将王越击败，损失惨重。结仇于前，松懈于后，是典型的自杀行为。

1483年（明成化十九年），满都海彻辰夫人派少师托郭齐率军进攻亦思马因太师，大军艰苦征战，几乎横扫了东起辽东地区，西至哈密北山的草原。亦思马因太师兵败如山倒，丢弃妇孺，仓皇西逃。最后靠着自己也出身于卫拉特，才在卫拉特诸部的领地上站住脚。

在随后几年里，亦思马因联络卫拉特部分首领东侵，希望恢复势力，一度也让汗廷颇为紧张。《蒙古源流》记载，满都海彻辰夫人在一次领

①博明：《蒙古世系谱》。

兵拒敌时，因为怀孕身体沉重，从马上掉下，险些成为俘虏，可想而知战斗之激烈。但亦思马因最后还是被击退，没能东山再起。

1486年（明成化二十二年），托郭齐少师率军彻底击溃了亦思马因残部。亦思马因被托郭齐少师亲手射死。汗廷的最大威胁被解除。

太师既死，满都海彻辰夫人于是彻底改革官制，废除了元朝遗留下来的太师、太尉、太傅、太保、少师、平章、知院等官职。而代替以成吉思汗时代的济农、诺颜。左右北元近两百年的“太师”终于成为了历史陈迹。

大约在1487年（明成化二十三年）左右，已经成年的达延汗开始了亲政，满都海彻辰夫人从台前退居幕后。她如母亲一般养育教导了达延汗；作为妻子，为达延汗养育了七个儿子；而作为摄政辅臣，又在达延汗亲政前帮他扫清了身边所有的障碍。

作为一个女人，她几近完美。

在达延汗时代，蒙古本部经过百余年的分化整合，逐步形成几大势力。除汗廷直接控制的部落外，还有永邵布部、鄂尔多斯部、蒙郭勒津部、喀尔喀部、兀良哈部这些有着古老传承的部落；在东部草原，还有着成吉思汗弟弟们后裔执掌的三大部，也就是二弟哈撒儿后裔的科尔沁部，三弟合赤温后裔的察罕部，异母弟别勒古台后裔的也克部；另外，便是朵颜三卫。

经过满都海彻辰夫人时期的铁腕执政，鄂尔多斯部、蒙郭勒津部、喀尔喀部、兀良哈部已经相继归附汗廷。

达延汗巴图孟克

亲政后的达延汗面对的局面相对安定，在最初几年，他按部就班地逐步扩大汗廷的实力。

1495年，达延汗率兵征讨永邵布部，永邵布部是那位亦思马因太师的残部形成的，现在的首领是“大元天圣可汗”也先的孙子亦不剌。此时虽然已经摆脱了亦思马因死后的混乱，恢复了一些元气，但毕竟实力尚小，面对汗廷的大兵压境，亦不剌遣使求和，在获得对本部统治权不被变更的承诺后，归附汗廷。

收复永邵布部后，达延汗又用怀柔手段招抚东部三部和朵颜三卫：

对于成吉思汗诸弟的部落，达延汗对之克尽优礼，称之为“阿巴嘎”，也就是“叔叔”，并保证绝不会拆分原有部落，也不派汗廷官员管辖，只需他们向可汗效忠即可。科尔沁部首领鄂尔多固海、察罕部首领脱脱孛罗、也克部首领斡赤来感于恩义，审时度势，均归附汗廷。

而对朵颜三卫，达延汗通过联姻、结盟和互访等方式，逐步将他们招安。

和风细雨，润物无声，年轻的达延汗让蒙古本部的各首领都在名义上服从于汗廷，在表面上做到了政令统一。

但这种统一是极不稳定的，各部首领实力雄厚，大汗的政策一旦触及到了他们的既得利益，便会战火频起。

亲政后第十年，战乱不可避免地爆发了。

1509年（明正德四年），达延汗任命次子乌鲁斯博罗特为右翼济农，掌管永邵布、蒙郭勒津、鄂尔多斯三部。

这一任命使得永邵布部首领亦不剌、鄂尔多斯部首领满都赉极为不满，于是暗中联络蒙郭勒津部首领火筛，决定发动叛乱。

鄂尔多斯是成吉思汗陵——“八白室”所在地，乌鲁斯博罗特济农刚一到任，便到八白室拜祭。亦不剌等人趁机在典礼上向济农的侍从挑衅，双方发生争执，遂致殴斗。乌鲁斯博罗特济农手下大臣巴布岱一时冲动，将亦不剌的手下砍死。

一直在等待机会的亦不剌等人立即大呼：“是来治理我们国政的，还是来治理我们头颅的？！对滥施刑罚的人，还分辨什么彼此！”[①]这句话就是信号，一时间，八白室内外伏兵四起。

面对这突然的变故，乌鲁斯博罗特济农的属下毫无防备，虽拼死保护主人的安全，并夺得马匹让济农逃走，但终于寡不敌众，乌鲁斯博罗特

①朱风、贾敬颜译：《蒙古黄金史纲》，内蒙古人民出版社2006年版，第109页。

济农在混乱中被杀。

“八白室之变”发生时，达延汗的三子巴尔斯博罗特正在蒙郭勒津部探亲，闻变后趁夜色逃走，一路上以打猎果腹，在饥寒交迫中赶回汗廷，向父亲报告了事变经过。

一夜之间，风云突变，右翼三部叛离，还折了爱子。达延汗勃然大怒，决定亲征讨伐这些叛乱者。

鄂尔多斯、永邵布两部都兵强马壮，而且还是护卫八白室的“大有福者”。达延汗不得不认真对待，不但让左翼察哈尔、喀尔喀、兀良哈三部集所有丁壮参战，还向科尔沁部、察罕部、也克部发出谕旨，要求援助。

科尔沁部首领鄂尔多固海此时已经被达延汗封为“诺颜”，正愁没有报效的机会，因此最为积极，接到谕旨后带领其子布尔海率主力前来。汗廷所能调集的军队几乎倾巢而出。

而在叛乱者一方，亦不剌、满都赉都是直接置乌鲁斯博罗特于死地的祸首，自然没有退路，集中所有精锐准备迎战，而蒙郭勒津部的火筛此时看到汗廷来势凶猛，便玩起了坐山观虎斗，不派兵参战。

天平倒向了汗廷一方。

达延汗率大军到达答阑特里温之地时，右翼军队已经先期抵达，双方对峙，谁也不先出手。此时，右翼军队数量大约有三万人，而达延汗的部队则有五到七万人。

右翼军是背水一战，生死存亡全系于此。而汗廷军则有些七拼八凑，求战之心不够热烈，若是对峙久了，便会士气低落。为了速战速决，达延汗派布尔海、巴嘎逊塔布囊和巴尔通三将率小股骑兵为先锋，冲击叛军阵营，诱其出阵。

果然，早已绷足了劲的右翼军一遭到进攻就如堤坝破口一样，大军宣泄而出，以弓形阵向汗廷军发动猛攻。达延汗用以诱敌的部队几乎全军覆没，布尔海阵亡，但战略意图已经达到，而且让失去儿子的科尔沁首领鄂尔多固海红了眼睛，率军死战。

面对敌军的弓形阵，达延汗将军队编为六十一组，以牛角阵形迎击。同时，命兀良哈军单独列阵，并将自己的大纛矗立于其军阵当中，诱惑右翼军队主攻方向。

亦不剌、满都赉看到这面大纛，认为达延汗便在兀良哈军中，指挥其主力向之猛攻。兀良哈军以一军之力哪里抵挡得住，打了一阵便往后撤，但右翼军队主力损失也非常大，锐气已失，人马俱疲。

趁此机会，达延汗高举起代表可汗的黑色大纛，指挥全军向右翼军队发起猛攻，一举击溃其主力。亦不剌、满都赉率残部败走，达延汗紧追不舍，直追到柴达木，将满都赉斩

杀。亦不剌逃到哈密，被白帽回所诱杀。

见到亦不剌、满都赉败亡，蒙郭勒津部的火筛连忙向大汗表示忠诚。右翼的叛乱平息。

基于对这次叛乱的反思，达延汗决定将本部各部落进行重新划分，而以自己的儿子为各部之首，避免动乱。

在答阑特里温之战后不久，达延汗册封三子巴尔斯博罗特为右翼济农，统领三部，而以四子阿尔苏博罗特统领蒙郭勒津部的七个鄂托克，划为土默特部。

蒙郭勒津部首领火筛见到大汗要把自己的部落拆分，又用济农剥夺了自己对部落的统治权，这才后悔没有与亦不剌等人一起反叛。此时虽然孤掌难鸣，但为了权力也不得不铤而走险，于是发动叛乱。

以一部之力起兵，胜算绝少。虽然在图尔根河(今呼和浩特之大黑河)一战中，火筛主动出击，一度使得汗廷的讨伐军陷入混乱，达延汗本人也因乘骑陷入泥泞而狼狈不堪。但最终还是因实力相差悬殊而战败，火筛被迫投降，不久郁郁而终。他的蒙郭勒津最终完全被巴尔斯博罗特济农统管，成为其世袭部落。

至此，蒙古本部所有不安定因素全部解除，达延汗开始了着手完成他一生中最影响后世的业绩——分封诸子。

作为皇帝，儿子多虽然可以保障皇权的延续，但往往也会带来许多麻烦，儿子们对皇权的争夺会给帝国带来许多不确定的因素，严重的甚至会导致国破家亡。但对游牧政权的可汗来说，儿子多的好处便远远大于弊端，成吉思汗有五个儿子，除最小者阔列坚之外，其他几个儿子都有自己的封国。虽然互相之间也免不了骨肉相残，却让黄金家族在世界上活跃了四百余年。

达延汗的功业没有在他死后迅速埋没，也要归功于他强大的生育能力。他共有十一个儿子，前七个为满都海彻辰夫人所生，后面四个则是其他两位侧妃所生。

元室北迁以来，蒙古人又回到了部落游牧的状态，行政区划也回到了成吉思汗时代。大部落集团被称为“兀鲁思”，这本是“国家”和“国土”的意思，此时代表一个行政单位，被称为“万户”。万户之下还有“爱马克”，意思是“部落”，此时是指“千户”。15世纪初期，“爱马克”的名称逐渐被“鄂托克”所代替，这是伊朗语系粟特语，本为“疆域”的意思，后也成为“千户”的代名词。

在扫平本部的叛乱之后，达延汗将从前各小领地合并为六个万户，

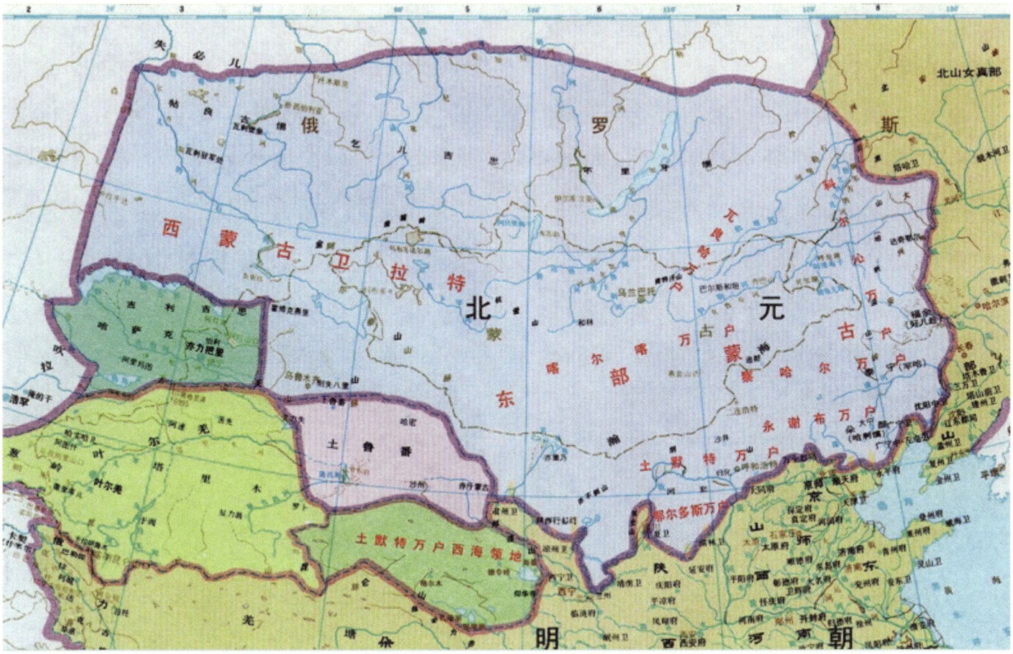

达延汗时期六大万户及蒙古形势图

仍分左、右两翼。左翼三万户为察哈尔万户（今锡林郭勒盟地区）、兀良哈万户（原卓索图盟地区今阜新、北票、朝阳、凌源、平泉等市县和建平县南部地带）、喀尔喀万户（喀尔喀河流域一带）；右翼三万户为鄂尔多斯万户（今鄂尔多斯市一带）、蒙郭勒津万户（今大青山下土默特地区）、永邵布万户（今张家口以北一带），汗廷设置在察哈尔境内。

这六万户除兀良哈万户以外，达延汗把其余五个万户都封给自己的儿子领有，这不但大大加强了大汗的集权地位，还使这些封地也成为蒙古人今后永远的家园。

长子图鲁博罗特早逝，其嫡裔世袭大汗汗位，并领有察哈尔万户；

次子乌鲁斯博罗特在右翼谋反时被害，无嗣；

三子巴尔斯博罗特任济农，领有右翼三万户；

四子阿尔苏博罗特领有蒙郭勒津万户之七个鄂托克，称为土默特；

五子阿勒楚博罗特，受封居喀尔喀万户中喀尔喀河以东五个鄂托克，称为内喀尔喀；

六子斡齐尔博罗特领有察哈尔万户之克什克腾鄂托克；

七子格列博罗特领有察哈尔万户之敖汉和奈曼两个鄂托克；

八子阿尔博罗特领有察哈尔万户之浩齐特鄂托克；

九子格埒森扎，领有喀尔喀万户中喀尔喀河以西7个鄂托克，称为外喀尔喀；

十子鄂卜衮锡青台吉领有永邵布万户之永邵布和阿苏特两鄂托克；

十一子格术图无子，未分领地。

这个格局虽在今后一百多年当中有所变动，但大体保存了下来，进而成为日后蒙古地区的地理名词。察哈尔、兀良哈、蒙郭勒津、永邵布、鄂尔多斯以及内喀尔喀的活动区域日后被称为“漠南蒙古”，也就是今天的内蒙古；外喀尔喀逐渐演变为三部，其活动区域便成为“漠北蒙古”，也就是今天的蒙古国。

虽然达延汗的统一仅局限于蒙古本部，并不包括漠西卫拉特蒙古诸部，其中兴的规模很有限，远不如脱欢、也先父子时代。但也先的统一骤起骤落，对后世毫无影响，达延汗则根基扎实，影响深远，并稳固了北元蒙古汗位的传承。

因此，当明朝皇帝接到达延汗的国书时，感到了以前从没有过的气概：“称书不称表，与我抗也；称我以南朝，是将北等我也”[①]，“奉番书求贡，书辞悖慢。自称大元大可汗……以敌国自居”[②]。

达延汗时代，明朝经历了宪宗、孝宗、武宗三位皇帝。孝宗朱佑樘统治期间被称为“弘治中兴”，一南一北两个敌国，都在中兴时代，也算是机缘。但弘治皇帝在晚年曾极为迫切地对两位肱骨大臣刘大夏、戴珊问道：“闻今军民多不得所，安得天下太平，如古昔帝王之时？”[③]对自己的中兴大业很不满意。而达延汗的中兴与成吉思汗时代相比差距更不可以道里计，这又可看作是巧合了。

1516年（明正德十一年），达延汗因病去世，享年四十四岁。他虽然命祚不长，但却做了三十七年可汗，是北元历代可汗中在位时间最长的一个。

随着他的死，“中兴”的辉煌开始走向黯淡。

①何孟春：《上司马相公书》，《明经世文编》，卷126。
②《明孝宗实录》，弘治三年十一月癸卯。
③焦竑：《玉堂丛语》卷三《召对》。

第六节 每况愈下

1516年（明正德十一年），北元中兴之主达延汗病逝，各部贵族和首领一起为可汗举行了盛大的葬礼。

因为达延汗的长子图鲁博罗特早逝，按照达延汗的遗嘱，其嫡孙图鲁博罗特长子博迪继承了大汗汗位。

不过，此时博迪年龄幼小，难以驾驭部众，于是，他的叔叔达延汗三子、掌管右翼三万户的“济农”巴尔斯博罗特凭借自己长辈的身份以及强大实力，逼迫博迪让位，自任可汗，号“赛因阿拉克汗”。

这是一次没有流血的政变，如果人们都承认了既定事实，蒙古的历史便会向另一个方向演进，今后百余年也不会发生众多大事。

可是，达延汗所订立的法统早已深入人心，各部贵族和大臣都反对巴尔斯博罗特的篡位，只是因为博迪年幼而暂时隐忍。

三年后，博迪已经成年，在众多大臣的簇拥下祭拜八白室，并对巴尔斯博罗特说道：“你趁我幼小之际，非礼地窃据了可汗之位，而今你

巴尔斯博罗特

若肯朝拜于我，便予以宽恕！”[①]巴尔斯博罗特知道自己如今已经没有了占据汗位的理由，如果动兵也没有取胜的把握，只好向侄子跪拜，取消汗号，归政于博迪。

不久，巴尔斯博罗特便在抑郁中一病不起，右翼欲图占据汗位的努力也随之风流云散。

“阿剌克汗”博迪在历史上的出场虽然比较孱弱——被长辈篡位，但在复辟成功后，很快便展现出不逊于祖父的强硬。

阿剌克汗博迪

巴尔斯博罗特病逝后，长子衮必力克承袭“济农”之位，次子阿拉坦、四子伯斯哈尔等诸子也各有封地。而分封制最大的特色便是，每当出现再分配的时候，总会有摩擦的冲突，右翼三万户有些动荡不安。

消息传到汗廷，科尔沁诺颜摩罗齐向博迪汗进言道：“右翼诸部逐渐坐大，对汗廷没有丝毫好处，不如将之拆散，合并于大汗直属万户中。”对于被夺走汗位余怒未消的博迪汗采纳其言，暗中布置人马，决定一劳永逸的解决右翼三万户。

正在博迪汗紧锣密鼓的安排攻打右翼之时，他的母亲安桑太后闻讯，将他召到面前劝道：“你的祖父（达延汗）当年征讨右翼叛乱后，对于

①朱风、贾敬颜译：《蒙古黄金史纲》，内蒙古人民出版社2006年版，第117页。

蒙古人自相残杀已经深恶痛绝，提出当年四十万户蒙古如今只剩六万户，如果再遭残破，即使成为天下共主，又有什么乐趣？你现在要攻打你的兄弟，且不说你三叔的几个儿子都骁勇善战，你未必能够取胜，即使取胜，你祖父打下的基业也会毁坏殆尽，那时候，你有什么面目去见祖先？”①

博迪汗听了母亲的劝告，停止了行动。老妇人的一席话免除了北元内部一次严重的内讧。随后，博迪汗开始主动加强与右翼众堂弟的联系，免除猜忌，保持了达延汗时代的团结。

作为中兴之后的第二任可汗，博迪汗仍是将明朝和卫拉特作为自己的头号敌人，内部的纷争平息之后，博迪汗开始向明朝用兵。

从1521年（明正德十六年）开始，博迪汗多次进攻明边，1523年（明嘉靖二年）甚至攻打到北京密云附近，虽然未能对明朝造成实际威胁，但也让大明皇帝吃足了苦头。

而正当博迪汗乐此不疲的骚扰明边时，“后院”突然“起火”，由大汗直辖的左翼三万户之一的兀良哈万户，扯旗造反了。

兀良哈万户是达延汗所封六万户中唯一一个没有由其儿子管辖的万户。这首先是因为兀良哈是世代守护历任蒙古大汗灵柩的部落，而且在达延汗统一蒙古本部时立下过显赫战功。但兀良哈众首领借此居功自傲，屡屡不服汗廷管束，不断地与其他万户发生摩擦。1524年（明嘉靖三年），兀良哈万户的诺颜突畦、格儿博罗特起兵攻打喀尔喀万户，汗廷派使者调解也完全不理。这样的行为，已经是公然叛乱。

颇有乃祖之风的博迪汗立即采取行动，亲自率各万户人马前去平定，兀良哈万户以一敌五，自然无法取胜，在1524年（明嘉靖三年）、1531年（明嘉靖十年）、1533年（明嘉靖十二年）三次战争中屡战屡败，部众牛羊损失惨重。到1538年，博迪汗几乎调集各万户所有精兵第四次征讨，已经残破不堪的兀良哈再也无法抵挡，突畦、格儿博罗特等诺颜率部投降。

博迪汗显示了一个君王的韬略和阴狠，为了避免自己遭受更大损失，他接受了兀良哈的投降，并为此举办了一次盛大的宴会，召集所有贵族参加。兀良哈诸首领以为可以捐弃前嫌，也全部与会。然而，等所有人都酒足饭饱后，博迪汗便立即翻了脸，下令将兀良哈大小首领全部就地处死。然后与其他万户的堂兄弟们彻底将兀良哈万户拆分，所有属民化整为零并入其他五万户当中。

①道润梯步译校：《蒙古源流》，内蒙古人民出版社2006年版，第285页。由笔者译为白话。

阿拉坦汗

这次拆分重组，博迪汗直属的察哈尔万户获得了大量属民财货，实力更为壮大，其他各万户更对汗廷俯首帖耳。但是，在这次消灭兀良哈万户的战争中，右翼三万户济农衮必力克以及其二弟阿拉坦、四弟伯斯哈尔均立有大功，而他们所掌握的右翼三万户又有着强大的实力，为了筹功，也是为了安抚，博迪汗将大量属民财物分给他们，并赐予他们汗号，衮必力克为“默尔根汗”，阿拉坦为“索多汗”，伯斯哈尔为“昆杜伦汗”。

这样分产封汗，虽然有利于右翼三万户对汗廷的效忠，但也埋下了其日后尾大不掉的隐患，博迪汗没有想到，右翼会从此逐渐座大，并一度威胁到汗廷的安危。尤其是被封为索多汗的阿拉坦，会在日后数十年的时光中，几乎取代了汗廷蒙古共主的地位。

受封后不久，阿拉坦汗便兼并了其四叔阿尔苏博罗特的土默特部，仅留了一个鄂托克给他的儿子。土默特部占了蒙郭勒津万户的大半，俺答控制了土默特部，也就间接控制了蒙郭勒津万户。在这之后，右翼三万户中便出现了土默特万户，而蒙郭勒津万户则不再为人们提起。1542年（明嘉靖二十一年），右翼三万户济农、“默尔根汗”衮必力克去世，虽然他的儿子继承了济农职位，但在强大的阿拉坦汗面前只有俯首帖耳的份儿。阿拉坦汗遂成为右翼三万户实际上的首脑。

1543年（明嘉靖二十二年），阿拉坦汗率领土默特、鄂尔多斯两万户远征青海，将河西走廊、青海大部划为自己的势力范围。经此远征，右翼三万户尤其是土默特部，实力已经隐隐超过了察哈尔为首的左翼三万户，仅仅因为博迪汗的在位，才勉强保持了平衡。而博迪汗也感到了阿拉坦汗的威胁，为了安抚，又赐予其“土谢图汗”汗号，这已经是仅次于蒙古大汗的尊贵的汗号了。

然而，博迪汗虽有着不逊于祖父的才能，却也继承了祖父不尽如人意的身体，1547年（明嘉靖二十六年），年仅44岁的博迪汗去世，他的长子达赉逊继位，号“库腾汗”。

博迪汗是汗廷唯一能够压制右翼万户和阿拉坦汗的人，他一去世，汗廷便处在右翼强大实力的威胁之下，有朝不保夕之感。年轻的达赉逊汗知道自己无法与叔叔阿拉坦汗较量，于是率领汗廷及左翼诸万户东迁，到辽东一带驻牧，以求离开这个危险越远越好。

达赉逊汗完全没有继承曾祖达延汗和父亲博迪汗的勇武大略，他的主动东迁，虽然远离了右翼的威胁，却造成两个严重的后果，其一，原左翼各部及察哈尔的牧场土地，被右翼尤其是阿拉坦汗吞并，这使得其实力更为壮大；其二，东迁后，汗廷的威望直线下降，又远离了蒙古的中心地带，无力再对其他万户进行控制。自此以后的近三十年中，汗廷几乎与其他万户之长处于平等位置，其诏令也仅能行使于察哈尔内部，统御全蒙古的蒙古大汗已经成为“察哈尔汗”。

不过，达赉逊汗在位期间，吞并了原东北地区朵颜三卫的福余、泰宁两卫，并迫使东北地区的女真各部落称臣纳贡，为日后重振汗廷声威奠定了基础。

1558年（明嘉靖三十七年），“库腾汗”达赉逊病逝，其子图门即位，号“札萨克图汗”。年轻的大汗一登基便开始了加强汗权的种种举措，对辽东一带的女真、达斡尔、鄂温克等部族进行征服，扩大汗廷实力，逐渐恢复了对左翼各万户的控制，并加强了与右翼各万户的联系。而相对的，右翼三万户的首脑阿拉坦汗已经年老，又经过与明朝的封贡，成为明朝臣属，已不复当年的强劲势头。汗廷重振的希望来临了。

经过多年努力，1576年（明万历四年），图门汗召开“库里勒台”，颁布了《图门汗法典》，对汗廷制度进行改革，将重要职务委任于其他各万户实权人物，辅佐大汗处理重大政务，以巩固汗权。察哈尔万户的阿穆岱洪台吉、喀尔喀万户的卫征苏巴海台吉、鄂尔多斯万户的库图克台彻辰洪台吉、永邵布万户的诺木达喇古拉齐等大首领先后到任。面对众望所归的局面，阿拉坦汗也不得不派自己的长孙扯力克代表土默特万户前去任职。

札萨克图汗图门

这五大臣辅政的格局，使得图门汗的谕旨可以在所有万户发生效力，虽然无法如达延汗时代一般如臂指使，但从大体上，蒙古本部恢复了表面的统一。

图门汗在位34年，除了恢复了蒙古本部的统一，颁布了法典，还在阿拉坦汗皈依藏传佛教格鲁派之后，也紧跟其后开始皈依，派遣自己的辅政官之一、察哈尔万户的阿穆岱洪台

吉邀请三世达赖前去汗帐，并以蒙古大汗的名义推动佛教的传播，为佛教成为全蒙古的信仰发挥了重要作用。同时，看到右翼蒙古与明朝广泛进行贸易，带来巨大的政治经济利益，图门汗一方面出于经济利益考虑，一方面也为了压制右翼，因此也要求明朝与之鲜封开市，但明朝为达到扶此抑彼、加剧蒙古分裂以求坐收渔人之利目的，一直予以拒绝。因此，图门汗与明朝的战争在他的执政期一直持续，给明朝的东部边防造成了极大压力。

1592年（明万历二十年），“札萨克图汗”图门去世，其子布延即位，号“彻辰汗”。图门汗是最后一个可以维持蒙古统一的大汗，他去世后，五大臣辅政的体制崩坏，各万户首脑除察哈尔之外，都不再到汗廷任职，布延汗所能控制的，仅剩下察哈尔万户。

布延汗在位12年，也窝囊了12年，虽有心恢复父亲的事业，但能力不足，想不出重振声威的办法，只能将元朝传国玉玺四处昭示，让大家承认自己的大汗身份。

元朝玉玺虽然是传国之宝，被看作“天命所归”的证明，当年朱元璋也对其念念不忘，认为天下一家后仍不能安心的有三件事：“一少传国玺，一王保保未擒，一元太子无音问。”可一个国家的首脑需要用打招牌来证明自己的身份，希望靠玉玺来让大家朝拜，除了成为笑柄，只能让人感到可悲了。

1604年（明万历三十二年），“彻辰汗”布延病逝，因为长子莽古斯早逝，长孙林丹巴图尔继位，年仅十三岁，汗号“呼图克图汗”，也就是明史上音译出来的“虎墩兔汗”。

此时，北元早已是部帅纷擎，各自称雄的时代。因为各部首领都皈依藏传佛教，使得藏传佛教的首脑达赖喇嘛成为类似天主教罗马教皇似的人物，有了颁赐汗号的权力。蒙古各部的汗、珲台吉等封号，没有黄教教廷的册封，便不被承认。北元大汗连册封权都已丧失，权威已经跌到谷底。

这原本没有什么，因为最大的敌人明王朝此时正是有史以来最懒的皇帝明神宗当政，虽然没有大动乱，但国家腐败的速度也是极快，不会顾及北方的事。

可是，1583年（明万历十一年），在辽东的女真人中，一个名叫努尔哈赤的男子，以十三副铠甲和三十人的队伍起兵，开始了统一女真诸部的征途。

这个人以及他的子孙，将刮起一股飓风，无论是汉人还是蒙古人都将被这股飓风所席卷。

一个时代即将开始，一个时代即将落幕。

第七节　兴于“成吉思”亡于“成吉思”

林丹汗是北元末代可汗，也是成吉思汗的蒙古帝国——忽必烈的大元王朝直系汗统的最后一任可汗。

按说，既是亡国之君，总该有荒淫、残暴、无能、怠惰等等缺点，不如此又何以亡国？可是，林丹汗与南方大明王朝的亡国之君崇祯帝一样，都算得“非亡国之君而遭亡国之运”，他们固然有很多缺点，比如暴躁、刚愎等等，但也都尽力在挽救摇摇欲坠的国家。

而林丹汗幼年登基，成年后雄心壮志，一度颇有作为，甚至自称“神中之神全智成吉思隆盛汗”①，将蒙古圣祖的“成吉思”尊号加在了头上。重现辉煌，直追先祖的抱负可见一斑。

然而，历史却给他开了残酷的玩笑，他没能摆脱亡国之君的命运。而蒙古帝国，竟然是兴于“成吉思”，亡于“成吉思”。

1604年（明万历三十二年），辽河河套的北元蒙古汗廷中传出噩耗，“彻辰汗”布延病逝。因为长子莽古斯早逝，长孙林丹巴图尔继位，年仅13岁，汗号

呼图克图汗林丹巴图尔

①塞瑞斯：《〈达延汗后裔世系表〉笺注》，余大均译，内蒙古大学《蒙古史研究参考资料》，新编第十六辑。

“呼图克图汗”。

今天13岁的孩子，应该是初中二年级的学生，坐在教室里学着或感兴趣或不感兴趣的课程，课外时间，或公开或秘密地开始了恋爱。

而林丹巴图尔13岁的时候，接替自己的祖父，成了可汗，一个根本不该由未成年人担任的职位。如果是明朝的皇帝，也还可以垂拱而治，不用担心会有什么不测——大明天子有着礼法制度、儒家学说以及官僚、宦官相互制约的三重保护，无论是无能、贪玩还是懒惰，都不会影响到作为皇帝的神圣与无上的权威。

而已经回归到游牧的北元可汗则没有这些，要获得尊重和服从，必须要有强大的实力，显赫的战功。草原上不相信君君臣臣，父父子子，相信的只有马刀和弓箭，即使你是成吉思汗的子孙，没有力量，虽然可以成为可汗，生命仍然会和野草一样被任意践踏。

而此时林丹巴图尔所面对的蒙古，是绝对需要拥有强大武力的可汗的，达延汗时代留下的格局早已破坏无余，乱成一锅粥：

达延汗所册封的六大万户中，兀良哈万户已经覆灭，而其他五大万户也都各自为政。喀尔喀万户分为了外喀尔喀和内喀尔喀两部分，外喀尔喀游牧于漠北（今蒙古国），由札萨克图和土谢图两位汗分而治之，内喀尔喀游牧于西辽河和辽河流域，分为五部:乌齐叶特、弘吉剌、巴特岳、扎鲁特和巴林部，他们组成了一个松散的联盟，以乌齐叶特部为盟主。土默特万户仍然是阿拉坦汗的后裔统治，现在是第三任“顺义王”“彻辰汗”扯力克在位。阿拉坦汗的四弟“昆杜伦汗”伯斯哈尔的后裔统领的永邵布万户则占据着土默特与可汗属地察哈尔之间的地区。至于富饶的黄河河套地区，则是右翼三万户济农，鄂尔多斯万户的领地。

这四大万户都只是名义上还尊重共主，面子虽然给，实惠却是自己的。

在东部草原，成吉思汗弟弟后裔三大万户因为子孙拆分都已经解体，成为一个个小部落：哈撒儿系科尔沁万户分为阿鲁科尔沁、乌拉特、茂明安部；斡赤斤系察罕万户分为四子部落、翁牛特、喀剌车里克部；别勒古台系的也克万户分为阿巴嘎、阿巴哈纳尔部。这些部落从来都与可汗若即若离，阿鲁科尔沁部首领还从达赖喇嘛那里获得了“车根汗”的封号。

而西部的卫拉特联盟，此时也早已废除了当年和满都海彻辰夫人签订的盟约，其盟主和硕特部因为是哈撒儿后裔，开始自称“卫拉特汗”，公开无视北元共主的权威，这个曾百余年执掌北元命运的部落可算是正统汗廷的大敌，所幸现在正忙着和哈萨克人征战，还面临着俄罗斯的压力，不会东顾。

有着全蒙古可汗名义的林丹巴图尔，手头的实力仅有察哈尔万户，分为左右两翼。左翼被称为“山阳察哈尔”，由阿喇克卓特、敖汉、奈曼、主亦惕四大部组成，右翼被称为“山阴察哈尔”，由浩齐特、乌珠穆沁、苏尼特、克什克腾四大部组成。这八大部被称为察哈尔八部，也称为“察哈尔八大营”。控制的土地则是老哈河以东，广宁以北的辽河河套地区，人口大概有四十五万左右，拥兵十万[①]。虽然实力不差，但各营的首领都是林丹汗的长辈，让他们完全俯首帖耳，很不容易。

清太祖努尔哈赤

这时的大明朝虽然在万历皇帝的怠惰下，迅速地走向积重难返的末路，但此时还是“看上去很强”，它的末代皇帝崇祯帝还有六年才会出生。

日后雄霸东亚的后金——清帝国还有十二年才会崛起，但努尔哈赤已经统一了建州女真，正在向海西女真和野人女真下手。1593年（明万历二十一年）的古勒山一役，他已经和蒙古人交过手，取得了决定性的胜利，一代天骄的子孙们已经和大明的军队一样在他眼里成了羔羊。

这便是一个13岁的孩子需要面对的局势，林丹巴图尔没有别的选择，他只能先隐忍。

虽然继位是在1604年（明万历三十二年），但在此之后的整整十年当中，我们几乎看不到林丹汗的影子。

①宋工主编《中国人口丛书·内蒙古分册》,中国财政经济出版社，1987年版，第46页。

从少得可怜的史料中，我们只能看到，他任命内喀尔喀五部中的乌齐叶特部首领锡尔呼纳克杜棱为自己管理左翼三万户的特命大臣，以此换来了内喀尔喀联盟对汗廷的靠拢；他在阿巴嘎哈喇山南麓（今内蒙古阿鲁科尔沁旗罕苏木）修建自己的都城“察罕浩特”。

其余的，便是几个极为不屑的评价。

1606年（明万历三十四年）十月戊申，兵科都给事中宋一韩关于《边事大略》的上奏中谈到辽东方面时写道：“自西戌两殒大师，辽尚可言哉。所幸天厌夷种，土蛮物故，稍稍息肩。独凌丹憨新立，众虏煽惑，都会、歹青等阳顺阴逆，安能不相率响应，此辽东之情形也。”

而对于新立的“凌丹憨”，宋一韩给了五个字的评价：“穷饿之虏也”。

第二年，1607年（明万历三十五年）的七月壬辰，兵部尚书萧大亨的上奏中，则下了“幼憨嗣立，懦弱未威”的考语。

一个13岁的孩子，给人的印象，除了“穷饿”“懦弱”还会有什么呢？各部的贡奉全部停止，甚至连派往明蒙边境进行贸易的商队也被杀人越货[1]。

除了耻辱，可汗的宝座带给林丹巴图尔的，确实不多。年纪还小的他也许会偷偷地掉下眼泪。但随后，他还会以威严的面目出现在众人面前。这是个不相信眼泪的时代，他必须要坚强地走下去。

整整十年，我们无法确切知道林丹巴图尔干了些什么，我们只能从后来的事件中看出，他积蓄了整整十年的力量。为了日后的雄图大志做个方面的准备，他要成为一个英勇战士、一个合格的统帅，让所有敌人都不敢小看的对手。

十年后，他终于精彩亮相了、

万历四十三年，公元1615年八月甲午。大明王朝辽东巡抚郭光俊得到军报，在新寺一带发现大量蒙古骑兵，数量约有数万，领兵的就是那个曾经被称为懦弱的“凌丹憨”。这支大军的意图很明显，是要进攻广宁至锦州一线的河西地区。更使人感到不安的，是同时与之协同作战的，还有内喀尔喀五部联盟的盟主卓里克图洪巴图鲁[2]。这是一个危险的信号，那个十年前还是名誉上的蒙古共主，已经能够号召漠南第二大势力的内喀尔喀联盟了。

身为边陲大吏，郭光俊不敢怠

①《崇祯长编》卷十一，崇祯元年七月己巳。
②明朝史籍称为“炒花”。

慢，一面布置兵力防守，一面向朝廷奏报：“西虏虎墩兔汗会部夷数万，屯驻新寺，且密约炒花，将于后八月内犯抢河西，势甚猖獗。”

进攻，比郭巡抚想象的要来得快，来得猛。八月十七日，林丹汗率军六万，号称十万进攻广宁，围城半日，未能破城而走。明军刚缓口气，二十二日林丹汗率领约六千骑兵紧逼锦州，并分二路攻入。这一次，仍然没有破城。

两次似乎都是虚张声势，明军开始懈怠了。不料，二十五日，林丹汗的五万大军突袭义州，击溃明守军，攻破大安堡，明守将阵亡，城池被洗劫一空。

八天时间，声东击西，气势如虹。十年的韬光养晦换来了一朝华彩的亮相。对于蒙古各部的影响，也是巨大。鄂尔多斯、土默特等部又开始恢复对可汗的朝贡。

这一年，林丹汗24岁。这一鸣惊人，让所有人刮目相看。大明朝廷也开始重新审视这个崛起于北方的年轻可汗。明蓟辽总督薛三才用八个字否定了十年前对于林丹汗的评语：“虏中名王，尤称桀骜”①。

但是，如果这一次对于明朝的进攻，林丹汗仅仅是证明自己已经成熟，已经可以成为大明朝新的对手，或者是用战争的缴获来补充自己的经济，那就小看了他。他的眼光更为长远，出山的第一刀砍向明朝，只是希望用这个方式告诉大明皇帝，我是有实力的，对付我的办法，最好是和平。

他需要和明朝做贸易，求得互市来增进自己的经济力量。他要重新统一蒙古，成为和成吉思汗、达延汗那样的真正的可汗。而他明白，阻止他实现理想的， 不是那个认为“长城之外非我土也”的大明王朝，也不是蒙古内部那些割地自雄的诸侯们，而是在自己的东边，那个在白山黑水已经越来越强大的民族——女真。

1593年（明万历二十一年），女真首领努尔哈赤一举击溃扈伦与蒙古九部联军，在嫩江流域的科尔沁部经过此役完全倒向了努尔哈赤，两家成了亲家。而内喀尔喀联盟中的扎鲁特部、巴岳特部也和努尔哈赤联姻，女真人对于蒙古的渗透越来越深。林丹汗感到来自东边的乌云压城城欲摧。

在和明朝这一次交锋之后，林丹汗马上停止了军事行动，于次年向明朝派遣了使节，希望互市，而明朝虽然认为他不好对付，但毕竟天朝的面子拉不下来，没有同意。林丹汗没有再次举兵，他耐心地等到1617年（明万历四十五年），当他的都城察罕浩

①万历四十五年五月辛未，蓟辽总督薛三才报告兵部：“虎墩兔憨为虏中名王,尤称桀骜。”

特全部完工之时，他再次派出使者，送还俘虏，希望互市。

这时候，努尔哈赤已经建立了后金汗国，明确的打出了向明朝复仇的旗号。在边关上同时出现两个强敌，明朝再糊涂也不会去做，于是，终于同意互市。同时，为了和林丹汗一同对付后金，明朝一再扩大市赏额度，到天启末年，达到12万两白银。

林丹汗获得了和明朝稳固的联系，可以集中精力面对后金了，无论明朝的想法如何，是利用，还是坐山观虎斗都无所谓。他已经把明朝当作了自己的盟友，用来对付后金的盟友。

第一次的出场，林丹汗的表现委实不俗。军事上表现出了才干，政治上也很有眼光。但年轻的他，却在宗教上，犯了不可挽回的错误。

当宗教遇到政治时，必定是政治的延续甚至是升华。作为合格统治者，应该对之采取谨慎的态度。

蒙古地区自从阿拉坦汗引入藏传佛教之后，格鲁派也就是黄教便生根发芽，枝繁叶茂。到林丹汗时期，已经成为蒙古地区至高无上的信仰，无论是贵族还是平民，都对之顶礼膜拜。

林丹汗起先也是信仰黄教的，而且还相当虔诚。在他登基那一年，四世达赖喇嘛云丹嘉措派遣迈达里活佛经鄂尔多斯抵达库库和屯城，作为蒙古地区黄教的坐床喇嘛。

为了表示自己的敬佛之心，也为了彰显自己蒙古共主的身份。1617年（明万历四十五年），林丹汗将迈达里活佛迎请到察罕浩特，对其礼敬有加，并支持其在察哈尔地区活动，进行传教。

不过，黄教在蒙古地区的兴盛，也产生了一个重要的消极后果，那便是夺走了原本属于蒙古共主的册封权，对于各部贵族，黄教教廷可以依据自己的需要随意颁赐尊号，“汗”“珲台吉”等等不一而足。这不但使得汗号满天飞，也极大地削弱了原本就已相当软化的蒙古大汗的权威。

这无疑让有着重新统一蒙古、巩固大汗权威雄心的林丹汗深感不满和忧虑。

而所谓瞌睡有人送枕头，在1618年（明万历四十六年），当林丹汗26岁时，西藏宁玛派也就是红教沙尔巴活佛到达蒙古地区，寻找自己的支持者，得以面见林丹汗。

宁玛派也是藏传佛教一大分支，实力虽不如黄教格鲁派，也有着广泛的影响。于是，林丹汗拜沙尔巴活佛为国师，并接受灌顶，从此改信了红教。希望以此打击黄教的独尊地位，树立汗权权威。

沙尔巴呼图克图为了取得林丹汗的信任，从五台山取来元世祖时八思巴用千金所铸嘛哈噶喇金佛。八思巴是元世祖的国师，创造了“八思巴蒙文”，那时是元朝的鼎盛时代，也是藏传佛教第一个繁荣时代。迎来八思巴所铸金佛，似乎有着明显的吉兆。

嘛哈噶喇金佛

林丹汗坚信自己改宗的正确性，他在察罕浩特修建金顶白庙，将金佛供于其中。对于红教极尽虔诚。

这一举措，立即在蒙古各地产生了巨大波澜。信奉黄教的漠北喀尔喀和右翼三万户的各部汗、济农、诺延、台吉都心怀不满，对于林丹汗逐渐疏远。而黄教的僧侣们，尤其是蒙古地区首席喇嘛迈达里活佛，都把林丹汗统一蒙古的战争看作是宗教战争，开始支持他的反对者。

当然，这时的林丹汗血气方刚，雄视四周，还不会看到这次改宗给他带来的消极影响，从日后的历史来看，这无疑是他的极大失误。

宗教问题上的失误，虽然严重，但对于政治人物来说还不算致命。但政策上的失误，却足以亡国毁身。林丹汗在宗教上犯错之后，紧接着便在政策上犯起了错。

面对着各部林立，后金压逼的林丹汗，起初时也还算清醒，觉得自己要整合蒙古内部再与后金争雄，“南朝只有一大明皇帝，北边只我一人，何得处处称王？我当先处里，后处外”[①]。可在

①《崇祯长编》卷十一，崇祯元年七月己巳。

实际操作中便不是按着这个既定方针来办了。

为了回报明朝给予的互市权益，林丹汗初期积极攘外。

1619年（明万历四十七年），努尔哈赤取得了萨尔浒大捷，明朝在关外再也没有了进攻的能力，完全陷入防守。同年七月，努尔哈赤率得胜之师进攻辽东重镇铁岭，明军兵少将寡，士气低落。铁岭岌岌可危。

盟友的损失便是自己的损失，林丹汗迅速采取了行动。内喀尔喀联盟的宰赛率军一万驰援铁岭。可惜，新败的明军没有坚持到这支志愿军的赶到，铁岭陷落，努尔哈赤的得胜之师正面迎击宰赛的援军。士气正盛以逸待劳的八旗军再一次取得了胜利，蒙古军全线溃败，连统帅宰赛及其两个儿子都被俘虏。

铁岭之败，对于林丹汗来说，还可算是胜败兵家常事。但对于内喀尔喀联盟来说却是极大的打击，此时，盟主卓里克图洪巴图鲁年事已高，联盟的主要事务，都是由年富力强的宰赛来承当，其人已经成为实际上的盟主和未来盟主的候选人。他的被俘，内喀尔喀联盟惊惧不已，一时不知所措。

而努尔哈赤却显示出了自己的手腕，对于宰赛父子，没有简单的杀掉，而是作为自己手中挟制内喀尔喀的人质。内喀尔喀联盟被人捏住了要害，不得不在是年十月遣使求和，要求与努尔哈赤会盟。十一月，内喀尔喀五部所有有实力的首领以卓里克图洪巴图鲁为首与努尔哈赤举行了会盟大会，相约一同针对明朝作战。而对于林丹汗，虽然没有针对性地盟约，但这次会盟，内喀尔喀联盟秉承林丹汗意志抵抗后金的情势，被一朝消解。

可以想见，林丹汗的愤怒会是何等的强烈，他派遣使者向努尔哈赤递交了国书，开头便道“统四十万众蒙古国主巴图鲁成吉思汗，问水滨三万人满洲国主英明皇帝，安宁无恙耶”，彻底的居高临下，之后，向努尔哈赤提出警告，不得进攻广宁，因为那是自己和明朝互市的贸易基地，同时，不得再拉拢喀尔喀诸部。

已经60岁的努尔哈赤被27岁的林丹汗羞辱，后金诸贝勒大臣全都大怒，“欲斩其使者半，欲将使者劓鼻或耳而后放归者半”①。努尔哈赤倒没有立即杀掉使者，只是将使者监押。两个月后，也向林丹汗递交了国书。

年纪比林丹汗大出两轮半的努尔哈赤不但对于警告置之不理，而且对于其自称也给予了嘲弄：“尔奈何以四十万蒙古之众骄吾国耶。我闻明洪

①《清实录》天命四年，十月辛未。

武时，取尔大都，尔蒙古以四十万众，败亡殆尽。逃窜得脱者，仅六万人。且此六万之众，又不尽属于尔。属鄂尔多斯者万人，属十二土默特者万人，属阿索忒、雍谢布、喀喇沁者万人。此右三万之众，因各有所主也。于尔何与哉。即左三万之众，亦岂尽为尔有。以不足三万人之国，乃远行陈言，骄语四十万，而轻吾国为三万人，天地岂不知之。”

举重若轻，努尔哈赤捅到了林丹汗的痛处——你对于蒙古，还做不到一统天下啊！最后还对林丹汗和明朝进行了挑拨：“明畏我，姑以利诱汝耳。且明与朝鲜，言语虽殊，服制亦类，二国尚结为同心。尔与我，言语虽殊，服制亦类。尔果有知识，来书宜云：明，吾深仇也。皇兄征之，天地眷佑，俾堕其城，破其众，愿与天地眷佑之主合谋，以伐深仇之明。如是立言，岂不甚善焉。乃不思祈福于天，全合各主大业，惟利是嗜，以有限金帛，而与我素无嫌怨之国，甘心构怨，皇天后土宁不鉴之。”

斗嘴，年轻气盛不是老谋深算的对手，气恼不已的林丹汗也扣押了后金的使者。可在心狠手辣上又输了一招，努尔哈赤已将他的使者杀害。

双方已经没有了调和的余地，必须刀枪上见真章。林丹汗积极备战，因为宰赛还在努尔哈赤手中，喀尔喀联盟不能出兵，他暂时忍下了使者被

明广宁城

杀的耻辱，寻找着时机。

1621年（明天启元年），努尔哈赤攻克明朝辽东重镇沈阳，留少量部队留守，其余大军一鼓作气连下七十余城。林丹汗见后金后方空虚，立即令管理左翼三万户特命大臣锡尔呼纳克杜棱率领二千骑兵奔袭沈阳，试图解救被拘押的宰赛。但不得不承认，此时的八旗军委实战力惊人，少量的留守部队仍然使这次解救行动流产，蒙古军屡屡进攻均被后金军击退，又恐对方大军回援，只得撤退。

内喀尔喀联盟见武力解决无望，只得用上万头牲畜的赎金赎回了宰赛，无疑，这对林丹汗的声望，又是一次打击。

为了挽回渐渐失去的声望，1622年（明天启二年），领军至山海关协助明军牵制后金的攻势[①]。可这一次再次失败，明朝重镇广宁被努尔哈赤攻陷，林丹汗重要的贸易基地丧失。

一连串的失败，兵员、物资以及最重要的声望都损失惨重。林丹汗这才想起自己“先处里后处外”的方针，不得不改变了自己的攘外的方针，收束兵力转为对蒙古部落的统一，挽回自己所失去的。

但下降的威望，将他当初改信红教造成的负面影响放大了。败退山海关之后，原本就反对信仰红教的重臣，管理左翼三万户的特命大臣锡尔呼纳克杜棱率领所属三千多户部民投奔辽阳城，归顺了努尔哈赤。

看到林丹汗已经开始了众叛亲离，努尔哈赤这才开始了对于林丹汗的反击。1623年（明天启三年），单方面要求内喀尔喀联盟改变盟约条款，将共同针对明朝改为针对林丹汗。最有实力的宰赛在上次被俘之后，精神上已经臣服了努尔哈赤，不敢反对。而盟主卓里克图洪巴图鲁虽年迈体衰，倒不失草原英雄的本色，断然拒绝。努尔哈赤杀鸡儆猴，四月出兵攻打喀尔喀联盟中持反对意见最坚决的扎鲁特部首领昂安，昂安猝不及防，本人及儿子战死，所部属民和牲畜全被后金军虏获。

卓里克图洪巴图鲁面对公然侵略再无法忍受，相约林丹汗一同讨伐后金。而此时的林丹汗却不愿再冒险面对后金军，他把注意力都集中在了整合内部上——因为他的阵营内部已经到了不能不关注的地步。

在锡尔呼纳克杜棱投奔后金后，察哈尔八大营中信奉黄教的乌珠穆沁部贵族多尔济、塞棱、苏尼特部贵族素塞巴图噜、是浩齐特部贵族策凌伊尔登、阿巴噶部贵族都思噶尔各率所部离开他，投奔了笃信黄教的漠北喀尔喀。这些贵族的离去，让他本部人

① 《满文老档》太祖朝（上），中华书局，1990年，第638、647~648页。

马兵源损失严重且人心浮动，现在出兵只能重蹈不断失败的覆辙。

他没有回应卓里克图洪巴图鲁的约请，积极攘外的林丹汗退缩了，他要先安内。

但是，如何安内，他并不得要领。

成吉思汗当年的崛起，在于这位一代天骄有着高于祖先的智慧。他打破了蒙古贵族各领一部、松散聚合的传统，发明了“万户”制度。将各个部落的限制打破，由自己亲自任命的将领率领各个万户进行作战，使得军令统一，令行禁止。一个人口稀少的游牧民族被他打造成了无坚不摧的战争机器。

这与努尔哈赤的祖先完颜阿骨打发明的“蒙安谋克”制度如出一辙。一个弱小民族想要变得强大，除了用新的制度把他们原有的组织打乱，然后用新的组织完全团结在一起别无他法。努尔哈赤便是用八旗制度对女真民族重新洗牌，从而再造了民族的辉煌。

而林丹汗却既不懂得向祖先学习，也不懂得向敌人学习。他所能直接指挥的察哈尔八大营，完全是成吉思汗统一蒙古前的状况，各部贵族分封而治，对自己的部落有完全治权。

从始至终，林丹汗都没能把五指聚合成一个拳头。这才是马上民族的蒙古骑兵每每遇到半农半牧的八旗骑兵便大败亏输的原因。

决定安内的林丹汗计不至此，总认为力量不济的原因在于自己不能号令整个蒙古。

于是，安内第一目标，他锁定在了死心塌地归附后金的科尔沁部身上。

如果说汉人明帝国的崩溃，和大量的汉奸的努力是分不开的话。北元蒙古的覆亡，也得益于众多蒙奸与后金的精诚合作。

奥巴雕像

科尔沁部首领奥巴，便是蒙奸的代表人物。

在与后金联姻的蒙古各部中，科尔沁较为特殊，其他人都可说是自保的权宜之计，而他却是自觉自愿的背叛了自己的民族。

科尔沁与后金的联姻极为密切。努尔哈赤自己以及其儿子皇太极、阿济格、多尔衮都迎娶科尔沁各首领之女为妻，并以满洲贵族之女嫁给科尔沁首领，双方建立了密切的姻亲关系。

1624年（明天启四年），奥巴觉得联姻还不过瘾，干脆和后金在伊克唐噶哩坡（今科左中旗花吐古拉一带）举行了会盟，会盟的宗旨便是共同对敌，将矛头直指蒙古共主林丹汗。这标志着科尔沁完全和林丹汗决裂，脱离了蒙古阵营。

对林丹汗来说，不剪除内奸，安内无从谈起。于是厉兵秣马，决定武力解决科尔沁。但作为共主，他还是做了最后的和平努力。1625年（明天启五年），派卓尔济喇嘛前往科尔沁，与奥巴谈判，希望科尔沁能够回头，但结果是不欢而散[1]。

是年十一月，林丹汗开始组织东征，调主力山阴察哈尔和山南察哈尔两路并举，计划在十一日会合，十五日出征。同时，向喀尔喀联盟发出命令要求他们参战。

然而，林丹汗东征科尔沁的计划，却让内喀尔喀联盟盟主卓里克图洪巴图鲁感到了不安，他完全清楚，如果林丹汗彻底控制了科尔沁，必然实力大增，那时，自己就不再是有条件的服从而是要令行禁止不得违抗了。但要公然帮助科尔沁这个蒙古的叛徒，又说不过去。于是，这个糊涂的老人开始了暗箱操作。

当林丹汗正在集合兵马的时候，不但喀尔喀联盟只有扎鲁特部出兵帮忙。而且，他的部队何时会合，何时出征，走哪条路线，主攻方向是哪里等等军事情报，全都通过卓里克图洪巴图鲁传到了奥巴的耳朵里。

奥巴得报，知道自己不是林丹汗的对手，连忙向后金求援，努尔哈赤自然不能让归附于自己的人失望，亲率大军增援。林丹汗未战而失先机。

十一月初五，林丹汗率部抵达科尔沁境内，科尔沁贵族们不战而溃，四处奔逃。林丹汗兵临奥巴的治所格勒珠尔根城（今黑龙江杜尔伯特蒙古族自治县境内）下，四面包围，昼夜攻城。奥巴深知，一旦城破，自己绝不会有好下场，因此抱定“死则一命；干则一尘”[2]的信念，拼死固守城池。林丹汗围攻数日不能克。

①《满文老档》太祖朝（上），中华书局，1990年，第647、648~649页。
②《国榷》，卷八十八，天启七年九月戊子。

内阁藏本满文老档

而努尔哈赤初十日便抵达镇北堡，大军驻扎后，派莽古尔泰率领五千精骑驰援，是夜便到达农安塔，出现在林丹汗侧后。

屯兵坚城之下，又有腹背受敌的危险，林丹汗无奈，只得撤围。攻而不能胜，又不能打援，撤退似乎是明智的选择。然而，历史却给林丹汗开了一个大玩笑。《满文老档》中留下的记载，让后人看到，努尔哈赤这次支援科尔沁，仅仅是表明一种姿态，他在镇北堡之后稍作休整便北返，给莽古尔泰的命令也是到农安塔为止，不得再前进。如果林丹汗破釜沉舟，科尔沁的覆灭也就是注定的了。

可惜，林丹汗并不知道这一切，现在的他除了对功亏一篑的遗憾，便是对卓里克图洪巴图鲁暗中作梗的恼怒。

看着林丹汗的功败垂成，卓里克图洪巴图鲁也许还在暗自庆幸自己的得逞——拿不下科尔沁的林丹汗，对自己暂时是不会有威胁的。

老人一般会老谋深算，但衰老的脑子也会是顽固、短视的，卓里克图洪巴图鲁葬送了林丹汗的东征，不但让林丹汗恨之入骨，更是首当其冲面对着后金的强大攻势，给自己和部族带来了灭顶之灾。

林丹汗东征失败后不到半年，1626年（明天启六年）四月，努尔哈赤以大贝勒代善为先锋，兵分八路进攻喀尔喀联盟诸部。卓里克图洪巴图鲁这时才发现自己无处求援，只得率主力与努尔哈赤会战于西拉木伦河。草原上战斗力最强的林丹汗尚且屡败于八旗军，卓里克图洪巴图鲁的孤注一掷自然也不能抵挡征服的铁蹄。一

场激战之后，卓里克图洪巴图鲁的侄孙囊努克被杀，部众死伤被俘殆尽，牲畜物资被抢掠一空。

卓里克图洪巴图鲁走投无路，只好率残部投奔林丹汗，希望能得到他的庇护。而林丹汗却没有原谅他，乘其穷极来投，兼并了他的人马，卓里克图洪巴图鲁死于非命，乌齐叶特部彻底覆灭。

经此一役，内喀尔喀联盟五去其一，剩下的四部中，巴林部受到重创，弘吉剌、巴岳特和扎鲁特三部虽受创较小，但也都风雨飘摇，难以自立，曾经在草原上有举足轻重地位的内喀尔喀，离灭亡仅一步之遥。

战后不久，努尔哈赤便去世了，其四子皇太极即位。登上可汗宝座不过两个月，便第三次进攻内喀尔喀，已经在前次战乱中元气大伤的剩余四部毫无还手之力，诸多贵族或战死，或被俘，一般属民死伤枕藉，牲畜财物扫地以尽，陷入全面崩溃。

而在后金军给予内喀尔喀各部铁血打击之时，曾经的盟友林丹汗不但没有予以援助，反而趁火打劫，“兴兵攻略喀尔喀人民，服从者养之，拒敌者被杀”，用铁血给予喀尔喀联盟最后一击。原本在草原上有举足轻重位置的内喀尔喀五部，在后金和林丹汗的交替打击下，烟消云散。

针对喀尔喀的战争，是后金汗国彻底孤立林丹汗，完全吞并漠南蒙古地区的关键一步。

然而，陶醉于扩充属民的林丹汗还认为努尔哈赤帮了自己一个大忙——若即若离的喀尔喀联盟被干净彻底地解决掉了，林丹汗对各部属民设置“达鲁花赤”，实施直接监管。对于安内的政策来说，似乎是很好的成绩。

但喀尔喀各部与科尔沁不同，虽然有过过错，但毕竟是坚决抵抗后金的中坚力量，不止一次地和林丹汗并肩战斗过。何况，他们是在后金的侵略之下而溃散的，本应该得到蒙古共主的怀柔。林丹汗的铁血政策，不但让喀尔喀各部属民伤心，更上原本就矛盾重重的察哈尔本部八大营愈加动荡不安。

浑水摸鱼，是政治高手的惯用手段。而继承努尔哈赤的皇太极，军事能力稍逊乃父，政治能力却还要高明，自然不会错失这个机会。

登基不久，皇太极便着手对察哈尔本部的分化瓦解工作。1627年（明天启七年）初，黄教的乌木萨特绰尔济喇嘛受其指派，到八大营中的奈曼、敖汉两部进行拉拢。

两部首领都是林丹汗近支，对于汗廷都是忠心耿耿，虽然对于林丹汗的政策不满，却也不愿背叛。但看到察哈尔内部不稳，后金又咄咄逼人，

奈曼部首领衮楚克巴图鲁便希望在林丹汗和后金之间作个调人，促成双方和解，给蒙古以休养生息的机会。于是和敖汉部首领岱青杜棱一起遣使后金，提出讲和。

皇太极当然不会同意讲和，但他却把敖汉、奈曼两部遣使后金的消息透露给林丹汗。这出反间计简直就是日后明朝袁崇焕被杀的翻版，只不过早了三年。

林丹汗见到自己近支的叔父辈老人竟然也会暗通后金，愤然举兵功掠敖汉、奈曼等部，连克什克腾部也受到牵连。

这莽撞的举动正入了皇太极的彀中。敖汉、奈曼两部首领受到这样的打击，心灰意冷，于是年九月“以数万人东投建虏”①。虽然各部属民不愿意跟着首领们背叛大汗，“其部分不肯往，多西投虎墩兔”②，可此事件使得察哈尔本部动摇。林丹汗的统治基础开始崩坏。

东面的喀尔喀联盟已经不复存在，内部的整合不但没有完成，反而更加混乱，作为盟友的明朝在战略上实施收缩，自己已经孤立无援。面对后金步步紧逼，林丹汗决定西迁，暂避后金锋镝，待将西面土默特、永邵布、鄂尔多斯等部收服后再做计较。

于是，1627年（明天启七年）三月底四月初，林丹汗以多罗特部留守故地，自己率数十万部众西迁，拉开了他人生、也是蒙古历史上的大悲剧序幕。

而在林丹汗决定西迁的同时，南方的大明王朝也发生了大事，明朝天启皇帝朱由校驾崩，崇祯皇帝朱由检登上了历史舞台。

登基伊始，年轻的皇帝便对明朝北部边疆的诸蒙古部落“尽革其赏”③。右翼蒙古土默特、永邵布、鄂尔多斯等部一贯是所有蒙古部落中最富足的，除了其所占之地水草丰美外，很大程度在于和明朝的互市获得巨额利益，这也是“俺答封贡”以来数十年间明朝北部边防晏然无事的原因。崇祯帝的作为，使得“诸部哗然”，但崇祯帝并不在意，骄傲的他认为，哗然又如何，尔等还敢犯我天朝乎？

可战争的发生往往不在于敢不敢，而在于现实利益的考量。已经习惯了因互市获得财富的蒙古人对突然中断的互市自然不会无动于衷。

战火很快就烧起来了，1628年（明崇祯元年）六月，大同受到蒙古

①谷应泰：《明史纪事本末》，补遗卷，《插汗寇边》。
②谷应泰：《明史纪事本末》，补编卷三，《西人封贡》。
③谷应泰：《明史纪事本末》，补编卷三，《西人封贡》。

军攻击，“杀军民数万，大同几不守”[①]。

可让人奇怪的是，率领蒙古军的，不是土默特等部的首领，竟然是曾经明朝的盟友——林丹汗。

林丹汗怎么了？莫非疯了不成？

不错，此时的林丹汗被暂时胜利的虚火烧得已经接近疯狂了。

从西迁开始，林丹汗便没有丝毫的手软，没有派使者，没有劝降，在他的心中，对付同宗同源的土默特等部的手段，只有一个字：打。

1627年（明天启七年）四月至七月，扫荡永邵布部，回归到元上都所在地；

十月，攻克土默特统治中心库库和屯城，土默特顺义王卜什图出逃，其兄弟鄂木布、色令等投降；

十一月末十二月初，歼灭永邵布部主力，“昆杜伦汗”白言及儿子仅率八百人出逃；

1628年（明崇祯元年）三月，击杀顺义王卜什图的叔叔五路黄台吉。

不到一年，西部右翼蒙古诸部被林丹汗秋风扫落叶般击溃，西迁的步伐出奇的顺利。

而除了收服各部外，林丹汗西征还有一个重要目的便是获得右翼诸部占有的与明朝互市的利益，不料自己刚征服各部，明朝皇帝却停了市赏，林丹汗自然不想吃这个哑巴亏，崇祯元年的大同之战，便是对崇祯皇帝的警告。

提出合纵之计的王象乾

既有内部农民军的如火如荼，又在辽东焦头烂额的明王朝，实在没有力量再全面和北方的强敌交战。骄傲

①谷应泰：《明史纪事本末》，补编卷三，《西人封贡》。

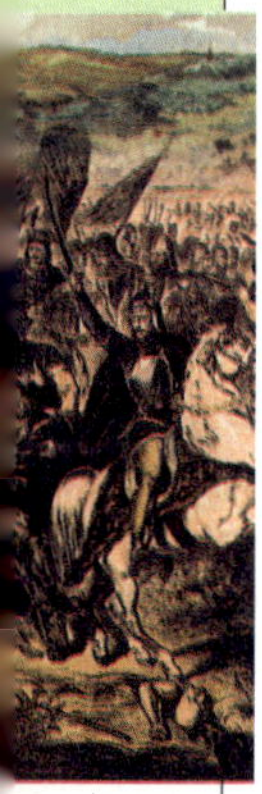

的崇祯皇帝无奈，向五朝元老、此时已经八十三岁、总督宣大军务的王象乾问计。这位老臣提出了以夷制夷的计策：“臣能召永邵诸部，合从以抗插（察哈尔）。”①

于是，在明朝的安排下，1628年（明崇祯元年）九月，土默特、永邵布、鄂尔多斯三部联军在艾布盖河与林丹汗展开会战。

自从“俺答封贡”以来，右翼三万户各部已经近百年没有大规模的战争，将骄兵惰，早已不是阿拉坦汗时代傲视群雄的强兵了。而林丹汗深知自己西征能否成功全在于这一战的成败，因此爆发了全部的战斗力。

经过激战，林丹汗大获全胜，右翼联军则遭到惨败。目睹了战争过程的明朝官吏记述道：“如哈喇慎凡二三万人，永邵卜凡五六万人，卜什兔之东西哨凡七八万人，俱为插酋所败、死亡相枕，籍其生者，鸟兽散去”②，彻底被打塌了架子。

在阿拉坦汗时代执漠南各部牛耳的土默特部解体，“顺义王”卜什图汗逃亡，于次年病死，其子俄木布洪台吉率残部躲进深山，只余3300人。而卜什图的堂弟鄂木布楚虎尔率领东土默特部东迁，归附后金后迁徙到今辽宁朝阳、阜新一带，这便是今天辽宁阜新蒙古自治县的由来。一直由阿拉坦汗四弟伯斯哈尔家族统领的永邵布部彻底溃灭。鄂尔多斯部归顺了林丹汗。

明朝的以夷制夷之策破产，经过此役，“东起辽西，西尽洮河，皆受插要约，威行河套以西矣。”③

1629年（明崇祯二年），对明朝来说实在是流年不利。后金的攻势愈来愈频繁，对林丹汗的策略又失效。经过激烈辩论，明朝决定恢复市赏，与林丹汗议和。

右翼各部或逃或降，明朝也在军事压力下恢复了互市。军事上、经济上林丹汗的收获是空前的，他有理由相信，自己只要再巩固一下到手的成果，便可以和后金正面交锋，夺回自己的尊严。

这看似凯歌频传的喜剧，却是悲剧高潮的开幕。

一个政治人物，可以暂时放弃经济利益，也可以承受军事上的暂时失败，但决不能在政治上犯错，更不能一错再错。

放弃攘外是一错，攻略内喀尔喀是再错，而西迁残破右翼三万户，则是更大的错。

---

①谷应泰：《明史纪事本末》，补编卷三，《西人封贡》。
②《中国明朝档案总汇》287档，广西师范大学出版社。
③《崇祯长编》卷十四，崇祯元年十月壬辰。

右翼蒙古诸部虽然一贯不听从调遣，甚至有截杀商队、停止朝贡等情事。但在内部已经不稳、外部又强敌环伺的时候，最明智的选择是与之联合，即使不能完全为己所用，也会是莫大的助力。

一味地施以兵威，虽然取得了胜利，所获得的却是一个残破的局面。不但被迫归附的诸部部众心怀不满，与之离心离德，认为林丹汗“不道，伤残骨肉”。原本的富庶之地，因为战争，“畜牧匮乏”[①]，各部流离失所。加上“塞外霜旱，颗粒无收兼厉疫盛行”[②]，蒙古诸部几入绝境。而各部的抵抗也大大削弱了察哈尔本身的力量：“插之疲甚、饿甚、穷甚”[③]，其兵员严重减耗，“插有马约备仅收四万，插众不满五万”[④]。

更可怕的是，为了市赏与明朝动武，虽然逼迫明朝恢复互市，但也标志着明蒙联合对抗后金的局面不可挽回的被破坏了。崇祯帝君臣将林丹汗视作和后金一样的敌人，这比在辽东时，更为孤立。

如此境地，欲说巩固成果，无异缘木求鱼。

为了躲避灾荒和瘟疫，更是不愿再继续战争，林丹汗属部的乌珠穆沁、苏尼特、浩齐特等部纷纷离开了他，投奔了漠北喀尔喀左翼的贵族硕垒。

硕垒是格埒森扎第四子阿敏都剌勒的孙子，继承了父祖的牧场、属民，游牧于克鲁伦河。其人和林丹汗既是连襟又是姻亲，关系十分亲密，所以叛离林丹汗的各部为了避免林丹汗的追究纷纷投靠于他，使得他的势力迅速壮大，而又因为前来投奔的都是正统大汗的直属部落，又使他隐隐具有了称汗的合法性了。于是，在1629年到1630年（明崇祯二年至三年）之间，本来是没有称汗的合法性的硕垒在各部的推举下开始称汗，汗号为“共戴马哈撒嘛谛车臣汗”，其子孙世袭“车臣汗”。

于是，漠北喀尔喀除了左翼土谢图汗、右翼札萨克图汗之外，又出现了一位车臣汗。本已经显得太多的汗，又多了一个。

林丹汗一向对“处处称王”深恶痛绝，见因为自己的原因又造出了一位汗，不禁悔怒交加。现在自保尚且堪虞，应该睁一只眼闭一只眼才对。可此时的他已经利令智昏，干脆又出兵攻打漠北喀尔喀。

如果失败，也许还能让他冷静下

①《崇祯长编》卷二十七，崇祯二年三月。
②《崇祯长编》卷二十，崇祯二年十月己卯。
③《崇祯长编》卷二十七，崇祯二年十月己卯。
④《皇清开国方略》，卷十一、卷十六。

来，可惜，他又胜利了，漠北的札萨克图部和托辉特部被击败。

同室操戈的鲜血，越流越多。

当林丹汗血战宣大塞外的时候，后金的皇太极却在蚕食林丹汗在故地的领土。

1628年（明崇祯元年）二月，后金兵抵大凌河，留守的多罗特部首领古鲁出兵迎击，兵败战死，所部损失11200余人；

五月，后金兵犯阿拉克绰特，林丹汗大将因特塔布囊战死；

九月，皇太极纠合敖汉、奈曼、扎鲁特、哈剌嗔等部扫荡锡尔博锡哈图、英汤图等地，察哈尔部众“抗拒者杀之，其降者编户”[①]。

也是不到一年，林丹汗留守故地的人马全军覆没，都城察罕浩特成为一片废墟。辽东一带，完全划归后金版图。

林丹汗每况愈下，故土丢失，新地纷乱，尤其是人心，已经到了土崩瓦解的地步。为了归拢人心，他召集昆噶敖德斯尔、班第达顾实、阿南达顾实为首的33名翻译家，在1628～1629年（明崇祯元年至二年）期间翻译了一百〇八卷的《甘珠尔经》。林丹汗把祖传下来的传国玉

察罕浩特遗址

①《圣武记》，卷三，《外藩》。

玺、嘛哈噶喇金佛和《甘珠尔经》视为三大法宝，他也许认为，这些代表传统和神圣的东西，会让自己渡过难关。

这是他的一厢情愿，祖先与神灵没有一兵一卒，根本无法庇佑这个子孙和信徒。归并辽东的后金可汗皇太极很快便开始了对他的最后一击。

1632年（明崇祯五年）四月，皇太极率后金军与喀喇嗔、伊苏特、扎鲁特、敖汉、奈曼、科尔沁、阿鲁科尔沁等几乎所有归附的蒙古部落，起兵十万，远征林丹汗。

大兵压境，林丹汗准备决一死战，但“疲甚、饿甚、穷甚”的部众早已经没有了抵抗的意志，“所部解体”。无奈中，林丹汗率众渡黄河西撤。这场突如其来的撤退，部民大部分毫无准备，人马辎重遗弃的遍地都是，待渡过黄河时，已“沿途离散十之七八”[①]。后金军仿佛不是来交战，而是来收集难民和战利品的。

后金军轻松占领了原蒙古右翼三万户的领地，皇太极下令“烧绝板申（板升）”[②]，对包括库库和屯城在内的大小城市进行破坏洗劫，只有各大寺庙因皇太极有着“兴黄教，所以安众蒙古”[③]的策略，才幸免于难。

这一场攻伐和溃逃，近在咫尺的明朝军队津津有味地做着看客，甚至还帮了后金不少忙。当蒙古余部不少逃入明边，后金方面致书沙河堡明方官员索取察哈尔属部土默特人时，明人将逃入堡中之人和林丹汗的财物全部“归还”后金[④]。之后，后金趋宣府，明官吏又献出犒赏林丹汗所余财物，计缎布及虎豹等皮，共12500件[⑤]。

虽然是不共戴天的敌人，明朝仍然愿意在小范围的和后金合作，全然不顾当年的盟友情分。虽然表现了明朝官吏的短视，但这枚苦果，却是林丹汗自己种下的。

用鲜血换来的西部根据地，没有经过一场像样的战斗，便全部失去，克什克腾部也投降了后金。林丹汗的主力无存，倒是新归附的鄂尔多斯部和他一起进入了千里瀚海的毛乌素沙漠。

在那不毛之地，林丹汗将度过他生命的最后两年。

沙漠，不适合人类生存，尤其是数万尽失粮秣，仓皇逃命的人。

顺理成章，林丹汗所剩的部众开

①《清太宗实录》卷十二，天聪六年六月丁卯。
②葛管山人：《山中见闻录》，《玉简斋丛书》本。
③《土默特志》上卷。
④《清太宗实录》卷十二，天聪六年六月癸未。
⑤《清太宗实录》卷十九，天聪八年六月。

始“杀人易食”[1]，凄惨之状，无以复加。一些部众忍受不了这样的苦楚，纷纷东归投奔后金。1633年（明崇祯六年）四月，两翼大总官塔什海、虎鲁克寨桑投降后金。六月，巴达西寨桑等五个头目，率千余户投降。

图谋恢复是以后的事情，现在必须解决吃饭问题。自己没有，就只能去抢。

1633年（明崇祯六年），林丹汗五次攻掠明边。1634年（明崇祯七年），更是在三、四、五月连续出兵，闰八月甚至和明朝名将洪承畴交手。这没有什么政治意图，目的只有一个：粮食。

这时的林丹汗，几乎又回到了刚刚继位时“穷饿之虏”的起点上，人生的循环，就是如此残酷。

跌落到命运的谷底，或者彻底沉沦，或者再继续拼搏下去。林丹汗选择了后者，他不甘心就这样宣布自己的失败。

1634年（明崇祯七年），经过多方联络，统治西藏的藏巴汗、游牧青海的绰克图台吉以及控制康区的白利土司与林丹汗结成了“反黄教联盟”。林丹汗虽然改宗红教，但此时与其他反黄教的实力派联合，应该不是有意对黄教全面开战，而是希望借此获得物资和兵员上的补充，并背靠他们，取得反攻后金的根据地。

联盟成立之后，获得了物资补充的林丹汗，向青海转移，那里，可以建立根据地，东山再起。

命运出现了转机，但这转机却更像是一次无情的嘲弄——1634年（明崇祯七年）夏秋，林丹汗因天花病死于甘肃大草滩。

当年他只有四十三岁，如果不是突如其来的瘟疫，他应该还有很多时间。

他失去了重整旗鼓的可能，但也避免了亲眼看到自己灭亡，如果当他面临崇祯皇帝所面临的最后选择时，他会如何去做？历史没有答案了。

林丹汗的死，使蒙古的抗金阵营失去了最后一面旗帜，林丹汗身边最忠心的部众也开始星散，成群结队的人降于后金，仅是年十一月，便有五千户二万余人。那尊被林丹汗视为护法神像的嘛哈噶喇金佛也被人送到后金，在皇太极看来，它的载归，昭示着蒙古国运的终结。

林丹汗的儿子额哲与母亲苏泰带着最后数千部众困守在大漠，父亲、丈夫不在了，他们不知道自己该怎么办。

漠北喀尔喀车臣汗遣使额哲，希望他移帐漠北：“我等与尔汗原系同宗，满洲岂尔等之主耶？即宜来归，

①《皇清开国方略》，卷二十二，多尔衮缴获车臣汗致额哲书信。

勿再迟延”[1]。汗廷末路，有人便想做曹操了。留下来必然被后金消灭，而北上就会成为傀儡，额哲母子权衡犹豫，彷徨无计。

而皇太极却不会给他们权衡的时间，1635年（明崇祯八年）二月，后金以多尔衮、岳托、萨哈璘、豪格为统兵元帅，率精骑一万远征林丹汗余部。

四月二十八日，后金军趁着大雾包围了汗廷，派出苏泰之弟南楚劝降。额哲母子见大势已

清太宗皇太极

去，“遂归降后金”。那块世代相传的传国玉玺，终于落到了皇太极手中。

429年的蒙古帝国，364年的元朝，267年的北元，至此终结。作为亡国之君的林丹汗，也“享受”到了应有的耻辱，自己的八个妻子，全部被皇太极及其兄弟、臣子瓜分。

1636年（明崇祯九年）三月，漠南蒙古十六部四十九个大小领主齐聚

①《皇清开国方略》，卷二十二，多尔衮缴获车臣汗致额哲书信。

盛京沈阳，承认皇太极为汗，并奉上“博格达•彻辰汗”的尊号。

同年，皇太极即皇帝位，改国号为“清”，改元崇德。

林丹汗败死，“建虏无复西顾忧，而东谋朝鲜矣”①。而随着朝鲜王国的归附，在东亚清朝最后的要消灭的对手，就剩下大明王朝了。

清朝的皇帝们对于投降者，倒是从来不吝啬怀柔之赏，额哲投降后被封为亲王，而且将他剩余的13000部众编为特殊的札萨克旗，享有极大的自主权，驻牧地南境以库昆河流域为界，北境以西部的老哈河、西拉木伦为界，西部包括敖汉，东部囊括彰武。这便是清初著名的国中之国“察哈尔国”。

虽然额哲“位冠四十九旗贝勒之上”②，但其他首领是识时务的“俊杰”，自己是亡国之裔，被敌国册封得如何显赫，都难以排解屈辱。

1661年（清顺治十八年），额哲死，其弟阿布奈袭亲王爵位。阿布奈对于清朝甚为轻视，长达八年“不一朝请”，对于清朝公主为自己所生的儿子也不亲自抚养，连皇帝赏赐礼物时，都“不亲身一问”③。这种无视皇权的行为，终于让康熙皇帝不能容忍，1669年（清康熙八年）将他拘押于盛京沈阳。

同年九月，阿布奈长子布尔尼袭位，年方十六岁，比其父更轻视清朝皇帝，认为自己“即大元之后也，虽附于大国，尤有帝号”④。但他虽然年轻，却很有头脑，表面上对于清帝十分恭顺，避免重蹈父亲覆辙。

1673年（清康熙十二年）十二月，“三藩之乱”爆发，一时间海内喧腾，天下大乱。一直在暗中训练兵马的布尔尼与其弟罗布藏等原察哈尔贵族看到有机可乘，于1675年（清康熙十五年）起兵反清。

三藩在南，察哈尔在北，一个旗号“反清复明”，一个号召“光复大元”，康熙皇帝的郁闷可想而知。

三藩还远，而察哈尔与帝国心脏北京近在咫尺，必须尽快解决。康熙迅速以信君王鄂扎为抚远大将军，大学士图海为副将军率军镇压。

这时清朝精锐都南下平叛，京中空虚。图海等挑选八旗家奴之中的勇健者数万人组成军队，为了让乌合之众成为虎狼之师，鄂扎率军每到一处便纵兵抢掠，以激励士气。到达察哈尔境内后，更说“察哈尔旧国，数百年之基业，珠宝不可胜计，如能得

①《圣武记》，卷三，《国朝绥服蒙古记一》。
②《圣武记》，卷三，《国朝绥服蒙古记一》。
③《清圣祖实录》，康熙八年二月辛卯。
④《李朝实录》，显宗改修实录，显宗十三年十月戊辰。

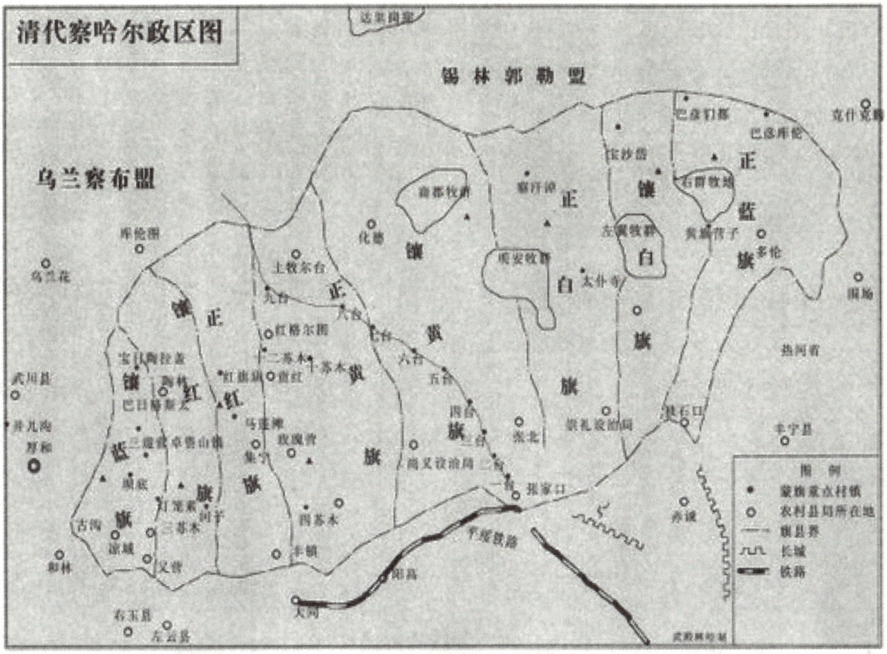

清代察哈尔八旗

之，可富贵终身”[①]。清军人人踊跃，于四月二十日在达禄与察哈尔军交战。

布尔尼原以为自己高举大旗，蒙古各部都会望风而来，岂料各部归顺清朝四十余年，早已经“亲如一家”，仅有奈曼部的札萨克郡王札木山和喀尔喀右翼旗的公垂扎布两人一同起兵，其余王公反而出兵出钱协助清军。

毕竟，“大元”这个旗号已经太遥远了，都希望安享富贵的王爷们，没有谁愿意为缥缈的过去冒险。蒙古史学家席勒格图•格森•达尔玛在其所著的《金轮千辐》中，便这样评价布尔尼的作为：“他没有看见别人初升太阳之光芒，也不知道自己即将沉沦的太阳被云彩遮住。昔日事业的光辉即将完烬时，他不体察主上深厚恩宠，不乐于从事和平政事与安宁”。

布尔尼兄弟在孤立之下，率所部三千人与清军交战，寡不敌众而败，布尔尼兄弟逃走，不久便被追及杀死。

①《啸亭杂录》，卷二，《图文襄公用兵》。

康熙皇帝平定布尔尼之后，将拘押在盛京的阿布奈绞杀，察哈尔汗室所有男性成员都被处死。察哈尔国被除国，所有属民划分察哈尔八旗，并规定“此八旗在蒙古四十九旗外。官不得世袭，事不得自专”，与其他蒙古各旗不同，成为了蒙古各部中的二等公民。

林丹汗的子孙，在这场不成功的造反当中，被绝灭。

元代石刻画《渔翁图》

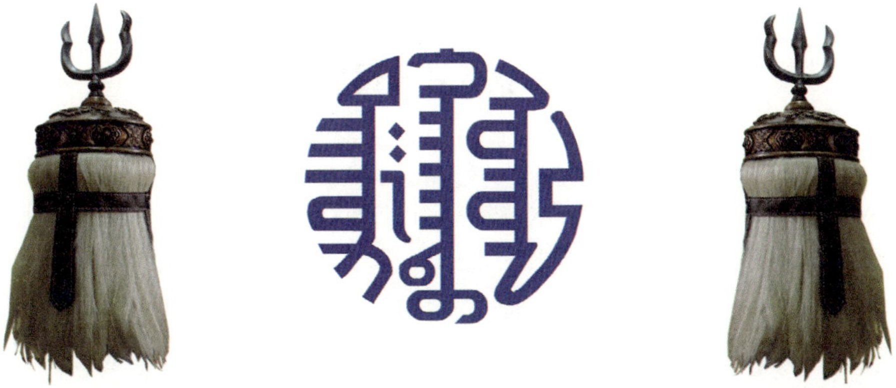

第二章　“第二蒙古帝国”——帖木儿帝国

从蒙古帝国分裂出来的几个国家中，除了较早便灭亡的窝阔台汗国外，察合台汗国是比较委屈的。元朝之名以上的“共主”，而且地域最为广大，经济最为富庶，金帐汗国横亘欧亚之间，依靠掌控东西商路财源广进，且掌控北亚东欧二百年，伊儿汗国虽然一直忠诚的向元朝称臣纳贡，但毕竟山高皇帝远，自己一直是西亚强国，小亚细亚、中东的诸多基督教、伊斯兰教国家都认其为宗主。而察合台汗国虽然也算得中亚霸主，但四面皆敌，又离着元朝最近，即使在最强盛时期也受到元朝的制约，不能享受唯我独尊的风光。

不过，世事轮回，待到察合台汗国衰弱分裂之后，竟然横空出世了又一个堪比成吉思汗的“世界征服者”，建立了一个极为广大、傲视群雄的强大帝国，一时间天下无敌。

这个人便是著名的“跛子”帖木儿，他建立的便是帖木儿帝国，被后世称为“第二蒙古帝国”。

那么，这位帖木儿是什么人？他是如何崛起的？他又为何被称为可以与成吉思汗相比的世界级强者？

这一切，都要从察合台汗国的分裂说起。

第一节 察合台汗国的分裂

1330年，第十六任察合台汗燕只吉台去世，他的弟弟笃来帖木儿即位。没想到，不过几个月，笃来帖木儿也随着哥哥去了。于是，他们最小的弟弟，答儿麻失里成了第十七任察合台汗。

从1274年开始，察合台汗国的汗位便在笃哇家族中传承，到此时已经五十六年了。笃哇是察合台汗国开国汗王察合台的五世孙，是使察合台汗国真正崛起的可汗，他在位的前段时间，察合台汗国一直被窝阔台汗国控制，成为其附庸，直到1301年窝阔台汗国之汗海都去世，笃哇才咸鱼翻身，一步步削弱窝阔台汗国，最终在1307年将之灭亡，让察合台汗国成为唯一的中亚霸主。

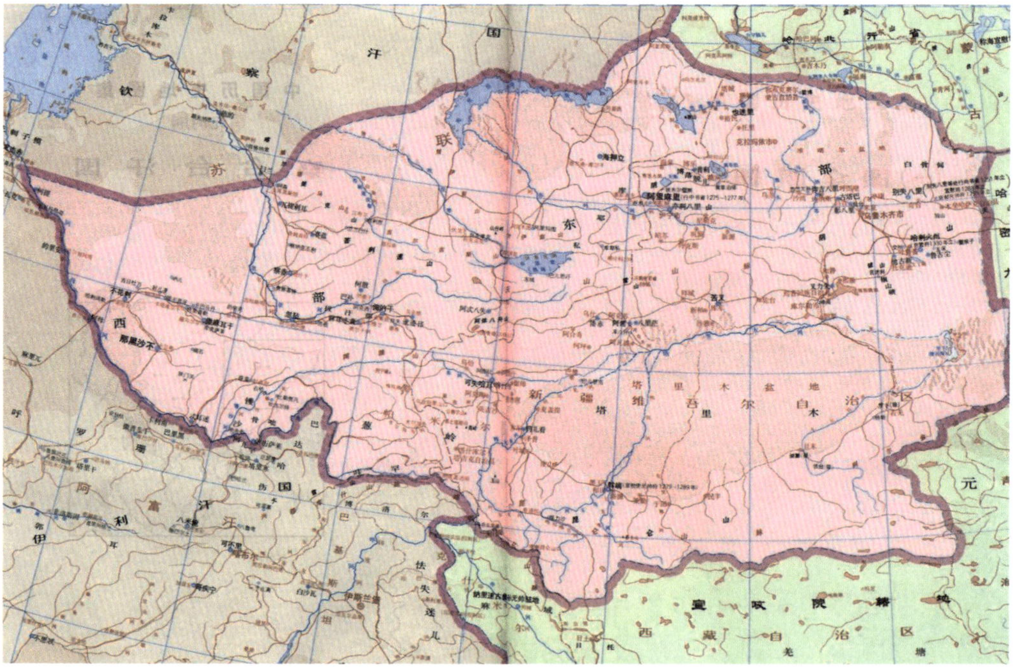

鼎盛时期的察合台汗国

笃哇死后，先后有宽阇、也先不花、怯别、燕只吉台、笃来帖木儿即位，他们都是笃哇的儿子，这种兄终弟及的继位方式，保证了“长者即位”国有长君，察合台汗国虽然始终被元朝压着抬不起头，但也算得安定富庶。

答儿麻失里汗时代铸造的银币

到了答儿麻失里这一代，此时元朝经过“两都之战”，国力衰退，已经不再着意于西部，察合台汗国可以在重压之下缓口气了，答儿麻失里汗于是决定大展拳脚，实行改革。

察合台汗国地处中亚，是联通东西方的枢纽，其国土则分为泾渭分明的两大体系。西部是河中地区，这里是汗国经营商业的核心区，以撒马尔罕、不花剌两座大城市为中心，人们过着农耕和城市生活。而在东部，是草原地带，察合台汗国的首都阿力麻里，汗王营地忽牙思以及大部分贵族的草原份地都是在东部，人们都以游牧为生。

而答儿麻失里汗继位之后，看到邻国金帐汗国、伊儿汗国乃至元朝都因商业繁盛而财源滚滚。便也大力推行重商政策，下令善待商旅，给商旅种种方便和优惠。他常驻西部河中地区，在这里整饬商路，使得商业迅速繁荣起来，“答儿麻失里登上汗位后，大量商人涌到他的汗国，满载着对他的赞誉而归，以至于他的领地成了这些商人行商的通道和经常性的交易场所。”[①]

然而，答儿麻失里汗在着重于河中地区的建设时，却忽略了汗国东部地区。历代察合台汗都要东西来回巡游，以保证平衡。可答儿麻失里汗太注重西部河中地区的经营了，在位四年而从未去过东部，这就使得原有的

①刘迎胜著《察合台汗国史研究》，上海古籍出版社2006年版，第427页。

平衡遭到了破坏。

忽略了东部，虽然是严重错误，但也不至于很快出现大问题。而答儿麻失里汗在经营西部的同时，还进行了一场政治改革，这就使得乱局出现了。

答儿麻失里汗原本是一位佛教徒。在他之前察合台汗，有的仍信仰祖先的萨满教，有的则信仰佛教。然而，中亚地区是伊斯兰教徒占多数的地区，虽然察合台汗国坚持成吉思汗的扎撒，对所有宗教采取一律平等的政策，但统治者与大部分民众的信仰不同，仍会导致很多麻烦。

在察合台汗国周边，金帐汗国于1313年定伊斯兰教为国教，伊儿汗国更早在1295年便完成了伊斯兰化改革，这看似是宗教问题，其实是这些汗国可汗们通过皈依伊斯兰教，加强了汗室和民众的联系，从而加强了汗权，实现了汗国的集权化。

答儿麻失里汗也看到了这一点，在察合台汗国，可汗虽是一国之主，但按照成吉思汗扎撒，大贵族们是有权力监督可汗的。如果可汗违背了大部分贵族的意愿，便有可能在“库里勒台”上遭到废黜。而汗位的更迭对于普通百姓来说是无所谓的，反正都是“异教徒”，谁在位都没关系。而要完成集权化，削弱大贵族的实力，皈依伊斯兰教，将汗室与百姓融为一体是必由之路。

于是，答儿麻失里汗宣布皈依伊斯兰教，并用伊斯兰教法代替成吉思汗扎撒，以此来扩大汗权。

如果答儿麻失里汗没有忽视对东部的经营，他皈依伊斯兰教，实行集权的改革虽然也会遭到反弹，但还不至于使他迅速败亡。但他长达四年没有回过汗国东部，与大贵族们的关系已很疏远，再推行集权，废黜成吉思汗扎撒，可就把自己完全置于孤家寡人的境地了。

察合台汗国的贵族们迅速团结在了一起，他们公推笃来帖木儿汗之子不赞为首，对答儿麻失里汗发动了反叛。

东部的贵族们掌握着汗国大部分的兵马，他们群起相攻，答儿麻失里汗是根本抵挡不住的。1334年，答儿麻失里汗被不赞攻杀。

答儿麻失里汗之死，开始了察合台汗国长达十二年的乱世，期间有六位可汗相继登台，每位上台都要对有资格染指汗位的贵族大肆杀戮，骨肉相残愈演愈烈，使得察合台——笃哇家族的子孙凋零不堪。

察合台汗国的政治结构，是以察合台家族各支亲贵为主干，辅以很多异姓军事贵族。这些异姓贵族不是出身于成吉思汗黄金家族，但也在蒙古人中地位显赫。在察合台家族足以掌

中亚河中地区

控大权的时候，他们都是忠心耿耿的臣下，而当察合台家族衰微之时，他们便出而填补权力真空了。

这些异姓贵族，主要有巴鲁剌思家族、朵豁剌惕家族、乃蛮家族、札剌亦儿家族、速勒多斯家族等，而势力最大的则是巴鲁剌思和朵豁剌惕两家族。巴鲁剌思家族出身于成吉思汗最初分封给察合台四千户中的巴鲁剌思千户，察合台汗国成立后，他们世守汗国西部河中地区，成为河中地区最大的异姓军事贵族。而朵豁剌惕家族也是察合台初受封时归于察合台的，原本不算显赫，但在从答儿麻失里汗死后的乱局中逐渐崛起，成为汗国东部地区最大的异姓军事贵族。

1343年，合赞算端成为察哈台汗，这已经是乱局开始后的第七任可汗。此时，汗室衰微不振，宗室贵族凋零殆尽，而异姓军事贵族则威势赫赫。

哈赞算端汗面对这样的局面，毫无办法，只能一味地逞强斗狠，大肆杀戮。这使他成为察合台汗国历史上著名的暴君，“任何人只要犯很小的过错，就要被处死”，以至于大臣们上朝时，都要在衣服里穿上裹尸布，以备突然被杀，出门前还要和妻子儿女们告别，怕再也不能回来。

可是，杀人如果能够维持稳定，察合台汗国早就不会走到今天了。合赞算端汗的杀戮很快便引起了大力反弹。在统治三年后，1346年，巴鲁剌思家族的首领哈札罕联合多位察合台亲贵，组织了一支强大的军队，将合赞算端汗攻杀。

哈札罕杀死了合赞算端汗后，拥立了一位名叫答失蛮察的宗王为汗，这位汗已经完全沦为傀儡，实权被哈札罕所掌握。

答儿麻失里汗被杀之后，虽然察合台汗国的汗位更迭频繁，且几乎无人善终，但毕竟都是汗室内部之间的争斗。即使要依靠异姓贵族夺取汗位，在前台的也必须是黄金家族后裔。哈扎罕以臣子的身份弑杀可汗，这还是第一次。而此例一开，察合台汗国便彻底天下大乱，各异姓贵族纷纷擅行废立，曾经的法统荡然无存。

巴鲁剌思家族的根据地是在汗

察合台汗国的分裂

元代龙纹铜镜

国西部河中地区，因此他所拥立的答失蛮察汗也是在汗国西部。巴鲁剌思家族私行废立，其他异姓贵族自然不服：你拥立了可汗，成了实际掌权者，让本来与你平起平坐的我们也俯首称臣，凭什么？你可以拥立可汗，为什么我不可以？

于是，察合台汗国出现了一片拥立可汗的风潮，稍有实力的军事贵族都将与自己关系亲密的察合台后裔拥上汗位，一时间到处都是"察合台汗"。

不过，大部分异姓贵族实力弱小，拥立的汗都是政令不出部落，被后世史家戏称为"部落之王"。真正对时局有影响的，只有两个势力，一个是巴鲁剌思家族，另一个是在汗东部地区有着控制权的朵豁剌惕家族。

朵豁剌惕家族此时的掌门人名叫播鲁只，他控制着汗国东部"向阳地"。所谓向阳地，是指包括葱岭以东的喀什噶尔、英吉沙尔、叶尔羌、和田、阿克苏、乌什六城和葱岭以西的费尔干地区。在哈札罕在西部拥立可汗后，播鲁只也不甘落后，立即拥立了一位名叫秃黑鲁帖木儿的察合台宗王为汗。

两大家族各立可汗，且都是察合台——笃哇家族后裔，谁也不服谁，而谁也消灭不了对方。于是，察合台汗国一分为二，以锡尔河为界，拜延忽里为西部汗，其政权被称为西察合台汗国，而秃黑鲁帖木儿为东部汗，其政权被称为东察合台汗国。

第二节 霍加伊尔加村的男孩子

察合台汗国分裂后，西察合台汗国的可汗虽然是拜延忽里，但实际掌权者是巴鲁剌思家族的哈札罕。这位权臣连续杀死两位可汗，完全操纵朝政，骄横不可一世。

强横的人总是会遭嫉恨，何况他的权势完全来自于弑君悖逆。诸多隐藏的敌人都在暗中准备着向哈札罕射去的冷箭。哈札罕也算一位枭雄，他掌控西察合台汗国长达十三年，一直没有给敌手机会。但老虎也会有打盹的时候，1359年，哈札罕在一次游猎中被人暗杀。

哈札罕死后，其子乌巴都剌继承其位，继续掌握汗国实权，将汗国的首都迁到了名城撒马尔罕。但虎父犬子，这位乌巴都剌完全没有父亲的能力，好色而不顾大局。他垂涎于拜延忽里汗妃子的美貌，竟然杀死拜延忽里，夺取王妃，另立帖木儿沙为汗。

拜延忽里汗在位十一年，虽然是个傀儡，但时间一长，人们也都接受了他作为君主。乌巴都剌弑君夺妻的行为引起了众多人的厌恶和反对，其中也包括巴鲁剌思家族内部的贵族。驻守渴石城（今乌兹别克斯坦沙赫里萨布兹）的巴鲁剌思贵族哈只，联合了驻守费尔干纳地区的拜延，率军攻陷了撒马尔罕，将乌巴都剌和帖木儿沙全部诛杀。

这一变故，使得西察合台汗国连表面的统一都维持不住了。拜延在杀死乌巴都剌之后，自立为王，但他不是察合台后裔，没有人愿意承认他。与他一起举事的哈只在渴石城宣布独立，另

今天沙赫里萨布兹城帖木儿雕像

外，札剌亦儿家族的巴牙只惕割据忽毡城，速勒多斯家族的完者不花割据巴里黑城，乃蛮家族的麻哈没的•火者割据沙不儿罕，而哈札罕的孙子忽辛也集结起巴鲁剌思部的残余势力，随时准备东山再起。各派势力你争我夺，将原本富庶的河中地区折腾得满目疮痍。

就在这乱世之中，帖木儿，这个日后震惊世界的英雄出世了。

1336年，也就是巴鲁剌思部首领哈扎罕攻杀合赞算端汗的同一年。这一年4月8日，渴石城附近的霍加伊尔加村，一个男孩呱呱坠地，这便是帖木儿。

帖木儿出身于巴鲁剌思家族，此时因为哈扎罕的弑君之举，这个家族马上要成为河中地区的实际统治者了。帖木儿的父亲巴鲁剌思家族古尔康分支的酋长，掌管渴石城，帖木儿也算是豪门出身。但毕竟巴鲁剌思家族并非成吉思汗后裔，在蒙古人中地位并不算高。

因为出身不是成吉思汗的“黄金家族”，让帖木儿一直十分郁闷，他一生未能称汗，达到事业顶峰时，也只能用伊斯兰化的“苏丹”作为头衔。他的后代倒是希望用造假的方式来弥补这一缺憾，在法国人布哇所著的《帖木儿帝国》中，曾记载帖木儿的儿子沙哈鲁经过考证，列出了帖木儿的先世：“相传其先世与成吉思汗同族。有哈剌察儿诺颜者，据说是成吉思汗从兄弟，也就是帖木儿的祖先”①。

说是成吉思汗同族，倒是不差，因为巴鲁剌思家族和成吉思汗所属的孛儿只斤家族都属于“尼伦蒙古”。在蒙古的谱系中，蒙古人分为“尼伦蒙古”和“迭儿列勒蒙古”，尼伦蒙古意为“纯洁的蒙古人”，出身高贵，而“迭儿列勒蒙古”意为“普通的蒙古人”，身份就要低一等。巴鲁剌思家族既然属于尼伦蒙古，当然算是成吉思汗同族，但要说他们的祖先是成吉思汗从弟，却是毫无可考，当不得真。成吉思汗建立“大蒙古国”后，规定只有他的家族算是“黄金家族”，巴鲁剌思虽是同宗同源，也只能是臣属。

当然，帖木儿年幼的时候，还不会考虑到日后该怎么和成吉思汗的家族拉上关系。他的父亲的渴石城长官，他所要做的，是磨炼自己的意志，锻炼自己的能力，为将来继承父亲的地位做准备。而他的性格也确实具有当领袖的风范，据说他“素性严肃沉郁，不喜表示欢乐，深厌矫饰之人”，不苟言笑，不喜虚华，这样的性格在“官二代”的身上可是很少见的。

①[法]布哇著，冯承钧译：《帖木儿帝国》，中国国际广播出版社2013年版，第9页。

然而，帖木儿还未成年，他的父亲便去世了，他的叔叔哈只接过了渴石城长官的位置。帖木儿只能在叔叔的羽翼下成长。

1360年，帖木儿二十四岁了，已经长成了英武的青年。在后世诸多帖木儿的画像中，他都被描摹成一个典型的突厥伊斯兰贵族，戴着白头巾，有着浓密的胡须，脸部轮廓棱角分明，还有着高耸的鼻子。其实，虽然帖木儿的家族早已皈依了伊斯兰教，但毕竟在他的时代，蒙古人和突厥人还未彻底融合，帖木儿作为蒙古贵族后裔，不可能是这个形象，还应该是典型的蒙古人面容，“身躯高大，头极大，面有色”①。

帖木儿像

虽然性格有领袖风范，又身材高大有武力，但帖木儿并不能指望有更好的发展，因为此时渴石城的长官是他的叔叔而不是他的父亲，他是不能继承其位的，只能作其麾下将领。

然而，就在这一年，帖木儿的人生转机来临了。

①[法]布哇著，冯承钧译：《帖木儿帝国》，中国国际广播出版社2013年版，第10页。

第三节 青年时代

1360年，也就是帖木儿二十四岁这一年，东察合台汗国的秃黑鲁帖木儿汗率大军西征，准备重新统一察合台汗国。

秃黑鲁帖木儿汗是被东部的权臣朵豁剌惕家族拥立为汗的，在被拥立之前，他不过是一个流落地方、无权无势的闲散王公。虽然有着察合台——笃哇家族的血脉，可成为可汗后，是不可能握有实权的。

可这位秃黑鲁帖木儿汗很有权谋，他先是用皈依伊斯兰教的方法，取得东察合台汗国伊斯兰教徒的支持，获得了部分实权。之后，又趁着朵豁剌惕家族首领的去世，以可汗的身份任命其只有七岁的儿子继承其位，架空了朵豁剌惕家族的权力，从而成为大权独揽的实权可汗。

正当秃黑鲁帖木儿汗完成了东察合台汗国的集权之时，西察合台汗国却一片混乱，自从巴鲁剌思家族的大家长哈扎罕死后，其儿子弑杀可汗导致兵烽四起，各地军阀拥兵自重。秃黑鲁帖木儿汗看到了自己重新统一察合台汗国的希望，积极开始准备西征。他在汗国全面增税，要求居民缴纳两份税款，从而准备充足的军事物资。1360年，秃黑鲁帖木儿汗亲率数万大军西征，攻入了四分五裂的西察合台汗国。

西察合台汗国各路军阀正在混战，面对军威强盛的东察合台汗国讨伐军根本没有抵抗之力。军阀们有的逃亡，有的投降，各地被秃黑鲁帖木儿汗卷席而定。

在这大势之下，占据渴石城的帖木儿的叔叔哈只也不敢去抵挡秃黑鲁帖木儿汗大军的锋锐，逃亡到了呼罗珊（意为“太阳升起的地方”，大部分在今伊朗境内，一部分在阿富汗赫拉特一带和土库曼斯坦境内的马雷一带）。而渴石城就交给了他的侄子帖木儿。哈只这么做，是觉得反正渴石城也不再是自己的，交给侄子也无所谓了。也许，帖木儿会爆发青年的无脑血性，和秃黑鲁帖木儿汗的大军硬拼而死。

可惜，哈只太低估了自己的这位侄子。帖木儿可不是个空有血气之勇的莽夫，面对大军压境，他以渴石城长官的名义，无血开城，向秃黑鲁帖木儿汗表示臣服。而秃黑鲁帖木儿汗也对这个年轻人十分赏识，正式委任他为渴石城“达鲁花赤”，也就是监治官。

帖木儿摆脱了叔叔的钳制，成为

一方诸侯，他以为自己可以大展宏图了，岂料，世事无常，秃黑鲁帖木儿汗刚平定西察合台汗国，自己的大本营却出了问题，因为他皈依伊斯兰教后，对国内的基督徒、佛教徒十分苛刻，他一西征，阿力麻里、库车等地的基督徒和佛教徒便发动了起义，秃黑鲁帖木儿汗只好回军去镇压。

西察合台汗国各地之时慑于军威才勉强臣服于秃黑鲁帖木儿汗，他撤军东返，各地军阀便又死灰复燃，纷纷再次自立。而帖木儿的叔叔哈只也从呼罗珊返回，他是老长官，又是帖木儿的叔叔，登高一呼，帖木儿的军队便纷纷回到他麾下。帖木儿无奈，只得向叔叔悔罪，让其重新成为渴石城之主。

看似帖木儿又得回到当年认低服小的状态了，可当时中亚地区的局势一日三变，转眼便会又有波澜。秃黑鲁帖木儿汗回国镇压了起义，回头一看发现西部又全都独立，于是重整军旅，于1361年再次兴兵西征。

各地军阀都是窝里横的人，大军一到再次或降或逃，帖木儿的叔叔哈只也再次逃亡呼罗珊，而这一回，他不会再有机会回来了。一到呼罗珊，他就在撒卜兹瓦儿附近被暗杀。至于凶手是谁，就谁也不知道了。帖木儿再次拜倒在秃黑鲁帖木儿汗军门之前，向他宣誓效忠。

秃黑鲁帖木儿汗对帖木儿非常欣赏，这一次不但再将他任命为渴石城之主，还将自己的儿子也里牙思火者留在西部任监治官，让帖木儿做也里牙思火者的首席辅臣。

秃黑鲁帖木儿汗

应该说，此时的帖木儿还没有日后征服世界，建立不世功业的打算，毕竟他的家族世代都是察合台王室的臣子，现在秃黑鲁帖木儿汗英武有为，对他又信任有加，他很努力地希望成为一个治世之能臣。他曾说过：“国无君主，大祸必至，臣民必灭于残暴不义之手”[1]，一心想要在秃黑鲁帖木儿麾下有所作为。这类似于中国三国时代的魏武帝曹操，年轻时只希望“以建立名誉，使世士明知”，最多不过“封侯作征西将军”，因为“此其本志有限也”。

然而，世道不平，不遇明主，曹操最终不得不一步步走向了“横扫六合，席卷八荒”的霸王生涯，而帖木儿也得去走一条自主创业之路。

帖木儿的上司是秃黑鲁帖木儿汗的儿子也里牙思火者，这位王子日后要继承汗位，被安排在西部任监治官，既是锻炼也是考验。然而，也里牙思火者并没能经受住考验。父亲一走，他便任性妄为起来，在河中地区实施暴政，经常无端掠夺百姓，帖木儿对他多有劝诫，可毫无作用。

终于有一次，也里牙思火者在撒马尔罕强抢很多女孩送往东部为奴。帖木儿派人求情，却被强硬拒绝。帖木儿终于忍无可忍，带领部下强行释放了被囚禁女孩们。这一下，也里牙思火者大怒，到秃黑鲁帖木儿汗处诬告帖木儿谋反。秃黑鲁帖木儿汗虽然信任帖木儿，但更信任儿子，于是一怒之下下令处死帖木儿。

帖木儿此时只是渴石城城主，那点实力根本无法抵抗，为了活命，他只得逃往阿富汗。

从此，帖木儿开始了自己人生的另一阶段。

元代砖雕万字图案建筑构件

①米儿咱·马黑麻·海答儿著，新疆社会科学院民族研究所译：《中亚蒙兀儿史——拉失德史》（第一编），新疆人民出版社1983年版，第169页。

第四节　打回故乡去

帖木儿逃亡到阿富汗，因为这里有位他的亲戚，同是属于巴鲁剌思家族的忽辛。这位忽辛便是弑杀合赞算端汗导致察合台汗国分裂的哈扎罕的孙子，他的封地在阿富汗的巴里黑、昆都士和喀布尔，很有实力，而且随时想着打回河中，恢复祖业。他不仅和帖木儿是同族，还是帖木儿的大舅哥，他的妹妹是帖木儿的妻子。

忽辛一心想打回河中，对于同族妹夫帖木儿的到来很欢迎。两人联起手来，厉兵秣马，随时准备着北上。

而就在兵马准备齐备之时，忽辛和帖木儿却接到了一位邻居的求援：锡斯坦（西亚赫尔曼德河下游盆地，在阿富汗与伊朗之间）的统治者因为内部出了叛乱，请他们帮忙平叛。帖木儿认为这是一个锻炼兵马和获得物资的好机会，亲自率军杀入锡斯坦。

帖木儿这时候开始展露他过人的军事才华，凭借高超的指挥艺术势如破竹，迅速攻占了叛乱的七个城堡中的三个。眼看叛军就要支持不下去了，然而，战事的顺利却使帖木儿陷入了一场危机。锡斯坦的统治者被帖木儿势不可挡劲头吓住了，觉得帖木儿既然能够迅速平定自己对付不了的叛乱，要是转过枪口夺自己的国家岂不是轻松写意？而叛乱头目眼看自己要完蛋，也主动找老对头谈和，双方都认为帖木儿太可怕，应该尽早除掉，于是合兵一处向帖木儿发动突袭。

帖木儿正一路凯歌，

锡斯坦便是今天伊朗的西斯坦—巴卢切斯坦省

哪想到会受到内外夹攻，立刻陷入包围。在危机之下，他临危不乱，集中兵力实行中央突破，冲出重围，成功逃离险境。但是在突围时，他的腿受了箭伤，为了尽快脱险也没能尽早治疗，成为终身残疾。这也就从此得到了帖木儿•兰，也就是跛子帖木儿的绰号。

锡斯坦之战虽然败得窝囊，还让帖木儿成了跛子，但军队获得了实战经验，而且士兵们对帖木儿的指挥才能钦服不已，对他矢志效忠。

因此，回到阿富汗修整一段时间后，1363年，帖木儿与忽辛便率军北上杀入河中，向也里牙思火者挑战。

也里牙思火者一向瞧不起帖木儿，听闻他率军前来，都不亲自领兵，而是派偏将领兵抵御，两军相遇于瓦赫什河上游的一座石桥附近。帖木儿见东察合台汗国兵多，命人在山上四处设置火把，以为疑兵。东察合台汗国军不知是计，认为对方兵力强盛，不战自乱，被帖木儿趁机进攻打得大败。此战后，帖木儿重夺自己的故乡渴石城。

帖木儿夺取渴石城使也里牙思火者大为吃惊，他立即率领主力到离渴石城二十四公里路程的塔什•阿里希扎营，准备与帖木儿决战。帖木儿知道敌众我寡，正面对决于己不利，于是让忽辛率军与之对峙，自己则率领精兵百人，连夜进至胡札儿城，号召该城军民归降。也里牙思火者在河中地区统治残暴，早就失尽人心，城中军民立即便归顺了帖木儿。

帖木儿率领着胡札儿城和渴石城的军队，与忽辛所部会合，向也里牙思火者军发动突袭，两军在卡巴•马坦地方（其地距渴石与撒马尔罕不远）展开决战。

也里牙思火者哪里想到帖木儿已经让自己腹背受敌，虽然他的军队多于帖木儿，但在混乱之中全部溃散。东察合台汗国在西部的军队损失殆尽，也里牙思火者无奈之下逃回东察合台汗国.原西察合台汗国的领土全部归附了帖木儿和忽辛，他们拥立笃哇汗的曾孙哈比勒•沙为傀儡可汗，恢复了西察合台汗国。

也里牙思火者逃回东部时，秃黑鲁帖木儿汗已经病逝，这位最后一位统一察合台汗国的可汗不知道自己的儿子毁灭了自己的事业。逃回来的也里牙思火者，还没有从战败的沮丧中恢复过来，便继承了父亲的汗位。为了告慰父亲，他聚兵积黍，准备洗雪前耻。

1364年，也里牙思火者汗率军返回河中，发动了复仇之战。1365年，在锡尔河北岸的塔什干和钦纳兹之间，他与帖木儿和忽辛的联军展开激战。

双方开战时，天气骤变，“大雨倾盆而下，水滴穿空，飒飒有声”[①]，导致战场一片泥泞，因此这场战斗被称为“泥沼之战”。

帖木儿和忽辛的联军没有想到会有大雨，准备不足，结果部队在大雨中疲惫不堪，“马足深陷在泥中，以致马腹贴着地面，身上被湿气一熏，显得瘦骨嶙峋。它们都患上了羸弱症，越来越瘦，并且麻痹了，骨头也松散了。箭杆上的羽毛脱落了，箭筈也掉了；衣服和装备淋雨之后变得非常重，步骑兵全都举步维艰”。

而相对的，也里牙思火者汗的军队却有着充足的防雨准备，“用毡子遮盖起来，尽量不让衣服和武器着雨”，待到作战时，“把覆盖的毡子掀开，以精力充沛的马匹和原封未动的武器投入战斗”[②]。

两相比较，高下立判，不用打胜负就已分晓。帖木儿和忽辛的联军大败，折损数万人之多。忽辛直接逃到了兴都库什山，帖木儿倒是打算死守渴石城，但也里牙思火者汗的大军挟得胜之势迅速攻陷了渴石城，帖木儿无奈也撤退到巴里黑重整军旅。

泥沼之战的胜利，使得也里牙思火者汗势如破竹，很快便推进到撒马尔罕城下。帖木儿和忽辛都已经逃走，城中的官员也早已不知去向，也里牙思火者原本以为可以不费吹灰之力拿下城池。岂料，城中的几位大毛拉，也就是伊斯兰教长站了出来，组织市民“对围城者进行了坚决的抵抗，他们竭尽全力保卫自己的城市”[③]，也里牙思火者屡攻不下，顿兵在坚城之下无计可施。

也许这时候也里牙思火者汗该后悔自己当初的横征暴敛失尽了河中地区的人心，以至于遭受如此顽强的抵抗。而运气更不好的是，围城战进行到最紧要关头时，也里牙思火者汗的军中爆发了马瘟，战马死去“四分之三”，军心也彻底瓦解了。无奈之下，也里牙思火者汗只得退兵。

也里牙思火者汗撤退回国后不久，可能是因为战争失败的闷气，很快便去世了。

也里牙思火者汗的退兵与死亡，压在帖木儿和忽辛头上的大石便没有了，他们终于可以重返故乡了。

---

①米儿咱·马黑麻·海答儿著，新疆社会科学院民族研究所译：《中亚蒙兀儿史——拉失德史》（第一编），新疆人民出版社1983年版，第193页。
②米儿咱·马黑麻·海答儿著，新疆社会科学院民族研究所译：《中亚蒙兀儿史——拉失德史》（第一编），新疆人民出版社1983年版，第194页。
③米儿咱·马黑麻·海答儿著，新疆社会科学院民族研究所译：《中亚蒙兀儿史——拉失德史》（第一编），新疆人民出版社1983年版，第198页。

第五节　借尸还魂

虽然也里牙思火者汗不再是威胁，但帖木儿和忽辛收复河中地区却也并不顺利。原因就在于撒马尔罕城。

原来，伊利斯兰教的大毛拉们领导市民进行了撒马尔罕保卫战，而胜利之后，市民们便组织了自己的管理机构，对曾经高高在上的权贵和高利贷者进行了清算，这个平民运动被称为“赛尔巴朵尔运动”。

帖木儿和忽辛相继收复了河中各地，但对撒马尔罕城中的“赛尔巴朵尔”也很头疼，毕竟平民们已经组织了政府，自己要想进城，只能靠武力打进去。可既然撒马尔罕可以抵挡得住也里牙思火者汗的进攻，帖木儿和忽辛又有什么把握轻易地攻下城池来呢？

不过，赛尔巴朵尔运动的领导人之一大毛拉扎答对帖木儿很有好感，毕竟帖木儿很爱护家乡百姓，他所以曾四处流浪，不就是为了被反抗也里牙思火者的暴政么？当撒马尔罕击退也里牙思火者之后，扎答大毛拉第一时间派人通知了帖木儿。帖木儿才得以和忽辛率军回来。

所以，帖木儿是主张怀柔，以和平的方式解决争端。忽辛虽然表面答应，但心里却另有打算。他写信给赛尔巴朵尔运动的领导人们，宣称：“我们完全相信你们，将会比其他统治者更好地对待你们。”赛尔巴朵尔的领袖们相信了这些诺言，带着礼物来谒见忽辛，忽辛收下礼物，送他们返回。领袖们以为忽辛真的充满善意，第二天再次带着礼物前来，忽辛却翻了脸，将他们逮捕处死。只有大毛拉扎答在帖木儿的恳求下，才逃得一命。

领袖人物一死，赛尔巴朵尔运动便烟消云散，忽辛和帖木儿重新掌控了河中地区。他们继续尊奉哈比勒•沙为傀儡汗，忽辛以“大异密”的身份在撒马尔罕总领朝政，而帖木儿则是军队的统帅。这对姻亲兄弟看似可以一起安享荣华富贵了。

自古成大事者，总是同患难易，同享乐难。帖木儿和忽辛同甘共苦一同创建了霸业，但在成事之后便因为种种问题开始明争暗斗。

忽辛作为“大异密”，自然认为自己有在全国派官、征税和封赐土地的权力。但帖木儿认为，渴石城到阿姆河是自己的世袭领地，这里的官员任命和征税都应该由自己负责，至于土地更不可能册封给别人。忽辛认为连年战乱，国库空虚，应该向所有部落征缴人头税，但帖木儿则指出自己的部族在战争中出力最多，而且早已失去了大部分财产，不该再征税。两人之间的矛盾越来越大，只是因为帖木儿的妻子、忽辛的妹妹还在世，两人之间才没有彻底翻脸。

而到了1368年，帖木儿的妻子去世了，他和忽辛之间最后的羁绊也没有了，两人终于开始大打出手。

忽辛作为西察合台汗国的实际掌权者，不仅控制着河中地区大部分领地，还有自己在阿富汗的领地提供军队，实力远超帖木儿。两人一翻脸，忽辛便占了上风，占领了帖木儿的领地渴石城、卡尔施城，帖木儿虽然曾收复卡尔施，甚至还一度占领了河中地区第二大城市不花剌，但在忽辛大军的围剿下还是不得不逃亡呼罗珊。

这已经是帖木儿人生中的第三次逃亡了，前两次他还有忽辛的领地作为后方，如今又该怎么办？此时的帖木儿已经是成熟的政治家了，他不再如青年时代那么执着，而明白在政治上没有永远的朋友和敌人，而只有永远的利益。他前往东察合台汗国，主动投效，怂恿东察合台汗国西征忽辛。

此时的东察合台汗国的汗王名叫扎马鲁丁，他可不是察合台的后裔，

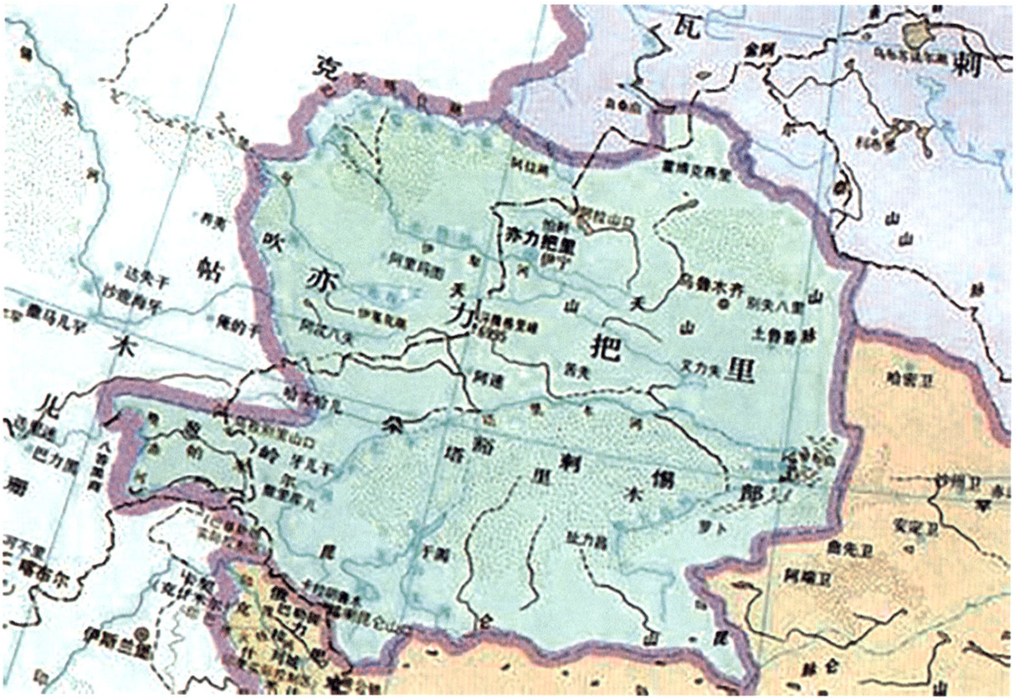

东察合台汗国形势图

而是曾扶立秃黑鲁帖木儿汗的朵豁剌惕家族的首领。当年，朵豁剌惕家族家长播鲁只去世后，秃黑鲁帖木儿汗立其七岁的儿子忽歹达为继承人，夺取了汗国的实权。播鲁只的兄弟们对此十分不满，尤其是其四弟扎马鲁丁，更是一直谋划夺回权力。在秃黑鲁帖木儿、也里牙思火者两位汗在位时，他无计可施，也里牙思火者汗一死，其家族无成年男人可主持大局，扎马鲁丁立即发动了政变，一举屠杀秃黑鲁帖木儿汗家族成员共十八人，将有资格继承汗位的人几乎斩尽杀绝。然后，他自立为汗。

在“非黄金家族不得称汗”几乎是铁律的时代，扎马鲁丁的篡位很不得人心，连其家族内部都对之大有意见。如今帖木儿前来投效，扎马鲁丁自然认为这是建立功业以获得合法性的机会，于是立即派兵西征。

忽辛对东察合台汗国军并不十分重视，但有善于用兵且在河中地区人望很高的帖木儿与之联合，对自己的压力就太大了。只好派人向帖木儿求和，希望他看在往日的情分和家乡父老的面子上，不要引狼入室。

帖木儿去联合东察合台汗国，自己也知道是饮鸩止渴，只是时势所迫不得已罢了。现在见忽辛服软，自然愿意反戈一击。他和忽辛举行会盟，两人重申兄弟之好，并在《古兰经》面前宣誓绝不互相背叛。然后，他立即调转枪口，与忽辛合兵一处，向东察合台汗国军发起反攻。东察合台汗国的扎马鲁丁哪里想到帖木儿竟如此出尔反尔，猝不及防大败亏输，凄凄惨惨的退回国内去了。

击退东察合台汗国军后，帖木儿和忽辛有过一段短暂的“蜜月期”，帖木儿出兵帮助忽辛镇压了巴达克山和喀布尔的叛乱，又击退了扎马鲁丁前来报复的军队。似乎，两人一个是最高执政者，一个是军事指挥官的格局又恢复原样，可以相安无事了。不过可惜，人之间的感情一旦破裂，即使因为外力暂时复合，最终也会分道扬镳，普通人尚且如此，更何况以权势为追求的政治人物呢？

很快，在1370年，忽辛便又和帖木儿翻脸，开始策划对他的进攻。而曾经吃过一次亏的帖木儿这一回也有所准备，早就和诸多将领商谈一起反对忽辛。忽辛在河中地区的支持率本就不如帖木儿，上一次是胜在先下手，这次帖木儿和几乎所有的贵族突然发难，忽辛哪里还有还手之力，等他发觉帖木儿对自己动手时，一切都晚了。他的主力部队被包围缴械，他所在的巴里黑城也被围得水泄不通。

忽辛无兵守城，又没有外援，无奈之下只得以保全性命为条件向帖木儿投降，他交出所有权力、领地和财产，自己去伊斯兰教的圣地麦加朝觐。帖木儿倒是表现出宽宏大量，完全接受条件，十分有礼地送这位前内兄出境。然而，多次死里逃生卷土重来的帖木儿深知纵虎归山的隐患，哪里会真的放过忽辛呢？忽辛还没等到达麦加，便在路上被人暗杀了。

忽辛既死，河中地区以及巴鲁剌思家族内部，都不再有人能和帖木儿竞争了。他终于彻底摆脱了一切羁绊，可以完全按照自己的意愿铺排国家和未来了。

首先，他废黜并处死了和忽辛一起拥立的哈比勒•沙，理由是这位傀儡汗一直支持忽辛，其实不过是因为他需要一个完全由自己拥立的傀儡罢了。废黜旧汗后，他拥立另一位察合台后裔锁咬儿哈的米失为汗，自己总领国政。

然后，他迎娶忽辛的遗孀木勒黑夫人为自己的妻子，这位夫人是察合台汗国统一时期最后一位可汗合赞算端的后裔，是纯正的“黄金家族”血统。娶了这位妻子，帖木儿便以“古烈干”为尊号，古烈干的意思是“君主之戚属”或“君主之女婿”，自己统治的合法性便更强了。

从此时起，那个早就名存实亡的西察合台汗国其实已经不存在了，虽然帖木儿和他的继承者们一直尊奉着察合台后裔为汗，但这些汗不过是“撒马尔罕城之囚”[①]，是毫无权力圈养在深宫的活死人而已。在1370年这一年，一个新的国家“帖木儿帝国”，借着西察合台汗国这具尸体，诞生了。

元代小青铜镜

①米儿咱·马黑麻·海答儿著，新疆社会科学院民族研究所译：《中亚蒙兀儿史——拉失德史》（第一编），新疆人民出版社1983年版，第276页。

第六节 压服东察合台汗国

消灭忽辛，自称“古烈干”，成为河中地区、阿富汗唯一统治者的帖木儿正好是34岁。这对于一个想要干一番惊天动地事业的人来说，是最好的年龄，这时候他已经不再天真不再懵懂，有了足够的经验，而也还远没到老去的时候，精力正充沛，足以应付繁重的政治和军事事务。

虽然在那个时代，因为医学不发达，即使是贵族也往往在三十多岁便会撒手人寰，比如帖木儿曾经想效忠的秃黑鲁帖木儿汗，便是33岁的盛年

帖木儿坐像

便去世，但帖木儿此时却身体健康，活力四射。他将自己曾经有过失败的过去抛诸身后，要开始所向无敌，让所有人恐惧的世界征服者生涯了。

帖木儿扩张的第一步，便是东察合台汗国。这倒不是因为他记仇，而是政治上的考量：虽然此时东察合

台汗国的汗位是被篡位者扎马鲁丁占据，但毕竟在法统上说帖木儿统治的领地算是察合台汗国的一部分，而且在中亚，察合台家族还是人所公认的可汗，要想建立自己的霸业，就必须把所有察合台家族纳入自己控制。现在西察合台汗国的可汗是自己的傀儡，压服东察合台汗国便是重中之重。

当然，棋局总是双方博弈的，你在盘算击败对手，对手也在盘算收拾你。东察合台汗国的扎马鲁丁也把消灭帖木儿作为自己首要的任务。因为他是篡位者，帖木儿圈养的西察合台汗国可汗对自己的合法性是极大的威胁，而且要想真的取代察合台家族，扎马鲁丁最需要的便是统一东西。

于是，当帖木儿还没有对扎马鲁丁采取行动时，扎马鲁丁率先出手了。1373至1375年，扎马鲁丁乘帖木儿出兵花剌子模，国内空虚之机，频频进兵河中地区，接二连三地“占领了河中边境地区的许多城堡”，不断吞食大片帖木儿帝国领地。帖木儿连忙从花剌子模撤出，全力应对扎马鲁丁。

1375年6月，帖木儿以其长子只罕杰儿为前锋反攻扎马鲁丁，只罕杰儿悍勇无畏，“在鼓号齐鸣声中，率领身经百战的部卒一马当先，顿时万箭齐放，敌军死伤无数”①，待到帖木儿率主力赶到，扎马鲁丁便再也抵挡不住，只得连夜撤出所有的城堡，退回本国。帖木儿军乘胜追击，不仅收复了失地，还越过边境，进入天山之南。扎马鲁丁率部抵抗，双方在乌什和费尔受(今喀什附近)地方发生激战，帖木儿军大获全胜，扎马鲁丁的妻女被帖木儿军俘获。

扎马鲁丁遭此失败，自然不能甘心。1376年，他暗中联合河中地区对帖木儿不满的撒儿•不花、阿的勒沙等贵族，组成联军向帖木儿发动猛攻，一举占领了费尔干纳（又称费尔干纳谷地，位于今乌兹别克斯坦、塔吉克斯坦和吉尔吉斯斯坦三国的交界地区）。帖木儿闻讯后，亲率军队南下费尔干纳。扎马鲁丁获知后，采取避实击虚的战术，让眷属和部落撤退，而自己带着四千骑兵就地埋伏。帖木儿以为扎马鲁丁逃走，命主力部队前往追击，自己仅率二百骑兵殿后。这一下中了埋伏，被扎马鲁丁团团围住。

这可算是帖木儿一生诸多危机中最严重的一次，面对二十倍于己的敌军，他只能激励身边的侍卫：“胜利来自赐予一切洪恩的真主，而不取决

①米儿咱·马黑麻·海答儿著，新疆社会科学院民族研究所译：《中亚蒙兀儿史——拉失德史》（第一编），新疆人民出版社1983年版，第206页。

于人马的众多。你们只有拿出丈夫气概来奋勇杀敌；因为你只要稍一露出怯懦踌躇的迹象，我们便完了！”[1]所幸他身边的二百骑都是最忠心最勇武的战士，他们受到帖木儿的激励，奋不顾身的拼杀，终于保护帖木儿逃出生天。

帖木儿死里逃生后，立即和主力汇合，重整军队杀向扎马鲁丁逼来。扎马鲁丁伏击不成，部队失了锐气，一战而败。他本人也身受数伤，徒步逃跑，仅以身免。帖木儿乘胜收回了被扎马鲁丁侵占的失地。

经过几次失败，扎马鲁丁实力锐减，只得从进攻转人防守。帖木儿虽也损兵折将，但元气未伤。为彻底防止扎马鲁丁东山再起，1377年，帖木儿派次子乌马儿•沙黑率军进攻东察合台汗国的北线游牧区，并指令将军阿里•不花、契丹•把阿秃儿等的军队协同作战。他们侵入对方北线游牧区后，很快在忽老图沙漠中与扎马鲁丁遭遇，将之击溃。同年，帖木儿亲征，在伊塞克湖附近的布哈姆再次击败扎马鲁丁，一直将扎马鲁丁的残部追至伊塞克湖西南之库什卡儿方才收兵。

从此后，扎马鲁丁面对帖木儿的进攻便只有屡战屡败的份，总是被不断的击溃，然后败逃。不过，扎马鲁丁虽然总是失败，但也确实是一位了不起的枭雄，在外患不断，内部又“沦于纷争不已，混乱一团”[2]的情形下，竟然还能够屡败屡战，就是不向帖木儿服软投降。帖木儿花费了十几年的时间，始终不能彻底征服东察合台汗国。直到1389年，扎马鲁丁因病去世，帖木儿才算摆脱了这位“打不死的蟑螂小强”。不过，帖木儿也付出了惨重的代价，他的长子，也是他最属意的接班人只罕杰儿在这不断地战争中积劳成疾，英年早逝，这为日后帖木儿帝国的传承埋下了深深的隐患。

扎马鲁丁死后，他的侄子忽歹达扶立秃黑鲁帖木儿汗的遗腹子黑的儿火者为汗，复辟了察合台家族的汗位。但帖木儿不依不饶，继续率军猛攻。

黑的儿火者和忽歹达都是识时务的人，他们知道自己不是帖木儿的对手，于是遣使求和。但是，他们的求和并没有放下察合台汗国之汗的架子，只求和而不称臣，帖木儿自然不能答应。事情又拖了几年，东察合台汗国已经被破坏的不成样子，“荒城

①米儿咱·马黑麻·海答儿著，新疆社会科学院民族研究所译：《中亚蒙兀儿史——拉失德史》（第一编），新疆人民出版社1983年版，第215页。
②米儿咱·马黑麻·海答儿著，新疆社会科学院民族研究所译：《中亚蒙兀儿史——拉失德史》（第一编），新疆人民出版社1983年版，第201页。

故址败壁颓垣，悉皆荒秽，人多居山谷间”①。黑的儿火者汗实在顶不住了，只得将自己的女儿塔瓦卡勒•哈尼木公主献给帖木儿为妻，正式表示了臣服，帖木儿这才停止了用兵。

压服东察合台汗国，是帖木儿跨度最长的战事，前后有22年，帖木儿从三十多岁的盛年一直到五十多岁的老年，主要精力都在解决这个后顾之忧。这也是要在原有政治秩序上重建自己政治格局的强人都要面临的问题。而跨过这个坎，后面的路，便一马平川了。

元代石人

①[明]陈诚著，周连宽校注：《西域藩国志》，中华书局2000年版，第103页。

第七节　北上、南下、西进

中亚处于四战之地，东南西北四面都有强敌，自古以来从这里崛起的强国往往要付出更多地努力，因为总要四面出击。帖木儿自然也不例外，在将东方的东察合台汗国压服的同时，他也在向北、南、西三个方向大力扩张。

在北方，目标金帐汗国。

金帐汗国是蒙古四大汗国之一，成吉思汗长子术赤的封国，是欧亚大陆之间首屈一指的强国。1357年，第十任金帐汗札尼别被自己的儿子弑杀，导致国内长达二十多年的内战。混战中，一位名叫脱脱迷失的宗王来到中亚投奔帖木儿，希望帖木儿帮助他回国争位。帖木儿亲自接见了脱脱迷失，赐给他大量珍贵的宝物，并慷慨的给予他一支军队以及全部给养，同时，还把讹答剌和撒兀兰两地赐给脱脱迷失作为封地，给了他最大的支

金帐汗国与中亚形势图

持。脱脱迷失也没有辜负帖木儿，经过多年努力，终于获得成功，于1381年重新统一了金帐汗国。

但是，脱脱迷失重兴金帐汗国后野心膨胀，希望成为欧亚霸主，于是和恩人帖木儿翻脸。1388年，脱脱迷失汗率军攻入河中地区，击败了帖木儿的次子乌马尔•沙黑，但在帖木儿亲自率军反攻后，退回了本土。

帖木儿奉行来而不往非礼也的信条，在1391年亲率二十万大军找脱脱迷失汗算账，在浑度儿查河流域（今天俄罗斯古比雪夫州）击败脱脱迷失汗的主力。之后，又在1395年于帖列克河（今俄罗斯北高加索东部河流）全歼脱脱迷失汗最后的二十万大军，并且进兵金帐汗国腹地的伏尔加河流域，将金帐汗国的政治经济中心别儿哥萨莱（进俄罗斯伏尔加格勒附近）、阿斯特拉罕（今伏尔加河下游阿斯特拉罕附近）等城市摧毁，扫荡钦察草原，屠杀忠于金帐汗国的游牧民，彻底打断了金帐汗国的脊梁。待到金帐汗国已经无法恢复元气后，帖木儿这才扶持臣服于自己的金帐汗国宗王为金帐汗，将这个原本并驾齐驱的强国变成了自己的臣属。

在南方，目标是印度的德里苏丹国。

德里苏丹国是1206由伊斯兰化的突厥和阿富汗军事贵族在印度北部建立的伊斯兰国家，以建都德里而得名。近两百年来已经历经多个朝代，此时是图格鲁克王朝统治末期。其苏丹马茂德•沙二世庸懦无能，实权在宰相马鲁•伊黑巴勒手中，国家已经实际分裂，德里城中的朝廷不过徒有其名。

帖木儿于1397年年底，以自己的孙子皮儿•马黑麻为先锋，率大军南征印度。1398年9月，他到达印度河，与马茂德•沙二世、马鲁•伊黑巴勒率领的印度大军作战。

印度军以战象为主战武器，将之

印度战象复原图

排在阵列的前端，这些体型巨大装饰华丽的“古代装甲车”，确实可以对来自中亚从没见过大象的帖木儿军队造成很大震慑。但战争的关键因素还在于人，在帖木儿的率领下，中亚骑兵奋勇冲向战象，用手中的矛和箭攒刺战象的鼻子和耳朵，大象虽然是庞然大物，但鼻子和耳朵受袭极容易受惊，一惊之下纷纷转过头狂奔乱跑，把印度军自己的阵列冲得七零八落。帖木儿趁势挥军猛攻，印度军彻底战败，苏丹和宰相都逃亡远邦去了。

战败印度军后，帖木儿轻松占领了德里苏丹国的首都德里。接着猛攻密拉特（印度北方邦西部城市，位于上亚穆纳河与恒河河间地区），然后又沿着喜马拉雅山急行扫荡各地，于1399年3月份返回印度河。征伐中，帖木儿手段残忍，大批城市被摧毁，“所到之处，尸骨遍野，目不忍睹……仅在德里周围，他就下令处死了十万名俘虏。”[①]而为了建立永久的威慑，帖木儿还用处死战俘的头颅在德里城四周垒起四个大金字塔。

经过帖木儿的打击，德里苏丹国的图格鲁克王朝彻底衰落，很快灭

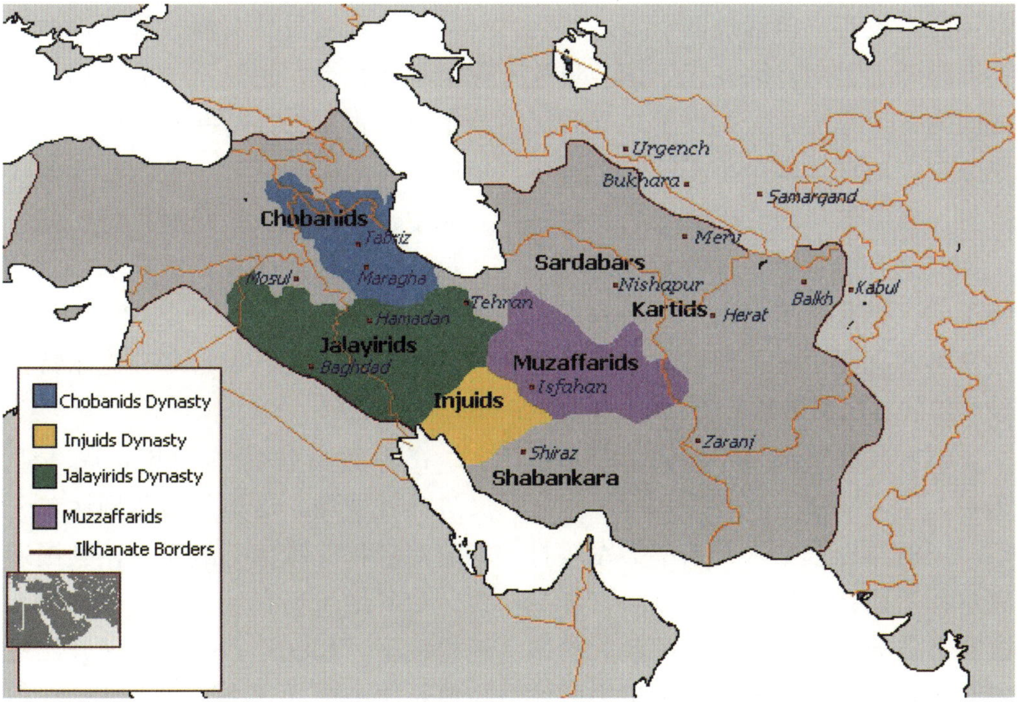

分裂后的伊儿汗国

①[巴基斯坦]赛义德·菲亚兹·马茂德著，吴云贵等译：《伊斯兰教简史》，中国社会科学出版社1981年版，第288页。

亡，而继之而起的塞伊德王朝虽然收复了德里，但不过是仅统治德里及拉合尔地区的小邦，只能在帖木儿帝国的阴影下战战兢兢。

在西方，帖木儿的目标是伊儿汗国崩溃后遗留下来的几个国家。

伊儿汗国也是蒙古四大汗国之一，是由成吉思汗第四子托雷第三子旭烈兀于1264年建立，统治范围包括今天的伊朗、伊拉克乃至阿富汗一部分。伊儿汗国一度是西亚霸主，国中强者辈出，尤其是到第七任伊儿汗合赞时，国力达到极盛。但是，合赞汗及之后的完者都汗、不赛因汗都是短命可汗，没有一位活过四十岁。待到不赛因汗去世后，因其无子嗣，贵族之间为了争夺汗位大打出手，导致国家分裂，出现了多个小王朝：据有伊拉克、摩苏尔和迪亚巴克儿的贾拉尔王朝；据有赫拉特和东呼罗珊的克尔特王朝；据有法尔斯、克尔曼和库尔德斯坦的穆札法尔王朝以及据有呼罗珊北部的赛尔别达尔王朝。

帖木儿的第一刀，砍向了克尔特王朝。

1381年春，帖木儿亲率大军攻打克尔特王朝首都赫拉特（今阿富汗赫拉特省省会）。克尔特王朝此时的国王名叫吉雅苏丁，是位驭下不力的统治者，帖木儿大军一到，他的弟弟，镇守边防的将军便投降了。帖木儿顺利的包围了赫拉特城。

赫拉特城中的守军是来自古尔地区的阿富汗人组成，古尔是阿富汗希尔曼德山谷与赫拉特之间的一座山名，这里地旷人稀，气候寒冷，居民剽悍善战。曾经强盛一时的古尔王朝便是他们建立的。见到帖木儿围城，这些古尔士兵打算决一死战。但赫拉特城中的百姓们却不想冒险，群情汹汹要开城投降。吉雅苏丁弹压不住，只得乞降。帖木儿保留他国王的尊号，允许其家族继续保有赫拉特城的财富，但他本人必须得到撒马尔罕做人质。

吉雅苏丁虽然窝囊投降，但能够保全家族性命，也算不错的结局。可他手下的古尔士兵却并不服气，1382年底，古尔士兵反攻赫拉特，一度攻入城中，但很快被镇守赫拉特的帖木儿第三子米兰沙剿灭。这一变故，使得帖木儿怀疑吉雅苏丁是古尔士兵的同谋，下令逼其一家自尽。克尔特王朝彻底灭亡。

在占领赫拉特的同年，帖木儿又进兵呼罗珊。这里的赛尔别达尔王朝统治者穆艾雅德不战而降，其国遂亡。后其地虽仍有反叛，也被帖木儿轻松敉平。1386年，帖木儿又开始进攻贾拉尔王朝，这个王朝的统治者阿合马苏丹倒不是如前两位一般是软柿子，率兵节节抵抗，但怎奈难敌帖木儿，最终于1388年弃国逃亡。帖木儿生前一直未能抓获他，直到帖木儿死后，才由他的孙子最终擒获了阿合马苏丹。

伊儿汗国分裂出来的国家四去其三，只剩下了穆扎法尔王朝了。这个王朝的统治者沙•舒贾知道自己独木难支，早在贾拉尔王朝灭亡之前便向帖木儿称臣纳贡，帖木儿也就没有向他用兵。岂料，沙•舒贾在1387年死了，其子赞努勒阿比丁一反其父所为，不再称臣，拘禁了帖木儿的使者。有了这个借口，帖木儿立即出兵穆扎法尔王朝，占领了其首都伊斯法罕，赞努勒阿比丁逃走。伊斯法罕的居民们趁夜间发动起义，杀死了帖木儿的将领、官员和士兵三千人。帖木儿大怒，下令屠城，杀死了城中七万百姓，并按照德里的方式，将人头垒成金字塔。

进行了伊斯法罕的大屠杀后，帖木儿便返回了首都，但是穆扎法尔王朝还远没有灭亡。其王族中的一位佼佼者沙•曼苏尔废黜了赞努勒阿比丁，自任国王，以设拉子（今伊朗法尔斯省省会）为首都，收复了被帖木儿占领的土地。

突然又出现一位桀骜不驯者，帖木儿自然不能置之不顾。1393年4月，帖木儿亲率大军攻打设拉子。沙•曼苏尔是伊朗各地统治者中难得的有勇气敢于和帖木儿正面较量的人，他率军出城，在旷野上与帖木儿生死相搏。据说，在混战中，沙•曼苏尔甚至冲到了帖木儿面前，用刀砍中了帖木儿的头盔。但是，个人的武勇毕竟对战争起不了什么作用，沙•曼苏尔的军队还是溃败了，他本人则被帖木儿的第四子沙哈鲁斩下了首级。

伊儿汗国留下的几个国家都已平定，但帖木儿烈火疾风般的扩张也惊动了一头猛虎，这便是雄踞亚非、以伊斯兰世界领导者自居的埃及马木留克王朝。

元代瓷碗

第八节　重创马木留克

“马木留克”是阿拉伯语，意为“奴隶”。阿拉伯帝国时期，专门从亚细亚和高加索地区购买奴隶组成骑兵军，经过严酷的训练，使之成为帝国哈里发直属的最精锐部队。阿拉伯帝国崩溃后，继之而起的诸多王朝都延续了这一治军方式。不过，当马木留克军团的实力和作用愈来愈重的时候，他们便开始染指政权了。1250年，马木留克军团的指挥官艾伊贝克篡夺了阿尤布王朝的王位，建立了马木留克王朝。其领土包括埃及、叙利亚、巴勒斯坦、耶路撒冷沿海一带及希贾兹地区。

马木留克骑兵

马木留克本身是奴隶出身，既无贵族血统，又无宗教权威，全凭武力上位，因此从王朝建立之初，便是“武力至上”，谁有实力谁便任苏丹。这虽然使得王朝内部倾轧频繁，篡位之徒层出不穷，但也让王朝没有庸主，而且谁上台都极为重视武力，故而军力十分强大。

马木留克王朝崛起之时，也正是蒙古帝国四处征战所向无敌之时。中亚、西亚的伊斯兰国家相继被蒙古帝国灭亡，连伊斯兰世界的中心巴格达也成为蒙古铁蹄下的牺牲品。马木留克王朝无形间成了伊斯兰世界最后的希望。而他们也没有辜负教徒们的期盼，1260年在约旦河左岸贝桑附近的艾因贾鲁全歼蒙古两万大军，阻止了蒙古帝国进入非洲的征途。之后，他们又在多次击败了伊儿汗国的西征，并彻底驱逐了盘踞在中东的欧洲十字军势力，从而不仅成为亚非之间一大霸主，还是伊斯兰世界的中心。

当伊儿汗国崩溃为几个小国后，其中的穆札法尔王朝便称臣于马木留克王朝。帖木儿灭亡了穆扎法尔王朝，完全没有顾忌马木留克王朝的反应，这可激怒了这个军事帝国。

1394年3月下旬，马木留克的贝尔孤格苏丹率兵来到叙利亚的阿勒颇，准备与帖木儿决战。此时帖木儿刚占领伊朗全境，军队疲劳，再加上此时金帐汗国的脱脱迷失汗又厉兵秣马准备进攻中亚，所以没有直接迎战，虚晃一枪后，便班师回国。

到1399年，金帐汗国已经被彻底打垮，中亚大本营已经完全稳定，帖木儿终于腾出手来可以找马木留克算账了。而此时，那位贾拉尔王朝的阿合马苏丹在马木留克王朝的支持下收复了巴格达，并乘帖木儿第三子米兰沙疏于防备之机，引兵入阿塞拜疆。同时，在小亚细亚崛起的奥斯曼帝国也出兵亚美尼亚。伊朗又是一片混乱，这正给了帖木儿出兵的借口。

帖木儿大军一到，首先对奥斯曼的军队迎头痛击，不但将之击溃，还趁势攻陷了其重要城市锡瓦斯（土耳其中部城市，位于克孜勒河畔）。那位阿合马苏丹被帖木儿穷追猛打，很快便丧失了军队，逃亡到奥斯曼帝国去了。

这一仗，奥斯曼帝国不但丧失了重镇锡瓦斯，使得帖木儿打开了进入小亚细亚的大门，其苏丹巴耶塞特一世的长子埃尔陶格鲁也战死疆场。尤其是帖木儿占据了锡瓦斯，便是打断了奥斯曼帝国和马木留克王朝之间的联系，他可以全力对付马木留克王朝了。

此时，那位曾要与帖木儿决一死战的贝尔孤格苏丹已经病死，其子法赖吉即位，年仅十岁，正是主少国疑的时期，帖木儿用兵正当其时。击退奥斯曼的军队后，他于1400年9月，帖木儿便进入马木留克王朝在中东的领地叙利亚，兵锋直指其重镇阿勒颇，同时派出使者向法赖吉苏丹劝降。

法赖吉苏丹年幼怯懦，本没有决战的勇气，但毕竟马木留克王朝已经是一百多年的伊斯兰世界的领袖，也从没有对外战争失败过，面对这个新近崛起的中亚暴发户帖木儿，怎么也无法做出服软的决定。苏丹“左右犹豫久之，终决一战”①。

①[法]布哇著，冯承钧译：《帖木儿帝国》，中国国际广播出版社2013年版，第33页。

劝降不成，自然只能战场上决胜负。帖木儿挥军包围阿勒颇，四面攻城。阿勒颇城总督一面向法赖吉苏丹告急乞援，一面率领麾下战士凭城坚守。法赖吉苏丹虽然决定迎战，但年幼的他无力左右朝廷，也无法对帖木儿凌厉的攻势做出及时的反应。得到阿勒颇总督的求援后，他只能先派使者去核实情况，而无法立即调动大军。结果，因为阿勒颇城内守将不和，导致居民也互相争斗，城市很快便失陷了。帖木儿再一次展现了自己的残忍，纵兵杀戮抢劫，并又用人头垒金字塔：“穆斯林居民二万多人的头骨，被用来筑成小山，高十骨尺，周围二十骨尺，脸面一律向外”①。

攻陷阿勒颇后，帖木儿继续快速进兵，连克哈马、霍姆斯与巴勒贝克诸城，1401年1月，兵临大马士革城下。

大马士革城是叙利亚首府，地处商路要冲，还是穆斯林去麦加朝圣的必经之地。其地的商业税是马木留克王朝的重要收入，而且还是锻铁、玻璃、丝绸与纺纱等行业的重镇，要是失陷，就等于折断了马木留克王朝的臂膀。法赖吉苏丹这一次终于不再行动迟缓，和众大臣率军前来支援。

帖木儿终于等到了在野战中与夙负盛名的马木留克军团交手的机会了。不过可惜的是，此时的马木留克军团虽仍有强军风范，但领兵的苏丹却是个小孩子，其他将领也都是无勇之辈。马木留克军趁帖木儿移营之时发起攻击，想打他个措手不及，可帖木儿麾下是久经沙场的百战精锐，突然遇袭毫不慌乱，立即给予强力反击。两军苦战一天，马木留克军终被击溃，法赖吉苏丹和他的将军们收拾败军向后退却。

虽然初战失利，但马木留克军团并没有伤到元气，只要重整军旅，还是有一战之力的。可法赖吉苏丹毕竟还是孩子，他掌控军队都是靠手下的将军们，而这些将军害怕再打下去会消耗实力影响自己掌控朝廷的实力，纷纷要求法赖吉苏丹谈和。苏丹无奈之下，只得接待了帖木儿的使臣，准备以屈辱的条件谈和。

帖木儿见法赖吉苏丹同意谈和，便退兵大马士革东郊，以表示诚意。而大马士革城中的军民不知道自己的苏丹已经抛弃了他们，认为帖木儿是畏却退兵了，于是主动出城截击帖木儿的后卫部队。帖木儿以为法赖吉苏丹反悔，迅速回戈，从东、南、北三方形成弧形，将大马士革城围住，并封锁马木留克军回埃及的退路。

法赖吉苏丹已经准备退兵，这时埃及又传来有人欲图篡位的消息，再加上帖木儿的反戈一击，年幼的苏丹

①[美]希提著，马坚译：《阿拉伯通史》（下册），商务印书馆1979年版，第840页。

彻底乱了阵脚，下令撤军后便率先逃走，马木留克军团在这样的混乱下溃不成军，成为一群乌合之众，在帖木儿的追击下损失惨重，一路败退回埃及去了。

援军被击退，大马士革成为孤城，很快便在帖木儿军的围攻下陷落了。同其他被帖木儿攻陷的城市一样，大马士革的居民遭到了劫掠和屠杀，而在劫掠过程中引发了大火，将大马士革一半的城区烧毁，连那座著名的建于公元705年的倭马亚清真寺也被烧成废墟。

经过在大马士革城郊的惨败，加之叙利亚被帖木儿占领蹂躏，马木留克王朝一蹶不振，再无力与帖木儿抗衡争雄。帖木儿扩张之路上又一个强敌倒下了。

元代龟形铁炉

第九节　击败“闪电”

除了年轻时的一些坎坷，帖木儿的称霸之路算得上顺风顺水，虽然有马木留克王朝这样的老牌强国，但在和他交手时也是外厉内荏，算不上强敌了。而帖木儿在击败马木留克王朝洗劫叙利亚之后，他人生中最大的敌手才出现——和他一样正在疾风暴雨扩张势力的奥斯曼帝国。

奥斯曼人是突厥人的一支，原本居住中亚阿姆河流域，自古从事游牧，逐水草而居。当中亚崛起一个个强国之时，他们都是其附庸。13世纪时，蒙古帝国向西扩张，奥斯曼人被迫迁移到小亚细亚，依附于那里的罗姆苏丹国，在和拜占庭帝国相邻的萨卡利亚河畔得到一块封地。

1300年，罗姆苏丹国灭亡，其统治的小亚细亚分裂成多个小国，奥斯曼人的首领奥斯曼也趁势独立，建立了国家。

奥斯曼是奥斯曼帝国的开国雄主，他在位期间不断扩张，先是吞并了一些从罗姆苏丹国分裂出来的小国，之后便向拜占庭帝国挑战。1301年，奥斯曼在巴法翁战役中击败了拜占庭军队，侵占了小亚细亚最富庶的卑斯尼亚平原。1326年攻陷拜占庭帝国在小亚细亚的首府布鲁沙城，并定都于此。布鲁沙的沦陷，标志着拜占庭帝国彻底丧失了在小亚细亚的统治，也标志着奥斯曼帝国的崛起。

奥斯曼在攻陷布鲁沙的同年去世。他的儿子奥尔汗接过父亲的大旗继续努力，先是占领拜占庭帝国的尼西亚城并迁都于此，之后渡海占领了加里波利半岛。奥尔汗死后，其子穆拉德一世进一步征服西色雷斯、马其顿、索菲亚、萨洛尼卡和整个希腊北部，迫使保加利亚和塞尔维亚统治者称臣纳贡。

穆拉德一世的儿子巴耶塞特

巴耶塞特一世

一世更是强爷胜祖。这位苏丹智勇双全，是个天才的军事家，作战风格急速而狠辣，被誉为“闪电”和“雷神之锤”。1389年，塞尔维亚大公拉扎尔联合保加利亚、匈牙利和波兰组成三万联军，在科索沃平原与奥斯曼军展开决战。开战前，奥斯曼苏丹穆拉德一世遇刺身亡，军心大乱。而王子巴耶塞特一世阵中即位，振奋军心，向敌军发起反攻，一举全歼联军。经此一役，塞尔维亚公国灭亡，塞尔维亚当时的精英人物几乎全部战死沙场。1395年，巴耶塞特一世又率军入侵匈牙利，与匈牙利国王西吉斯孟统帅的匈牙利、波兰军队以及英、法骑士组成的十字军共十万人会战于尼科堡，大获全胜，俘虏了一万多骑士。自此，欧洲人听说“闪电”的大名，都会不寒而栗。

奥斯曼帝国崛起于帖木儿帝国崛起几乎是同时，初期他们一个在中亚一个在小亚细亚，井水不犯河水，但随着帖木儿的逐渐西进，两大帝国终于有了交集。上文提到帖木儿在与马木留克王朝正式交手之前，便和奥斯曼帝国的军队交过手，不但占据了奥斯曼东部重镇锡瓦斯，还击毙了巴耶塞特一世的长子。

奥斯曼帝国的不断西侵，让欧洲各国忧心忡忡，尤其是首当其冲的拜占庭帝国，几十年来被奥斯曼攻城略地，已经气息奄奄，向欧洲的基督教国家求援，可欧洲各国对尼科堡的惨败心有余悸，再没有人敢来帮忙。无奈之下，拜占庭帝国的摄政王约翰，通过多米尼克教派的僧侣、法兰西斯科和亚历山大两地的大主教，向帖木儿乞援。

拜占庭帝国的死活帖木儿并不放在心上，但他却不能不与奥斯曼帝国为敌，且不说两家已经结过仇怨，就算是为了稳定在伊朗的统治，他也必须像对付其他敌人一样把奥斯曼帝国打垮。

而作为奥斯曼帝国的统治者巴耶塞特一世，不但要报杀子之仇，而且也必须把帖木儿打垮，才能无后顾之忧的去征服欧洲。

于是，巴耶塞特一世与帖木儿，这两个当时世界上最伟大的军事天才，必须动用自己全部的实力和才智做一番殊死较量。

1402年初，帖木儿亲自统帅大军进犯小亚细亚，这次出征，他几乎调动了自己所能调动的所有兵力，对外号称有八十万之众。当然这是一个夸张的数字，按照后世史家的考证，帖木儿的大军当有二十五至三十万。而正在围攻拜占庭帝国首都君士坦丁堡的巴耶塞特一世闻讯，也立即召集大军二十五万，前来迎战。

两军还未接触，双方统帅的风格

油画《科索沃战役》

便彰显无遗。帖木儿虽然屡战屡胜，但毕竟青年时代有过坎坷，因此用兵以谨慎为先。他听闻奥斯曼军前来，没有直接前往交战，而是立即拔营，避其锋锐，移师到南部的丛山之中，以观察敌军寻找破绽。

而巴耶塞特一世一向以作战凌厉为风格，加之自己是含着金钥匙出生的，从来没有遭受过失败，因此便有些急躁。他拒绝了部下在水源充足的安卡拉（今土耳其的首都）附近扎营，以逸待劳迎战帖木儿的建议，只留少量部队驻守安卡拉，自己率主力长驱东进，去寻找帖木儿决战。

这么一来，帖木儿便找到了奥斯曼军的破绽，他见巴耶塞特一世急于决战，便又全军向安卡拉方向移动，准备避实击虚，一举拿下安卡拉。安卡拉是奥斯曼军事重镇，储存着大量军械物资，巴耶塞特一世得报，连忙尾追而来。但帖木儿军多是骑兵，机动灵活，飘忽不定，迅速地甩开了奥斯曼军的追击，兵临安卡拉城下。帖木儿将安卡拉包围，让部队充分休息，好整以暇地等待着奥斯曼军。

奥斯曼军的骑兵数量不如帖木儿军，因此行动迟缓，为了追击只能日夜不停地赶路。此时正值七月盛夏，白天烈日炎炎，晚上蚊虫满天，奥斯曼军饥渴难当，极度劳累，生生被拖成了疲惫之师。而巴耶塞特一世此时并不体恤士卒，反而犯起少爷脾气，以鼓舞士气之名在到达安卡拉之前还举行了一次长达三天的狩猎。这使得军队得不到休整，更为疲劳。

1402年7月28日，奥斯曼帝国与帖木儿帝国的大军在安卡拉城郊的齐布卡巴德平原上展开了阵势。而在开战前帖木儿和巴耶塞特一世还斗开了嘴皮子，帖木儿给对手写信，指出："如今你面临灭顶之灾，最好避开我的霹雳一样的打击，不然的话，再被激怒的大象面前，你不过是一只扑火的飞蛾！"而巴耶塞特一世也不示弱，回信反击道："你的军团确实庞大，但是，要想对付我那英勇无敌的加尼沙里军团（近卫军团）的月牙刀和战斧，你们鞑靼人不过像个草棍儿，不堪一击。"[①]

双方的数十万大军在早晨六点钟左右开始交战。巴耶塞特一世将部队分为左中右三路，自己率领引以为傲的加尼沙里军团为中军，从欧洲征集来的基督教雇佣军为左翼，新近归附的小亚细亚东部突厥诸公国的联军为右翼，向帖木儿发动全面进攻。而帖木儿也将部队分为三路，自己率领嫡系中亚骑兵为中军，两翼则是小亚细亚和伊朗的仆从军。

双方混战到上午10点左右，未分胜负。正在胶着之时，奥斯曼军的右翼却发生骚乱。原来，这一路是小亚细亚东部的突厥诸公国联军，他们被奥斯曼帝国征服没多久，本就心有不服，加之连日行军早已满腹不满，哪里还会拼死作战，于是竟然全体倒戈，与帖木儿军一起围攻奥斯曼军的中军。

帖木儿的战象冲破奥斯曼军阵势

这一变故对奥斯曼军的打击几乎是致命的，右翼丧失，中军遭到围攻，如果是其他军队恐怕会就此崩溃。而巴耶赛特一

①黄维民著：《奥斯曼帝国》，三秦出版社2000年版，第72页。

世不愧为当世名将，他迅速调动中军与左翼，调整阵形硬是顶住了帖木儿军的进攻。

然而，帖木儿还藏有一件秘密武器，这次出征，他专门从印度征集了32头战象。虽然他曾击败过战象，但对于奥斯曼军来说，战象可是可怕的武器。见到奥斯曼军拼死抵抗，帖木儿把战象撒了出去，这些巨兽横冲直撞，顿时把奥斯曼军的阵列撕开了一个个缺口。

眼看己方阵势就要崩溃，巴耶塞特一世亲自上阵，跨马扬刀发起突击，希望以此振奋士气。但大势已去，主帅的舍生忘死又如何能挽回呢？

待到夕阳西下之时，奥斯曼军彻底失败，这支让欧洲骑士闻风丧胆的铁军成了铺满荒原的一具具尸体。巴耶塞特一世本人也在撤退过程中因为战马失蹄被擒，成了帖木儿的俘虏。

安卡拉战役的胜利，使帖木儿的军事生涯达到了顶峰，他不仅歼灭了奥斯曼帝国的主力军团，还趁势占领了安卡拉以及奥斯曼的故都布鲁沙，将奥斯曼帝国彻底踩在了脚下。到了此时，在中亚、西亚、北非乃至欧洲，他可以毫不骄傲地说，自己天下无敌了。

而“闪电”巴耶塞特一世则非常悲惨，他的帝国大业被帖木儿生生打断，自己还做了阶下囚。虽然帖木儿因为共同的信仰对他十分尊重，承诺他只要称臣纳贡便可给他自由，但生性桀骜的他始终不肯低头，甚至还企图杀死守卫越狱。帖木儿不得不将他严格看管，每日手铐脚镣不离身，连行军的时候都要关在大车上的笼子里。

这样的羞辱让巴耶赛特一世如

帖木儿与被囚禁中的巴耶塞特一世

何能够忍受，被俘八个月后，他撒手人寰。有记载是因为郁闷病死，也有记载是自杀身亡。帖木儿对这位真正的对手的死很是悲痛，将他的遗体送到历代奥斯曼君王的墓地所在地布鲁沙，以帝王之礼下葬。

奥斯曼帝国被打垮了，要想重新振兴，要等到数十年之后了。而欧洲诸国尤其是拜占庭帝国则获得了重生的机会。不过，他们也在担心，帖木儿这个煞星会不会继续西进杀进欧洲来？要知道，欧洲诸国连奥斯曼军都打不过，若帖木儿前来，岂不成了俎上鱼肉？

可是，他们很快便放心了，帖木儿很快便率军东返，回到了他的首都撒马尔罕。

并不是帖木儿厌倦了征服的生涯，而是他认为欧洲那些小国根本不配自己去亲征，他有更大的目标。

那是遥远东方的另一个超级大国，明朝中国。

元代铜钹

第十节　壮志未酬的东征

帖木儿和明朝的关系原本非常融洽。

布衣出身的明太祖朱元璋推翻元朝，建立了大明王朝之后，最为希望的就是能够享受到“万国来朝”的荣耀。然而，元朝虽然北遁成了北元，但周边的国家还大多认元朝为宗主，尤其是西方的各蒙古汗国，根本不愿意和这位将自己名义上宗主赶回草原的朱皇帝打交道。所以，朱元璋“屡遣使诏谕，而遐方君长未有至者”①。

而在1387年，也就是明朝的洪武二十年，帖木儿成为第一个向明朝朝贡的西方蒙古君主，派大毛拉哈非思向朱元璋进贡西域马十五匹，骆驼两头。虽然贡品有些寒酸，但对于朱元璋来说已经是意外之喜，厚待来使，并回赐大量金银。朱元璋知道帖木儿并不是成吉思汗子孙，但娶了成吉思汗家族的女儿，自称“古烈干”，因此称之为“帖木儿驸马”，称其国为“撒马尔罕国”。

明太祖朱元璋

从这一年起，帖木儿戎马倥偬之间，从没忘记派使者上贡，使者年年不绝，而且贡品也日益丰厚，从马、驼，到刀剑甲胄，乃至织绒镔铁诸物无所不贡。

①[清]张廷玉等撰：《明史·西域传》。

而且，帖木儿在给朱元璋的表文中，对这位中国皇帝也不吝赞颂阿谀，认为他“受天明命，统一四海，仁德洪布，恩养庶类，万国欣仰”，而自己“恭闻圣德宽大，超越万古”，无以为报，只能恭祝皇帝陛下“圣寿福禄，如天地永永无极”。

当然，这样的表文是明朝的礼部官员翻译过来的，恐怕难免有添油加醋。但帖木儿出身于察合台家族属下的小贵族，心中对于曾经的蒙古帝国、大元王朝有着极大的崇敬，那对于能够击败元朝，将成吉思汗子孙赶回草原的朱元璋，自然更多了一份敬仰。

当时，两国的使者到对方宫廷时，待遇是不一样的。明朝对于帖木儿帝国的使臣，虽然极为优礼，但也视之为藩邦小国，觐见皇帝的时候，仍要行三拜九叩之礼。而明朝的使臣在面见帖木儿时，虽然也要下跪，但宴饮时，是要坐在帖木儿的右边，其他国家使臣要坐在左边。蒙古人以右为尊，这是表示对明朝使臣的礼敬。

不过，随着帖木儿扩张的地盘越来越大，击败的强敌越来越多，他的国家已经是名副其实的大帝国的时候，他对于明朝的态度就有所变化了。1395年， 帖木儿一反常态，拘留了明朝使臣傅安，并派人带领傅安到处周游，借以夸耀其统治疆域的辽阔。

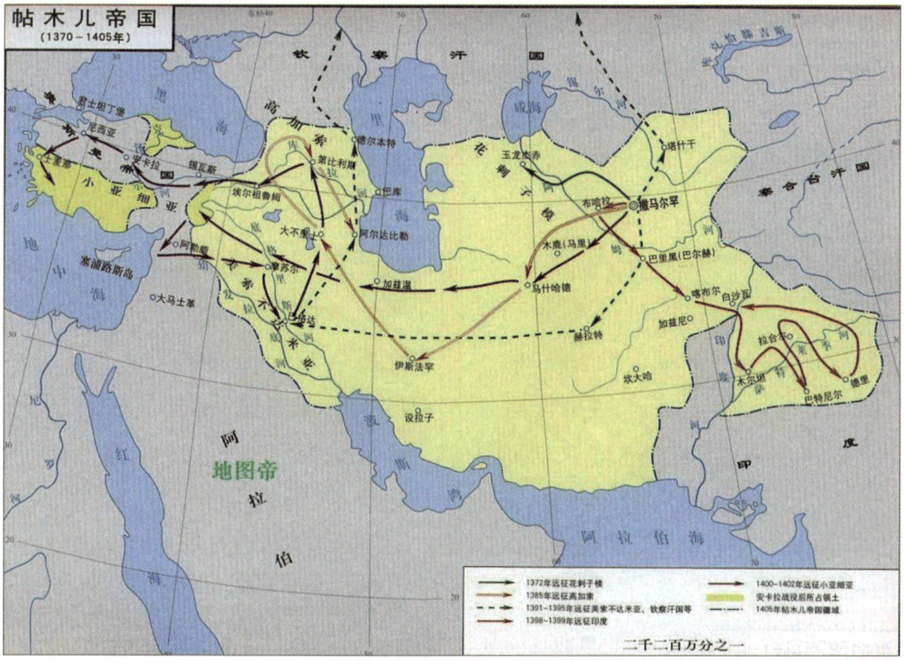

帖木儿帝国全盛时期疆域

此时，帖木儿已经认为自己不亚于成吉思汗，是世界征服者，那个东方的明朝已经有些不放在眼里了。

待到在安卡拉战役击败奥斯曼帝国，帖木儿的实力登峰造极，他的帝国领土从德里到大马士革，从咸海到波斯湾，极为广大，若是算上藩属国，那更是无法计算。他不但不再仰望明朝，而且已经打算征服明朝，击败这个当时世界上最后一个超级大国。

从小亚细亚回到撒马尔罕后，帖木儿开始全面收集中国的情报，“专心致力于中国风土、人情以及地理、形式之考察，以及中国人口、财富、特点之研究”[①]，甚至为了获得第一手材料，还专门派人到明朝的首都南京住了六个月，专门从事调查。

各种情报传到了帖木儿手中，他得知，中国的首都非常宏伟，足有伊朗的大不里士城二十倍大，中国皇帝信佛，麾下有百万大军，若是皇帝御驾亲征，便可一次性调动四十万军队。

帖木儿深知，要想征服这样的国家，没有充足的准备是不行的。他下令在全国境内征调军队，足足调集了八十万大军。而因为从撒马尔罕前往明朝之间的土地大多人烟稀少，帖木儿又大力囤积粮草，保障每个士兵七年的用度。他还命令，每个士兵“除了本分的给养外，另带两头乳牛和十头乳用山羊，并且告诉他他们说，给养完的时候先挤奶，奶挤干了的时候再宰了吃肉”[②]。

一时间，撒马尔罕城军队云集，粮积如山，牛羊如海。

1404年11月，在小亚细亚远征归来不过一年多，帖木儿的东征正式开始了。

帖木儿的大军以他的两个孙子，次子乌马儿•沙黑之子阿合马，三子米兰沙之子哈里勒为先锋，其他将领率领各部依次拔营前行，而他自己则在本月的27日离开撒马尔罕，开始了他人生最后的一场远征。此时他已经六十八岁高龄，但依旧精力充沛，渴望着征服和胜利。

相对于帖木儿的处心积虑和志在必得，明朝方面可就准备不足了，因为那里刚换了皇帝。

就在帖木儿在安卡拉与巴耶塞特一世鏖战的同时，明朝的一场内战落下了帷幕：开国皇帝朱元璋死后，他的长孙朱允炆即位，是为建文帝。可朱元璋的第四子燕王朱棣不服，以“奉天靖难”为名掀起叛乱。经过四年血战，到1402年朱允炆失败不知所终，朱棣成了明朝的永乐皇帝。

朱棣登基之后，大杀朱允炆的旧

①杨兆钧译：《克拉维约东使记》，商务印书馆1985年版，第159页。
②米儿咱・马黑麻・海答儿著，新疆社会科学院民族研究所译：《中亚蒙兀儿史——拉失德史》（第一编），新疆人民出版社1983年版，第226页。

臣，甚至发起“瓜蔓抄”的屠杀，使得人心惶惶。朱元璋在位时，将与自己一起打天下的猛将谋臣诛杀殆尽，朝中已无帅才。朱棣的靖难之役虽然涌现出一批杰出将领，但在帖木儿准备东征之时，大多已经物故，正是青黄不接。

将领的短缺倒并不是特别严重的问题，因为永乐皇帝朱棣本人就是一个杰出的大帅，他能够一隅敌全国，硬生生以边地藩王靠着战场厮杀夺得了皇位，这在中国历史上还是第一次，也是唯一的一次。可以说，在巴耶塞特一世败死之后，当时已知世界上，能够和帖木儿等量齐观的强者，也就是他了。何况他此时只有四十四岁，正当盛年，精力、经验都是最好的时候。

但是，朱棣领军才能虽然不输帖木儿，可对于帖木儿的动向却十分懵懂。按说，帖木儿以倾国之兵来犯，朱棣应该也率大军迎头抗击才是。但明朝一向对帖木儿帝国的实力并不了解，虽然知道他开始东侵，也不过认为是一个小国前来犯边侵扰，并不觉得是了不得的大事。

1405年2月，朱棣传谕甘肃总兵官左都督宋晟：“撒马尔罕回回与别失八里沙迷查干王假道，率兵东向。彼必未

明成祖朱棣

敢肆志如此，然边备常不可怠。昔唐太宗兵力方盛，而突厥迳至渭桥，此可鉴也。宜练士马，谨斥候，计粮储，预为之备”[①]这看起来是加强边关戒备，但仍显得重视不足。何况，宋晟虽然是朱元璋时代便威名素著的大将，“威信著绝域”[②]，而且深得朱棣的信任，但此时身体已经不好，已经多次请求辞官，两年后便病逝。这么一位病体支离的老将，如何抵挡帖木儿的大军呢？

明朝警戒不够，其他势力更不可能对帖木儿的大军有所阻挡。东察合台汗国早已臣服于帖木儿，虽然并不愿意帮助他进攻明朝，但绝不敢有任何掣肘。在东察合台汗国和明朝之间，是明朝设立的一些羁縻卫所，计有哈密、安定、阿端、曲先、罕东、沙州和赤斤蒙古诸卫。这些卫所中，哈密、安定、阿端和曲先等卫的统治者是察合台第六子拜答儿的后裔，赤斤蒙古卫的首领冒称为蒙古丞相后裔，都是福威自操的独立小王国，名义上是明朝边臣，不过是拿全额的明朝俸禄，只履行愿意履行的臣子义务。帖木儿大军一到，指望他们为明朝拼死作战，实不可能。

帖木儿的东进之路十分顺畅。前锋部队在1405年新年翻越天山，1月6日推进至伊犁河。帖木儿所率的主力则因为河水未能冰冻结实而晚了五十天才渡过锡尔河。为了抓紧时间，他命令前锋总指挥、他的孙子哈里勒加紧进军，而自己则暂时留在讹答剌城（又称奥特拉尔，位于哈萨克斯坦奇姆肯特市阿雷思河和锡尔河交汇处）。

帖木儿已经步步紧逼，而明朝的防务却差强人意，战争的前景对明朝来说并不美妙。

然而，正当一切都向着旷世决战的方向发展时，这场声势浩大的东征却突然偃旗息鼓了。

因为，帖木儿帝国的创建者，当时世界最伟大的征服者帖木儿，病逝了。

在从撒马尔罕出发时，帖木儿专门挑选冬季，这是为了渡河方便，也可躲过沙漠地带的酷热，但寒冷的天气却让他患上了感冒。到达讹答剌城之后，可能是因为闲待着太无聊了，他开始大量饮酒。感冒让他发烧，而酒精则使得高烧不退。已经年近古稀的帖木儿终于没能抵抗住病魔的侵袭，撒手人寰，享年六十九岁。

帖木儿死了，他精心准备的东征也只好停止。大军簇拥着他的灵柩缓缓西退，将还在半梦半醒中的明朝抛在了身后。

或许可以说，中国文明躲过了一次严重危机。“因为，现在已不是尊重佛教和儒学，并希望成为真正天子的某个

①《明实录·永乐实录》卷三三，二月庚寅。
②[清]张廷玉等撰：《明史·宋晟传》。

帖木儿陵墓

忽必烈入侵的问题，现在闯入的是一位狂热的穆斯林，他由于要使这个国家改宗伊斯兰教，可能会彻底摧毁中国文明和腐蚀中国社会。”①

元代大青铜勺

①[法]勒内·格鲁塞著，蓝琪译：《草原帝国》，商务印书馆1998年版，第570页。

第十一节 文化保护者沙哈鲁

帖木儿虽然被后世称为如成吉思汗一样的世界征服者，他也一直希望自己能做第二个成吉思汗，但在后世的评价中，人们并不认为他可以和成吉思汗并肩。这倒并不仅是因为他的帝国疆域比成吉思汗的小，而是其虽然创建了一个帝国，但没有能维持一个帝国。

就如伊朗历史学家阿宝斯•艾克巴尔•奥希梯扬尼所说：“毫无疑问，帖木儿王公是一位伟大的疆土征服者，而且还是一位才智出众和勇敢无畏的统帅，但他也是一位残酷无情，涂炭生灵和诡计多端者。人们不能将他与成吉思汗相提并论。因为成吉思汗除了在统治和讨伐方面才华出众之外，在下列两个方面是帖木儿王公所不能比拟的：一是在统治和管理被征服领土以及公正对待和依法治理上；二是不抱任何宗教偏见，对被征服地区民众的宗教信仰不加干涉。”

蒙古帝国在成吉思汗之后，统一维持了五十四年，期间进行了两次大规模远征，几乎征服了当时世界的三分之二。而即使分裂之后，各地的蒙古统治者也维持了最短一个世纪的统治。而帖木儿帝国在帖木儿死后，迅速分裂。他的继承者们，再未能对外扩张，而只能维持原有帝国中的一小部分领土。

不过，帖木儿的子孙虽然不如成吉思汗的子孙一般仍是世界征服者和强势帝王，但却涌现出很多学富五车、爱好科技文艺、对科学艺术大力支持的君主。他们虽然在武功上不能和帖木儿相比，但在文化上的贡献却是帖木儿难忘项背的。

其中，帖木儿的第四子沙哈鲁便是其中的佼佼者。

帖木儿的儿子中，最著名的是

沙哈鲁

长子只罕杰儿、次子乌马儿•沙黑、三子米兰沙和四子沙哈鲁。帖木儿原本立只罕杰儿为自己的继承人，这是长子，打仗也是把好手，法统和能力都没有问题。可惜，只罕杰儿很年轻便病死了。次子乌马儿•沙黑也是很有能力的人，但也在帖木儿之前离世。三子米兰沙虽然在世，但因为曾落马伤过头，患上了间歇性精神病。所以，在第二代中，只有沙哈鲁能够作为储君。

可是，帖木儿和他曾经尊重的朱元璋一样，看重长子一系，长子早亡，便立了长孙，也就是只罕杰儿的儿子皮儿•马黑麻为继承人。

皮儿•马黑麻此时29岁，但和朱元璋的孙子朱允炆不同，不是一个文弱的书生，而是早已领军驰骋疆场卓越将领。他继承帖木儿的大位，原本没什么问题。

但是，帖木儿学习成吉思汗，给自己子孙都封赐了广大的封地，长子家族的封地在阿富汗，次子家族的封地在伊朗的法尔斯、哈马丹和伊斯法罕，三子家族的封地在阿塞拜疆、大不里士和巴格达，四子家族的封地在呼罗珊。各大家族实力相当，帖木儿在世的时候，自然都对他俯首听命。而一旦帖木儿离世，各家族都拥有强大实力，便不会甘心服从帖木儿的继承人了。

同时，帖木儿对这些儿子并不放心，还在他们封地周边安排了大量异姓贵族以为监视，这些贵族都对帖木儿忠心耿耿，但这种忠诚只是针对帖木儿本人，而不是忠于他的家族，帖木儿一死，这些异姓贵族便割地自雄，甚至觊觎老主人家族的权位。这和成吉思汗家族受到其臣属数百年的忠诚相比，也可看出帖木儿始终无法成为成吉思汗。

几乎与帖木儿之死同时，帖木儿帝国的内战和分裂便开始了。

在帝国的核心地区河中，帖木儿第三子米兰沙的儿子哈里勒，借着祖父去世时自己就在身边之机，控制了撒马尔罕，宣布自己为帝国统治者。合法储君皮儿•马黑麻起兵与之交战，却被哈里勒打败，并很快被自己麾下的将领杀害。而哈里勒也在获得胜利后不久遭到驻扎费尔干纳等地的将军胡代达、沙黑奴儿丁的反叛，屡战屡败，难以招架。

在呼罗珊，封地在这里的沙哈鲁也遭到一连串的反叛事件，那些曾经是父亲宠爱的将军们，纷纷向他发起了进攻，沙哈鲁左支右绌，疲于奔命。

在阿塞拜疆和伊拉克，帖木儿第三子米兰沙和自己两个儿子乌马儿、阿不伯克尔先是父子反目，同室操戈，接着又受到其他将领的攻击，乱作一团。

所谓沧海横流方显英雄本色。帖木儿的子孙们在他活着的时候，随他征战，有着这个巨人在身后，都能建立功业，而到了需要他们独立面对乱世的时候，大多数子孙都没能经受住考验。哈

里勒被叛将打败，撒马尔罕失守，自己也做了俘虏。米兰沙在与土库曼首领哈剌•优素福的战争中战死，他的两个儿乌马儿和阿不伯克尔战败逃亡。而只有沙哈鲁，这个“仁慈平和，毫无野心，作战虽常胜，然不喜战争”[①]的人反而被逆境激发出了潜能，他先依次平定了自己领土中的叛乱，之后出兵河中，收复了撒马尔罕，救出了哈里勒。

哈里勒背弃祖父的遗嘱，又没能守住祖父的基业，倒被四叔所救，再无颜占据大位，从此隐居。沙哈鲁于是接过了父亲和侄子的王位，于1409年成为帖木儿帝国第三任统治者。

不过，沙哈鲁终究还是没能恢复帖木儿时代的全部疆土，伊朗西部、阿塞拜疆、伊拉克等地，被土库曼首领哈剌•优素福占领，建立了“黑羊王朝”。而叙利亚则被马木留克王朝收复。他只能维持东伊朗、河中地区和阿富汗的统治，为了对付黑羊王朝的压力，也为了统治的稳固，沙哈鲁以赫拉特为首都，而派自己的长子兀鲁伯驻守撒马尔罕。

帖木儿是一个不知疲倦的征服者，在他一生的征服战争中，摧毁了不少名城，比如巴格达、大马士革、布鲁沙、德里等。不过，在做毁灭者的同时，帖木儿也是一个不辞劳苦的文明搬运工和故乡建设者，每征服一处，便“选拔最良善、最有才干及有巧艺之工匠”送到自己的统治中心中亚，让他们建设自己的首都撒马尔罕为首的各大城市。来自各处技工匠师数目超过十五万以上。所以“此都中凡百行业，皆无缺乏专门技工之感”。首都之外，繁盛之村落中，也有“帖木儿从所征服之各地，移来人民，充实其间。”他一心想要把自己的故乡建设成最辉煌、最文明、最富庶的世界中心。

经过帖木儿数十年的努力，在他去世时，中亚尤其是河中地区，可说是当时世界上最富庶繁荣的地区。西班牙的使臣克拉维约，还有明朝的使臣陈诚，来拜见帖木儿的时候，见到中亚各地到处都是繁荣的城镇，俺都淮、巴里黑、塞蓝、塔什干、布哈拉、苏丹尼叶、尼沙布尔、安胡叶、替而美兹等城市，都是城池“雄伟”“繁盛”“人口稠密”“商货云集”，中西亚“诸番商旅聚汇城中。”

撒而马尔罕作为帝国的首都，更是一个人口众多，富丽堂皇，到处都是雄伟建筑的豪华大都市。城中居民众多，人口拥挤不堪，“城郭四郊之房舍建筑，以及园囿之属，连亘有20里之遥。花园及果林之间，皆开辟广场，及往来大道。到处遍设商肆，出售一切应用物品。城外居民，较城内人口为多。最华美富丽之楼房别墅，皆建于四郊。帖木

①[法]布哇著，冯承钧译：《帖木儿帝国》，中国国际广播出版社2013年版，第67页。

撒马尔罕城列吉斯坦广场

儿所建之宫院，大半在城外，所有供观赏游玩之亭、园、台、榭，亦莫不散于郊野之园林中。”①

沙哈鲁成为统治者后，没有继承父亲穷兵黩武的扩张政策，但将父亲经营城市，建造美丽建筑，保护学术艺术的政策发扬光大。

帖木儿对于大兴土木不遗余力，沙哈鲁也不甘示弱。但是，他不只着重于宫殿、清真寺的建筑，而是将更多的精

赫拉特城礼拜寺

①杨兆钧译：《克拉维约东使记》，商务印书馆1985年版，第156~157页。

力修建图书馆和学校。大建筑师喀尔万阿丁是他的座上宾，为他设计了大量壮丽的建筑。在赫拉特，沙哈鲁建立了一所巨大壮丽的图书馆，延揽大量有学识的学者、诗人、艺术家、音乐家、建筑师在此进行研究，而他提供一切衣食保障，并不惜重金鼓励创作。同时，赫拉特的学校也建设得“左右房室尤伟丽”，其中“多贮游学生徒及通诸色经义者，若中国之太学焉”[1]。

因为图书馆和学校受到沙哈鲁的赞助，大量文化人便充斥其中。《帖木儿武功记》的作者尼咱木丁沙，《胜利之书》的作者歇里甫受丁，《两幸福之会合》的作者阿不都•剌匝克，《沙哈鲁遣使中国记》的作者哈菲里•阿不鲁这些大史学家，喀莫尔、诺西尔、萨卡基这些大诗人，比赫扎德这样的大画家都在赫拉特生活，接受着沙哈鲁的资助和保护。

《帖木儿武功记》

在沙哈鲁时代，中亚的史学达到一个高峰，沙哈鲁都曾请哈菲里•阿不鲁召集大量史学家编纂一部通史和一部地理志，直接向波斯史学家拉施特的《史集》挑战，只可惜这部大书没有流传下来。在绘画方面，波斯细密画产生了“赫拉特画派”，这种吸收了中国工笔画的画派，技法和艺术水准达到了顶点。在文学方面，诗人们正式用察合台文（即中亚突厥文）来写诗作文，逐渐改变了那种专门用波斯文的局面，文学语言的察合台文语法达到了成熟的阶段。

沙哈鲁统治帖木儿帝国长达三十六年，虽然疆域比帖木儿时代缩小了不少，但文化发达，经济繁荣，外患内忧都不足虑，可算是帖木儿帝国难得的盛

①[明]陈诚：《西域番国志》，中华书局2000年版，第72页。

世。沙哈鲁时代，也被史家称为“光荣时代”[1]。后世津津乐道的“帖木儿的文艺复兴”“波斯文学艺术的黄金时代”，便是在沙哈鲁统治时期。

1446年，沙哈鲁家族内部出现了变乱，他的一个孙子马黑麻在伊朗西部掀起反旗。沙哈鲁不顾年事已高，率兵亲征讨伐。岂料，这一出兵，沙哈鲁也和他的父亲帖木儿一样，在途中患病。最终，于1447年3月12日病逝于剌夷（今伊朗德黑兰之南），享年70岁。

沙哈鲁的死，虽然没能中断帖木儿帝国文化繁荣之路，但也拉开了帖木儿帝国一步步走向衰亡的大幕。象牙塔里的学者、艺术家们在继续推动“文艺复兴”，殚精竭虑的为波斯文明的黄金时代添砖加瓦，但在保护他们的城墙之外，便是兵连祸结，战火不熄了。

元代花鸟文镂雕玉带饰

①[法]布哇著，冯承钧译：《帖木儿帝国》，中国国际广播出版社2013年版，第80页。

第十二节　学者君王兀鲁伯

兀鲁伯

沙哈鲁在成为帖木儿帝国统治者之时，便派自己的长子兀鲁伯为撒马尔罕的监治官，后来更是直接委任他为河中地区的总督，这种格局维持了三十余年，可以说，兀鲁伯便是帝国东部的君主，几乎完全自主的行使统治权。

兀鲁伯的原名是马哈麻•塔拉海，兀鲁伯只是别人对他的尊称，意思是“大王公”，而因为这个称号使用的时间很长，人们都只知道兀鲁伯，而不知道他的原名了。在后世的评价中，他被比喻为“亚里士多德的学生亚历山大一世”，有“学者君王”之誉，相对于祖父和父亲是保护学术，他更进一步自己就成为一名卓越的学者。

幼年时的兀鲁伯就多次随祖父帖木儿出征，奔袭征战、攻掠杀戮便是他童年生活的主要内容。但这种磨炼并没有使他成为粗鄙不文的武夫，他资质聪颖，记忆力非凡，对于各种学术都极感兴趣，各种书籍过目不忘，尤其是对天文学和数学更是有着极大的兴趣。而喜欢征战的帖木儿对这个爱钻书堆的孙子也很喜爱，总是将他带在身边，请最好的学者教育他。他成年结婚时，帖木儿还亲自到他的住所探视慰勉，这是其他孙子都没有享受过的殊荣。

因为长辈的宠爱，兀鲁伯可以放心地将自己的精力投入到科学研究当中，和很多著名的科学家成为莫逆之交。被时人誉为“当代托勒密”的阿拉丁•阿里•伊本•忽希奇便是他的密友。

待到长大，祖父去世，帝国内部出现动乱，但父亲沙哈鲁纵横捭阖，稳定了国家，也没有影响到他的生活。而被父亲任命为河中总督，得以独当一面的时候，兀鲁伯更是将河中地区变成了学术的乐园。

为从事天文学研究，兀鲁伯邀请了一批著名的天文学者到自己的宫廷。除了他的朋友忽希奇，还有被时人称为“当代柏拉图”的鲁米，以及詹姆希德和木伊丁。这四位可算是当时伊斯兰世界最负盛名成就最高的天文学者。在他们的簇拥下，兀鲁伯更对天文学到了痴迷的程度。

为了更好进行研究，兀鲁伯不惜重金，在撒马尔罕的科希克山脚建造了一座规模宏大的天文台，高度足可和君士坦丁堡的圣索菲亚大教堂相比。兀鲁伯在那里安装了一具半径达四十米的巨型限象仪和诸多辅助仪器，并绘有九天星象、分秒度数、气候分野、海洋山岳图表。通过这个天文台，兀鲁伯进行长达三十年的天象观测，在1444年,兀鲁伯在诸位科学家的协助下，亲自完成了科学名著《新古烈干历数表》。后世称之为《兀鲁伯天文表》，其中记载了不

兀鲁伯天文台

同时代与不同地区、计时、行量运移、恒星位置四部分，其中包括太阳、行星运行表和1018颗恒星的位置表，是“东方遗留给西方最正确和最完备的天文历表。”[1]这部天文表，直到16世纪仍为世界所通用。

天文学算是理科，但痴迷于天文学的兀鲁伯可不是一个纯粹的“理科男”。在天文台上忙着观测、计算的他，抽空也对文学和音乐倾注了大量的心血。他喜爱波斯诗歌，对诗歌的鉴赏力已接近现代欧洲文学方面的专家。当时众多的著名诗人聚集在他身边，其中有被誉为“诗歌之王”的卡迈•巴达克西、突厥诗人色伽寺、鲁特飞以及乌兹别克文学的奠基人纳瓦依。而文学的发展又催生了音乐艺术的蓬勃，在兀鲁伯时代，中亚产生了不少杰出的乐师、演奏家和作曲家。当时著名的舞蹈家有萨阿德•巴德尔，著名的乐师有和卓•阿勃杜修•马尔沃里季、库尔穆哈姆马德•乌季、舍伊赫•诺伊和胡赛因•乌季，作曲家则有米绍季、古洛姆和米尔戈齐。这些艺术家的作品、理论直到今日，都对中亚音乐、舞蹈有着巨大的影响。

在兀鲁伯的统治下，河中地区的学者、艺术家们是幸福的，而普通百姓也相当富足。兀鲁伯将工商税作为国库的主要收入，而将农业税降到了历史最低水平，他统治河中期间，没有发生过一起反对他的人民起义[2]。相对的，他父亲掌管的帝国西部，却多次发生过人民因赋税过重而发动的“赛尔巴朵尔”起义。

博学、不喜战争而又仁慈，这样的君主确实是难得的，不过，这优点背后，也有着不善作战、驭下不力和缺乏政治手腕的缺点。兀鲁伯在痴迷于学术研究的同时，一些危机也已经向他步步逼近。

首先是外患日益紧迫。帖木儿帝国北方的金帐汗国被帖木儿打垮之后，一直没有恢复，这虽然对帖木儿的争霸很有好处，但一个地区的强权衰落后，必然会出现群雄并起的局面。金帐汗国的开国汗王拔都曾册封自己十三个兄弟，其中五弟昔班的封国被称为蓝帐汗国。金帐汗国衰落后，国内混乱不堪。昔班的后裔们不愿参与其中，便举族南迁。他们以金帐汗国鼎盛时期的可汗乌兹别克的名字为自己的名称，自称乌兹别克人。15世纪20年代，乌兹别克人开始进攻帖木儿帝国。起先，兀鲁伯利用乌兹别克人内部矛盾，抑制住了他们的攻势，但很快便无法抵挡了。

1426年，乌兹别克人的首领博拉克向兀鲁伯提出了对锡尔汗沿岸地区的

①王治来著：《中亚史纲》，湖南教育出版社1986年版，第447页。
②王治来著：《中亚通史（古代卷）》下册，新疆人民出版社2004年版，第368页。

领土要求。兀鲁伯大怒，挥师进攻博拉克，但在苏格纳克(今哈萨克斯坦南部克孜勒—奥尔达省、锡尔河北岸托缅—阿雷克村以北)附近被乌兹别克人击败，从此再无反击的能力。1428年，乌兹别克人中出现了一位强大的首领阿布勒海尔汗，他是昔班的六世孙，极为彪悍。在阿布勒海尔汗的率领下，乌兹别克人夺取了乌拉尔河以东和锡尔河以北的土地，正式建立了乌兹别克汗国。1430年更是攻入了帖木儿帝国的花剌子模地区，洗劫了乌尔根奇。

对于乌兹别克人的进攻，兀鲁伯虽然无法反击，但因为帖木儿帝国毕竟实力尚存，沙哈鲁也还在位，总算还不至于酿成大祸。而内部的问题则是肘腋之疾。

兀鲁伯痴迷科学，虽然他也是伊斯兰教徒，但并不认为伊斯兰教教义是永恒的真理，他认为一切都在科学之下。他在河中各城创办经学院，尤其是撒马尔罕的兀鲁伯经学院最为庞大，但这些学院并不只开设宗教学，还开设天文、数学、文学和历史等课程。这就打破了伊斯兰神学的至尊地位。同时，他对过于严酷的伊斯兰教法也不甚遵守，强调自由开放，甚至允许妇女参加文艺活动。伊斯兰教团遂对他甚为不满，认为他“破坏教规,实行异教徒的习惯”。反对他的人以宗教的名义开始聚集，不

兀鲁伯经学院

安与动乱已经暗流涌动。

对外不能击退强敌，对内得罪了宗教教团，而在家庭内部，兀鲁伯也没能处理好。他的长子阿卜杜•剌迪甫英雄善战，是他得力的助手，但为人残暴，所以兀鲁伯宠爱小儿子阿卜杜•阿即思。儿子们的矛盾，必然会波及他这位父亲。

可以说，在沙哈鲁还在世的时候，兀鲁伯就已经危机四伏了，只是因为强人父亲在位，勉强没有酿成大乱。沙哈鲁在位的36年间，帖木儿帝国有两个中心，西部是沙哈鲁的赫拉特，东部是兀鲁伯的撒马尔罕。这对父子一东一西，挑起了帝国稳定与繁荣的担子。兀鲁伯虽然力不能及，也不过是担子的重量向西部多压一些，不影响稳定。而沙哈鲁一死，担子失去了平衡，帝国的稳定也就不复存在了。

1447年3月，沙哈鲁病逝。兀鲁伯得知父亲去世，悲痛不已，数月不理政务。他这边想着尽孝，可其他的家族成员却迅速开始了夺位行动。沙哈鲁另外的两个孙子阿剌德•倒剌和巴八儿先后起兵，占据赫拉特，自立为王。兀鲁伯在长子阿卜杜•剌迪甫的协助下，率大军西征，几经混战，也没能完全收复西部领土，其地被巴八儿占据。

西部的动乱尚未平息，兀鲁伯的根据地撒马尔罕又受到袭击。帖木儿第三子米兰沙的孙子卜撒因，在乌兹别克汗国的支持下围攻撒马尔罕，破坏了兀鲁伯最珍视的用中国瓷器装饰的“瓷厅”。兀鲁伯虽然回军将之击退，但帝国内部无论东西都已经混乱不堪。

兀鲁伯能够击败家族其他成员，主要靠长子阿卜杜•剌迪甫的支持，按说，他应该正式立长子为继承人，以稳定政局。可他仍不能摆脱感情的羁绊，仍是宠信幼子阿卜杜•阿即思，对于长子的功勋不给予应有的奖赏，反而处处压制，甚至挑动长子的部下反对他。阿卜杜•剌迪甫终于忍无可忍，于1449年宣布与父亲决裂，起兵攻打兀鲁伯。

父子二人的大军在1449年9月10日在撒马尔罕城郊区展开决战，兀鲁伯惨败于儿子之手。他想率残部退入撒马尔罕固守，岂料城中的伊斯兰教团却趁机夺了城防，闭门不纳。兀鲁伯和幼子阿卜杜•阿即思只能做了俘虏。

阿卜杜•剌迪甫假意允许父亲退位到麦加朝圣，但暗中却和伊斯兰教团一起拟定了一个莫须有的罪名，判处了父亲的死刑。

1449年10月25日，兀鲁伯在前往麦加的路上，被追兵追上，十分屈辱地在一条小河边被斩下了首级。尸体被埋在哪里，都无人知晓。这位中亚历史上乃至伊斯兰历史上最伟大的学者君王就这样结束了自己的一生，享年55岁。他统治河中地区38年，而任帖木儿帝国的君主只有两年。

兀鲁伯的死，不仅是他个人的悲剧，也是伊斯兰科学史的悲剧，他死后，整个伊斯兰世界的科学研究，尤其是天文学停滞不前。世界公认的最伟大的伊斯兰学家和东方学家巴托尔德便曾经说过：“在兀鲁伯死后，穆斯林的天文学，再没有什么进展。”

兀鲁伯和中国的宋徽宗、李后主一样，如果不是生在帝王家，承担其原本不能承担的责任，他们必定一生都在自己真正倾心的领域中徜徉，幸福而满足。只可惜，他们被命运安排在了自己根本不能胜任的位置上，都最终走上凄惨的结局。

元代叙利亚文石刻墓志铭

第十三节　铁蹄包围下的撒马尔罕

阿卜杜•剌迪甫和伊斯兰教团合谋害死了父亲，虽然他的父亲对他不公，但这种公然弑父的行为毕竟是毁灭人伦的。而兀鲁伯的宽容仁慈为自己培养了很多忠心的臣下，这些人虽然没有能力帮助主公平定国家，但为主人复仇的能力还是有的。

兀鲁伯遇害六个月后，1450年5月9日的傍晚，阿卜杜•剌迪甫从撒马尔罕城南的花园前往清真寺，走在半路，突然一支利箭从暗中射来。阿卜杜•剌迪甫中箭倒地，侍卫们还没等反应过来，一群黑衣人便蜂拥而出，把侍卫杀散，将阿卜杜•剌迪甫斩杀在当场。

这些刺客都是忠于兀鲁伯的臣子们安排的，阿卜杜•剌迪甫一死，这些大臣便拥立一位名叫阿卜杜剌的宗王即位。这位宗王是兀鲁伯弟弟亦不剌金之子，和伯父一样，也是一位文弱仁慈的人。这些大臣们扶立他，是希望他能够和兀鲁伯一样成为一代仁君。

可是，此时帖木儿帝国所需要的是如帖木儿、沙哈鲁这样的铁腕强者，哪里有仁君的立足之地。何况，阿卜杜•剌迪甫是受伊斯兰教团支持的，他的被杀直接挑战了教团的权威。于是，教团的首脑们立即采取行动，邀请在乌兹别克汗国避难的卜撒因回国争位。

卜撒因是帖木儿第三子米兰沙的孙子，在兀鲁伯和其他宗王争位之时曾围攻过撒马尔罕，但被兀鲁伯击败。如今受到伊斯兰教团的邀请，自然欣喜不禁，立即求得乌兹别克汗国可汗阿布勒海尔汗的支持，率军回国。

阿卜杜剌和兀鲁伯一样，不善作战，对付卜撒因还可勉强，但哪里是乌兹别克汗国军的对手？1451年6月，阿卜杜剌在撒马尔罕城郊一战而败，死于乱军之中，卜撒因在伊斯兰教团的欢迎和乌兹别克军的簇拥下进入撒马尔罕，成为帖木儿帝国的统治者。为了酬谢乌兹别克军的帮忙，卜撒因任凭乌兹别克人在城中大肆抢掠，将撒马尔罕城折腾得满目疮痍。

卜撒因是靠伊斯兰教团和乌兹别克人才登上大位的，他对于乌兹别克汗国的报答是任他们抢劫，并且自甘为臣属。而对于伊斯兰教团的报答，则是满足他们神权一统天下的愿望。他极为尊重伊斯兰教团的首领阿赫拉尔，对其言听计从，“绝对不违背他的教训和指示”。而阿赫拉尔是一个宗教狂热者，愚昧无知，敌视一切科学文化。兀鲁伯时代自由、宽松的氛围一去不返，学者们要么被杀，要么背井离乡。科学研究被视为邪恶，美丽的图画和音乐被视为堕落，一片万马齐喑，“中亚无论在经济还是文化方面都衰退了”[1]。

不过，卜撒因虽然不喜欢文化，但在军政两道倒有不凡的表现。他一心想要恢复曾祖父帖木儿时代帝国的疆域，坐稳位置后便南征北战。先是于1457年收复了赫拉特，重新占领了西部领土；之后又于1466年征服了巴达克山（位于今日阿富汗东北部和塔吉克斯坦东部）。同时，他利用东察合台汗国内部的纷争，拉一派打一派，使之国内出现了决定性分裂，消除了其对自己的威胁。

黑羊王朝与帖木儿帝国形势图

而在他不断收复故土的同时，乌兹别克汗国却遭到灭顶之灾。1453年，北元的汗位被卫拉特贵族也先篡夺，也先自号“大元天圣可汗”，一面准备南征明朝，一面派自己的长子斡失帖木儿西征。斡失帖木儿势如破竹，于1455年一举打垮了乌兹别克汗国，使之解体。这么一来，中亚便没有能压制卜撒因的力量了。

于是，卜撒因开始大力西进，准备重新征服整个伊朗。而自帖木儿死后，伊朗西部便是由土库曼人的黑羊王朝控制，现在，另一支土库曼人部落白羊部落崛起。卜撒因于是和白羊部落结盟，一起打击黑羊王朝。

此时的黑羊王朝已经日薄西山，被两路夹攻自然无法招架。1468年，白羊部落首领乌尊•哈桑彻底击败了黑羊军，黑羊王朝灭亡。乌尊•哈桑于是建立了白羊王朝。

卜撒因原本想占领整个伊朗，如今见旧敌虽灭，领土却都落入了盟友的手中，便突然翻脸向白羊王朝发起进攻。白羊王朝气势正盛，乌尊•哈桑是杰出的统帅，卜撒因的进攻被很快击败，他

①王治来著：《中亚通史（古代卷）》下册，新疆人民出版社2004年版，第385页。

忽辛·拜哈拉

本人也被俘虏，于1469年2月7日被杀，享年四十二岁，在位十四年。

如同命中注定，帖木儿帝国总是会在君王死后发生动乱。而这一回，再没有类似沙哈鲁、卜撒因这样的人能够重新恢复统一了，帖木儿帝国彻底分裂。

卜撒因的长子阿黑麻在父亲死后即位，但他所能控制的只是河中地区，以撒马尔罕、布哈拉两座城市为中心。四子乌马儿•舍黑控制费尔干纳地区。三子马黑麻占据希萨尔。七子乌鲁伯占据喀布尔。而西部以赫拉特为中心的东伊朗，则在帖木儿次子乌马儿•沙黑的曾孙忽辛•拜哈拉统治之下。

卜撒因的子孙们几乎无可称道之处，不过是无休止的互相残杀征战。而统治东伊朗的忽辛•拜哈拉，倒是帖木儿后裔在此时的唯一一抹亮色。他用兵有方，治国有术，还是一位杰出的诗人。在赫拉特，他继承了沙哈鲁扶持学术艺术的方针，“呼罗珊，特别是赫拉特城，充满了学者和无与伦比的人物。每一个干事的人都打算和希望把事情做得尽善尽美”。[1]

正在帖木儿的后裔们不厌其烦地内讧之时，一个终结他们的人横空出世了。乌兹别克汗国解体后，阿布勒海尔汗的孙子昔班尼死里逃生，以士兵的身份为东察合台汗国服务，逐渐磨炼成一个可怕的人物，并最终在东察合台汗国的扶持下，召集乌兹别克旧部，迅速崛起为中亚一股新兴力量。1500年攻陷布哈拉城，接着又包围了撒马尔罕。

此时撒马尔罕城中，已经是卜撒

①[印度]巴布尔著，王治来译：《巴布尔回忆录》，商务印书馆2010年版，第280页。

因死后第四任君主了。卜撒因的长子阿黑麻统治到1494年7月病逝。其三弟马黑麻接位，这是一位“暴虐腐化，至于疯狂的程度，时时刻刻饮酒贪杯，养着许多娈童”①的统治者，在位不过五六个月便暴病而亡。他的次子伯升豁儿继位，这是一个文雅好学，擅长写诗的君主。可惜文雅和诗歌都不是能够守护国家的。他的三弟阿里和占据费尔干纳的乌马儿•舍黑之子巴布尔合兵向他进攻，伯升豁儿于1497年败死。阿里占据了撒马尔罕。

阿里占据撒马尔罕不过三年，昔班尼的大军便把这座城市围了个水泄不通。阿里内无可用之兵，外无救援之军，无奈之下向昔班尼请求，在保留性命并给自己一块土地为封地的条件下投降。昔班尼答应了这个条件，但在阿里投降后，他背信弃义，仍然处死了阿里。

撒马尔罕是帖木儿着意建设的首都，虽然他死后，这座城市一度失去过首都的地位，但始终是代表帖木儿帝国正统的。谁占据了这里，谁便是帖木儿帝国合法的统治者。而撒马尔罕的陷落，也标志着帖木儿帝国的灭亡。阿里击败哥哥夺得撒马尔罕，却不过是夺得了“亡国之君”的桂冠罢了。

从1370年帖木儿建国，到1500年灭亡，帖木儿帝国共存世130年。

昔班尼占领撒马尔罕后，以此为都城，建立起乌兹别克汗国——昔班尼王朝。1503～1504 年，他先后占领希萨尔和包括昆都士在内的阿姆河南岸的大片土地，接着挥师北上，在历经10个月的包围之后攻陷花剌子模的首府乌尔根奇。帖木儿的子孙在河中地区再无立足之地。

1506年，帖木儿家族在赫拉特的统治者忽辛•拜哈拉去世，他的两个儿子巴迪•匝曼和穆扎法•忽辛联合继承了王位。在兄弟相残已经是惯例的时代，兄弟共治可不会出现“其利断金”的好局面。昔班尼趁势进攻，1507年攻入呼罗珊，几乎是不战而胜地取得了赫拉特。是年5月，昔班尼进入赫拉特城。帖木儿帝国最后一块残留也被抹去了。

至此，帖木儿帝国的故事可以结束了。但帖木儿家族的故事还有很长。卜撒因四子乌马儿•舍黑的儿子巴布尔，在失去费尔干纳的领地后，愈挫愈奋，与乌兹别克人争斗多年，还两次夺得撒马尔罕，虽然最终没能光复故国，但却南下征服了印度，并在印度建立了一个统治最为牢固，地域最为广大，国祚最为绵长的帝国。

只不过，这个帝国人们不再称之为帖木儿帝国，而称之为“莫卧儿帝国”。

---

①[印度]巴布尔著，王治来译：《巴布尔回忆录》，商务印书馆2010年版，第43页。

帖木儿帝国世系表

- 帖木儿（一）
  - 只罕杰儿
    - 皮儿·马黑麻
  - 乌马儿·沙黑
    - 拜哈拉
      - 满速尔
        - 忽辛·拜哈拉
  - 米兰沙
    - 马黑麻
      - 卜撒因（七）
        - 阿黑麻（八）
        - 马黑麻（九）
          - 伯升豁儿（十）
          - 阿里（十一）
        - 乌马儿·舍黑
          - 巴布尔（莫卧儿帝国创建者）
        - 乌鲁伯
    - 哈里勒（二）
    - 乌马儿
    - 阿不伯克尔
  - 沙哈鲁（三）
    - 兀鲁伯（四）
      - 阿卜杜·剌迪甫（五）
    - 亦不剌金
      - 阿卜杜剌（六）

第三章　游牧帝国的晚霞——昔班尼王朝

“中亚”这个地理概念最早由德国地理学家亚历山大•冯•洪堡在1843年提出的，一般来说，其范围便是今天的六个国家，也就是乌兹别克斯坦、哈萨克斯坦、吉尔吉斯斯坦、塔吉克斯坦、土库曼斯坦和阿富汗。不过，中国对于中亚的范围界定是取自于苏联官方的定义，并不把阿富汗算在内，而只说“五大斯坦”。

这五个国家中，有两个国家的主体民族与蒙古民族关系最为紧密，可说是蒙古民族的衍生品，这便是乌兹别克和哈萨克。他们都来自于成吉思汗长子一系的金帐汗国。

帖木儿帝国崩溃后，中亚的历史舞台，最为精彩的段落几乎就是被这两个民族所垄断，在游牧民族整体呈现出衰败的时代，他们的英雄们用自己的故事，展现出灿烂的晚霞。

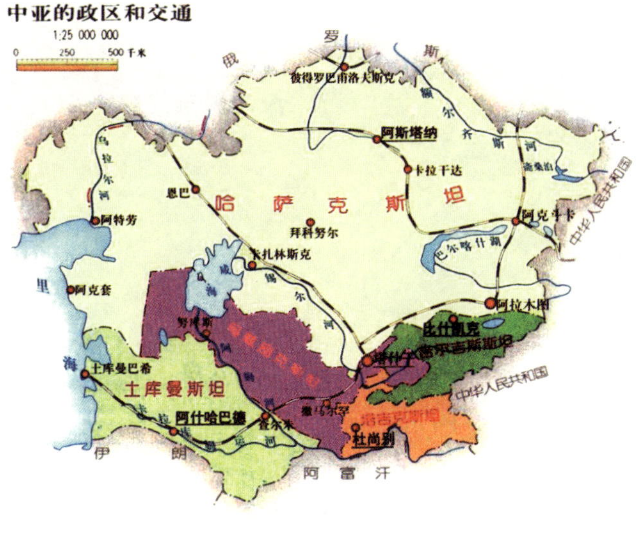

第一节 拱卫金帐的蓝帐

公元1235年，蒙古帝国的第二任大汗窝阔台，在蒙古汗国首都和林召集诸王，决定派遣大军西征。这是成吉思汗发动西征之后的第二次，不过，这一回征讨的目标不再是西亚，而是欧洲。

因为成吉思汗在世时，曾经委任长子术赤经略西方，所以这次西征的主帅便落在了术赤家族头上。术赤的次子拔都在父亲去世后继承了他的封国，这一回便成了西征大军的总司令。

拔都“能力极高”，在术赤诸子中“享有极大的荣誉和尊敬”①，深得军心而且用兵如神。在他的指挥下，十五万蒙古大军一路向西，势如破竹，先后征服保加尔王国、突厥钦察诸部、罗斯诸公国，杀入东欧，占领波兰、匈牙利，直到窝阔台大汗驾崩，他才率军东返。

这次西征，成吉思汗四个儿子家

金帐汗国疆域

①[波斯]拉施特著，余大钧、周建奇译:《史集》第2卷，商务印书馆2014年版，第128页。

族都收获了不菲的财富，而术赤家族得利最大，术赤封国的领地扩展了近一倍。为了更好地管理和控制西部的疆域，拔都将统治中心向西迁移，在伏尔加河下游，今天俄罗斯的谢里特连诺耶修建了一座名叫“拔都萨莱”的城市作为自己的都城。而由成吉思汗赐封的“术赤兀鲁思”，也在拔都手中成了“金帐汗国”。

拔都对自己的兄弟们进行了册封，将13个兄弟全部赐予大小不等的封地，而在西征中立功最大的长兄斡儿达和五弟昔班的封地最大，斡尔达被赐封尔加河下游左岸起，北至乌拉尔山南麓，东北至额尔齐斯河流域的地区，建立了白帐汗国。昔班的封地则在乌拉尔山以东和东南，咸海北边的大部分地区，建立了蓝帐汗国。白帐汗国、蓝帐汗国还有罗斯诸城邦，便成为金帐汗国最重要的三大藩属国，也是金帐汗国防卫外敌和稳定内部的重要力量。

拔都开始，金帐汗国有着长达114年的稳定和强大，而到了拔都的第五世孙札尼别统治时期，汗国更是达到鼎盛。然而，札尼别统治时期，也是金帐汗国走向衰亡的开始。1357年，札尼别灭亡了伊儿汗国，但在回军中患上重病，他的长子别儿迪别为了争位，联合将领暗杀了札尼别，自任可汗，并屠杀了自己12个兄弟。

别儿迪别对自己家族的杀戮，开启了金帐汗国的动乱。在位两年后，他便被自己的一位兄弟所杀，从此汗位更迭频繁，内讧频仍，宫廷之中血迹斑斑。从1360年开始，金帐汗国在不断的战乱之中度过了20年的时光，这20年中，先后有20位可汗如走马灯一般你方唱罢我登场。

拔都的子孙彻底凋零，无力再重兴祖先的汗国。而这时，白帐汗国的汗王们却开始西进，来争夺金帐汗国的汗位。

白帐汗国这样的做法倒并非全然不顾法统，以下犯上。白帐汗国的始祖斡儿达是术赤的长子，拔都的大哥。按说本该在术赤死后由他继承汗位。但拔都能力大威望高，斡儿达主动让贤，支持拔都，“让拔都登上了父亲之位”[①]。那么，现在拔都的子孙无法再维持金帐汗国的稳定和繁荣，斡儿达的子孙出来收拾残局，可说是顺理成章。

1381年，白帐汗国可汗脱脱迷失击败了所有竞争对手，重新统一了金帐汗国，金帐、白帐两汗国正式融为一体。而此时，白帐汗国所属的部落大量西迁，其原来的牧场土地便空了出来，蓝帐汗国的游牧群便趁机占据了白帐汗国的领地。不过，在名义上，

①[波斯]拉施特著，余大钧、周建奇译:《史集》第2卷，商务印书馆2014年版，第117页。

蓝帐汗国此时还是金帐汗国的臣属国，只不过效忠的对象从拔都的子孙变为了斡儿达的子孙。

可是，脱脱迷失的中兴之路很快便遭到了强有力打击，崛起于中亚的帖木儿帝国原本是脱脱迷失的恩主。可两个大国都要争取霸权，是不可能的长期和平相处的。1388年，两大帝国开始兵戎相见。经过两场大战，脱脱迷失终究不是战争天才帖木儿的对手，大败亏输。金帐汗国的主力军队被歼灭，最繁荣的核心区被摧毁，从此一蹶不振，退出了强国之林。

国家衰落，内部的纷争便接踵而起，各派势力你争我夺，战乱不断，可谁也不能再重新统一国家。在这大乱之世，蓝帐汗国不愿深陷其中，他们选择了离开故土，南下另找出路。

虽然蓝帐汗国的可汗本是昔班家族世袭，但是随着他们进入原白帐汗国的土地，和白帐汗国的一些部落结合，加之一些突厥部落也参与其中，便不再能够维持世袭，可汗需要各部落首领选举。1423年，白帐汗国系贵族博拉克在众多首领的推举下成为蓝帐汗国可汗。在他的带领下，蓝帐汗国开始逐步南下，向中亚方向扩展势力。

元代六耳铁锅

第二节 从咸海迁到锡尔河的牙帐

由博拉克率领的蓝帐汗国向中亚挺进，可谓正逢其时。1405年，帖木儿帝国开国大帝帖木儿病逝，经果短暂的内战，帖木儿第四子沙哈鲁重新稳定了国家。沙哈鲁自己坐镇帝国西部的赫拉特，而将自己的长子兀鲁伯册封在撒马尔罕，维持帝国东部的稳定。

兀鲁伯是一个卓越的学者，伟大的天文学家，为人仁慈宽容又不善打仗。这就给博拉克的南下创造了机会。起先，博拉克实力不济，向兀鲁伯称臣，获得了他的支持，整合了内部，成了强有力的可汗。逐渐在锡尔河沿岸站住了脚。而此时，蓝帐汗国的部落开始自称“乌兹别克人”。

“乌兹别克”是金帐汗国鼎盛时期可汗的名字，这个名字还有一种译法是“月即别”。之所以会用这个名称，是因为在月即别可汗在位时，“当时的人们曾将月即别汗的军队称作‘月即别军’，将他的整个国家称为‘月即别国’。……后来‘月即别军’这个名词逐渐被‘月即别人’一词所代替，后来成了代表阿黑•斡耳朵（即白帐汗国）许多突厥蒙古部落的集合名词。”①

乌兹别克骑兵

乌兹别克人刚南下的时候，还需要和兀鲁伯虚与委蛇，而随着实力日益壮大，也就不再安分守己了。1426年，博拉克正

①[苏]格列科夫、雅库博夫斯基著，余大均译：《金帐汗国兴衰史》，商务印书馆1985年版，第255页。

式向兀鲁伯提出了对锡尔河沿岸地区的领土要求。兀鲁伯大怒，挥师进攻博拉克。两军在苏格纳克(今哈萨克斯坦南部克孜勒-奥尔达省、锡尔河北岸托缅-阿雷克村以北)附近展开大战。兀鲁伯是个学者，用兵打仗哪里是博拉克的对手，很快便大败亏输。从此，帖木儿帝国便再也压制不住乌兹别克人了。

帖木儿与兀鲁伯祖孙俩

不过，博拉克也是个不幸的人物，他给自己的部族奠定了强大的基础，但自己却没能享受多少好日子。击败兀鲁伯不过两年，他便被自己的部下暗杀，匆匆谢幕。他的两个儿子克烈和贾尼别年纪都很小，无力继承父亲的基业。各大首领集会，选举出了新的可汗，这便是昔班家族的成员，昔班的六世孙阿布勒海尔。

阿布勒海尔称汗的时候只有十七岁，虽然年幼，但能力超群。接过汗位后，他开始了一系列烈火燎原般的扩张，1430年攻取了花剌子模地区的首府乌尔根奇城，1447 年更是从帖木儿帝国手中完全夺得了锡尔河地区，这个地区对于游牧者来说是一个合适的过冬地，同时也是征服河中地区的关键。阿布海儿汗于是建立了“乌兹别克汗国”。

正当阿布勒海儿汗一路凯歌的时候，上天又给他送来了更好的礼物。1447年，帖木儿帝国的沙哈鲁去世，兀鲁伯成为帝国的统治者。这位学者君王在父亲的庇护下还不能保全东部的领土，现在父亲一死，更是连稳定内部都做不到。1449年，兀鲁伯被自己的儿子弑杀。而他的儿子也只做了六个月君主便被忠于兀鲁伯的大臣暗杀，帖木儿帝国一片混乱。

兀鲁伯的死，除了因为和儿子的权力之争，还在于他倡导的科学研究和自由开放的社会风气惹怒了伊斯兰

教团。教团是他儿子的支持者，现在见国内大乱，教团便派出使者前往乌兹别克汗国，迎请兀伯的女婿卜撒因回国。

卜撒因是兀鲁伯的侄子，也是他的女婿，是帖木儿第三子米兰沙的孙子。这位宗王原本很受兀鲁伯的信任，但因为野心很大，趁着沙哈鲁去世兀鲁伯自顾不暇之际发动叛乱，失败后逃亡到了乌兹别克汗国，受到阿布勒海尔汗的庇护。如今兀鲁伯父子皆死，伊斯兰教团邀请他回国，他便立即找到阿布勒海尔汗，希望能够支持自己。

当初阿布勒海尔汗收留卜撒因本就是为了留一张和帖木儿帝国讨价还价的牌，如今见牌终于有了用场，自然不会作壁上观。于是在1451年初尽发精锐，护送卜撒因回国争位。

帖木儿帝国此时乱成一锅粥，哪里还能抵挡乌兹别克军的进袭，何况还有伊斯兰教团的内部策应。很快，乌兹别克军便攻进了撒马尔罕，扶立卜撒因成为帖木儿帝国的统治者。

撒马尔罕城

卜撒因即位后，为了酬劳乌兹别克汗国，自甘为臣属，并允许乌兹别克军在撒马尔罕大肆抢掠。撒马尔罕本就是中亚首屈一指的商业大都市，又经过帖木儿、沙哈鲁、兀鲁伯三代数十年的建设，金碧辉煌，珍宝如山。这一下可全便宜了阿布勒海尔汗，他的军队把这座名城洗劫一空，满载而归。

这次战争，使得阿布勒海尔汗的事业达到了顶峰，曾经不可一世的帖木儿帝国成了自己的附庸，而且还获得了丰厚的战利品。可以说，他成了名副其实的中亚霸主，以后他完全可以如帖木儿当年一样，继续向四面扩张，去成为新的世界征服者。

可惜，命运总是让人捉摸不透，当你最得意的时候，也可能重大的打击便要来临了。阿布勒海尔汗放眼四周，都不再有强敌。可他没有想到，一支强大的军队正从万里之遥向他步步逼近了。

第三节 寄人篱下的少年

从1451年6月攻陷撒马尔罕，到1455年的四年间。是阿布勒海尔汗最为风光的时期，他只有四十多岁，麾下军队雄壮，各部首领俯首帖耳，帖木儿帝国成为臣属，四周没有强敌。对于一个渴望着荣耀和财富的汗王来说，夫复何求？

可是，1455年，一支军队突然杀进了乌兹别克汗国的国境，而且势不可挡。阿布勒海尔汗都弄不清这是哪里来的煞星，只能从无边的幸福中挣脱出来，率军与之决战。

这支军队，是来自遥远东方的蒙古大军，领军的将领名叫斡失帖木儿。

原来，元朝灭亡后，元室北遁回蒙古高原继续政权，这便是北元。北元屡遭新兴明朝的打击，最终王纲解纽，法统不存。元世祖忽必烈的子孙们成了权臣手中的傀儡，一个又一个地被拥立，然后弑杀。而权臣中持续掌权时间最长，势力最大的便是蒙古卫拉特部贵族。到1453年，卫拉特首领也先终于不再满足于有实无名，弑杀北元大汗脱脱不花，自任可汗，号为“大元天圣可汗”。

卫拉特骑兵

从成吉思汗开

始，“非黄金家族不得称汗”便是铁律，即使成吉思汗的子孙不能称汗，也得是成吉思汗兄弟的后裔。帖木儿帝国几乎称霸世界，但帖木儿也得扶立一个察合台家族的傀儡为汗以彰显合法性。也先是卫拉特部贵族，姓绰罗斯，和成吉思汗的黄金家族完全扯不上关系，贸然称汗自然根基不稳。为了获得承认，刚一登基便开始了大规模的对外扩张。

也先的扩张分为两路，一路由自己挂帅大张旗鼓准备南征明朝，而另一路则由自己的次子斡失帖木儿率领七万卫拉特精锐，进行西征。

卫拉特的大本营是在阿尔泰山及现今蒙古国西部地区，后又占有今新疆北部的天山草原。也先派儿子西征，除了扩张，还在于稳定老家。

阿布勒海尔汗的好日子终于到头了，斡失帖木儿率领的，是曾经全歼明朝数十万大军，俘虏明朝英宗皇帝的百战精锐。乌兹别克军虽然在中亚横行，但所对付的都不是强敌，这就好比一直捏软柿子这回碰到了硬核桃，结果可想而知。在卫拉特军的迅猛攻势下，乌兹别克军在锡尔河畔一溃千里，损失惨重。

卫拉特军在河中地区横行数年，兵锋达到河中地区东境，抄掠了塔什干以及其他绿洲。直到1259年，斡失帖木儿得知自己的父亲被臣下弑杀，北元正统派复辟了黄金家族的汗位，这才率大军东返。虽然强敌退却，但阿布勒海尔汗再也没能重建汗国，因为一连串的惨败，他的实力和威望都直落谷底，其他势力纷纷崛起。

首先是博拉克的两个儿子克烈和贾尼别，当初他们因为年幼而不得不臣服于阿布勒海尔汗，如今却起来争夺父亲的遗产。他们在1456年带领众多部族叛离了乌兹别克汗国，向东边的东察合台汗国也先不花汗寻求保护，且得到了也先不花慷慨的赠礼——楚河盆地。这一部分逃亡的乌兹别克人被称为“哈萨克人”，哈萨克是突厥语，意为“逃离者”“逃亡者”“自由的人”。

哈萨克人的叛离，使得已经岌岌可危的乌兹别克汗国更为衰弱，且平添了一个大敌。而此时，那位由阿布勒海尔汗扶立的帖木儿帝国君主卜撒因也敉平了国内各割据势力，统一了帖木儿帝国，虽然没有向乌兹别克用兵，但也再不是阿布勒海尔汗予取予求的臣属了。

阿布勒海尔汗的晚年可算是悲悲惨惨戚戚，眼看着自己的功业一点点消弭殆尽，国土日益萎缩，部众日益流散，而他也再没有力量重新振兴。1468年，在与哈萨克人的战争中，57岁的阿布勒海尔汗战死沙场，他的汗国也彻底分崩离析。

阿布勒海尔汗死后，他的儿子沙黑·海答尔试图重振父亲的国家，但很不幸，就在阿布勒海尔汗战死的同年，沙黑·海答尔被东察合台汗国的羽奴思汗（也先不花汗之子）所杀，仅剩不多的部众也全部溃散。阿布勒海尔汗的家族的当家重担落在一个孤苦无依的男孩，这就是他的孙子，年仅17岁的穆罕默德·昔班尼身上。

昔班尼汗

昔班尼独自面临命运挑战时的年龄和祖父一样，都是17岁，但境遇可大不相同。阿布勒海尔汗17岁时被推举为可汗，而他却是在17岁成了丧失了一切的流浪者。一无所有的他只能先为稻粱谋，在这个险恶的世界活下去。所幸家族遗传给了他孔武有力的身躯，自幼的戎马生涯也培养了他骁勇善战的能力，他以佣兵的身份游走于各大势力之间，用自己的武力换取俸禄。

昔班尼先开始前往金帐汗国的阿斯特拉罕，为这里的统治者卡西姆埃米尔服务，可时隔不久，阿斯特拉罕陷入金帐汗国内部的争斗，昔班尼感到乱邦不能居，便又南下来到帖木儿帝国，成为布哈拉城监治官达尔罕的僚属，继续用武力为自己挣衣食。

1469年，最后一个能维持帖木儿帝国统一的君主卜撒因在征讨伊朗白羊王朝的战争中战死，帖木儿帝国的贵族们各据其地，开始了不厌其烦的内战。昔班尼在战乱中过着刀头舔血的日子，他的能力随着年龄的增长也在逐渐增强，名声也越来越大，一些曾经的乌兹别克汗国的部属都来投奔于他。而昔班尼自己也知道，这样在帖木儿帝国内战的漩涡中打转是没有希望的，不要说恢复祖业，自己的性命都有可能糊涂的丢掉。于是，他开始物色新的主人，一个可以给予他崛起基础的主人。

他把目标锁定在了东察合台汗国的马哈木汗身上。

杀死昔班尼父亲的羽奴思汗是东察合台汗国诸汗中最仰慕城市文明的一个，他将自己的统治中心建在塔什干，而不愿意回到东部的草原。他的长子阿黑麻在一些保守派贵族的支持下，割据东部草原自称为汗，东察合台汗国于是一分为二。1487年，羽奴思汗病逝，他的次子马合木继承其位。

马合木汗是一位“暗弱无能，昧于国事，不恤朝政”[①]的可汗，即位后面临着四周的强敌，根本力不从心，而正统性地位又面临着大哥阿黑麻汗的威胁，因此急需有能力的将领辅佐。昔班尼审时度势，在1487年率部投奔马哈木汗。

昔班尼多年来在中亚四处征战，早已声名卓著，他的投奔让马合木汗大喜过望。这位可汗忘记了自己家族与昔班尼有杀父之仇，不但欣然接纳，还不再以佣兵相待，而是划出昔格纳克、讹答剌、扫兰等地作为昔班尼的封地，将昔班尼正式册封为自己的封臣。

从此，36岁的昔班尼不但有了自己部众还有了根据地，虽然还是寄人篱下，但终于有了奋起的资本了。

元代石人

①米儿咱·马黑麻·海答儿著，新疆社会科学院民族研究所译：《中亚蒙兀儿史——拉失德史》（第二编），新疆人民出版社1983年版，第46页。

第四节 昔班尼王朝

昔班尼投奔马合木汗之后，首要的问题便是替新主人对付哈萨克人。

因为乌兹别克汗国的崩溃，原本只是叛离寄于东察合台汗国篱下的哈萨克人已经鸟枪换炮，大量原本从属于乌兹别克汗国的部落投奔他们，使他们的实力迅速壮大，部落人口膨胀二十万之多。有了这样的实力，自然不会再仰东察合台汗国的鼻息，而是自称可汗，建立了哈萨克汗国。

当初带领哈萨克人叛离乌兹别克的两位首领克烈和贾尼别此时已经去世，克烈的儿子巴兰都黑，贾尼别的儿子哈斯木分别继承父亲的位置，哈萨克汗国以巴兰都黑为汗，但哈斯木也拥有汗号，而且是汗国实际的掌权人。

哈斯木汗是哈萨克人历史上著名的英雄，英武有为，在他的带领下，哈萨克人不断地率兵进攻马哈木汗的领地，而首当其冲的便是昔班尼的封地讹答剌。昔班尼背靠马哈木汗，率军与哈萨克人连番拉锯，虽然在军队数量上昔班尼不如哈萨克人，但因为总是能得到马哈木汗的援助，加上他卓越的战场指挥能力，哈萨克人终究没能讨得便宜，最终放弃了对东察合台汗国的扩张。

哈萨克汗国哈斯木汗

有了抵挡哈萨克人的功劳，昔班尼更受马哈木汗的信任和倚重了。不过若仅是如此，昔班尼也还没有自立门户的机会。但马哈木汗颟顸糊涂，身边都是一些没有远见只知道逢迎的小人，这些人见马哈木汗信任昔班尼，干脆便劝马哈木汗全力协助昔班尼“取得撒马尔罕和布哈拉，让他承当国事”[①]，这样一来哈斯木汗的塔什干便可高枕无忧。这看似是一个制造强邻，然后以邻为壑的“妙计”。可是，如果这位强邻不再是你的壑，而是要夺你的国该怎么办呢？马哈木汗和他的幕僚们全然没有远虑，在1500年开始了对昔班尼的全力资助，希望他能够入主河中地区，取代帖木儿帝国。

此时昔班尼已经49岁，经验和能力达到顶峰，麾下的部队已经有一万百战精锐。再加上马哈木汗在补给和物资上的强力支持，可算是万事俱备。而此时的帖木儿帝国却早已分崩离析，帖木儿的子孙们不厌其烦地自相残杀，统一的国家早已不复存在。

1500年初，昔班尼誓师出征，大军包围了撒马尔罕。

此时在撒马尔罕王座上坐着的，是帖木儿帝国第十一任君主阿里，一个杀掉哥哥夺得王位的人。虽然有着帖木儿帝国君主的称号，但阿里所能实际控制的只有撒马尔罕和布哈拉两座城市，面对昔班尼的大军压境，这位内斗的行家却没有出城一战的勇气，只能紧闭城门，向布哈拉请求援兵。

这下可给了昔班尼围城打援的机会，听闻布哈拉派兵来援，昔班尼留下部分部队继续围困撒马尔罕，自己率主力前往迎击，一举击溃布哈拉援军，而且乘胜进军，把布哈拉直接攻陷了下来。

布哈拉的失陷，让阿里失去了唯一的援军，他坐困愁城，毫无办法。此时他的母亲为了保护儿子，向昔班尼提出了一个建议：如果昔班尼愿意娶她为妻，并保留一块封地给自己的儿子，她便劝说儿子献出撒马尔罕城。昔班尼为了减少自己的损失，答应了条件，于是撒马尔罕无血开城。

撒马尔罕的陷落，标志着帖木儿帝国的灭亡，也昭示了昔班尼的正式崛起，他在撒马尔罕称汗，建立了乌兹别克汗国——昔班尼王朝。

不过，在英雄功业的背后，也有黑暗的故事。按说撒马尔罕主动开城，应该得到宽容和怀柔，但昔班尼却展现了常年养成的佣兵习气，纵容部下大肆劫掠，导致撒马尔罕“大多数乡村和城市……变成了草原和荒野……而悲哀的滚滚波涛和无数苦难的激流，把大部分定居居民沉没于普遍惊慌失措的旋涡之中。”[②]而更过分的是，他违背了自己许下的诺言，在

①米儿咱·马黑麻·海答儿著，新疆社会科学院民族研究所译：《中亚蒙兀儿史——拉失德史》（第一编），新疆人民出版社1983年版，第336页。
②加富罗夫著，肖之兴译：《中亚塔吉克史》，中国社会科学出版社1985年版，第325页。

昔班尼王朝疆域图

占领撒马尔罕三四天后，处死了帖木儿帝国末代君主阿里。

战争是暴力的，在古代世界的战争更是如此，所有让人们津津乐道的英雄，无不是踩着尸体血泊登上权力之巅。不过，战争是暴力而不仅是暴力，在可以不使用暴力的时候，真正的英雄并不迷恋于暴力。即使被后世称为灭国无数、杀人无数的成吉思汗，也从不对归降者滥施暴力，尤其是自己许下的诺言更不会违背。昔班尼的作为让他的英雄桂冠失色，可以说，若要排一个英雄谱，昔班尼是无法与成吉思汗、忽必烈比肩，与帖木儿相比也还略差一筹。所以他所取得的功业，也比前几位小得多。

占领了撒马尔罕和布哈拉，建立了自己的王朝的昔班尼，要开始自己的称霸之路了。他调转枪口，对准了自己的恩主马哈木汗。

虽然昔班尼这样做是恩将仇报，但毕竟与马哈木汗有杀父之仇，所以这样的背叛也算情有可原。这可怜希望昔班尼成为自己盾牌的马哈木汗，被反噬后毫无还手之力，眼看就要亡国毁身。

而这时，另一个英雄人物走了出来向昔班尼发起了挑战。他便是帖木儿帝国后裔、帖木儿的五世孙巴布尔。他的祖父是最后一个统一帖木儿帝国的卜撒因，父亲是卜撒因的次子乌马儿•舍黑，当年被册封在费尔干纳地区。如今费尔干纳已经被自己的家臣占据，巴布尔成了流浪者。但这位十九岁的王子却并没有沉沦，而是打算夺回被昔班尼占领的撒马尔罕。1500年晚秋，他率领为数不多的军队开到撒马尔罕城下。

此时乌兹别克军在撒马尔罕有近万人，但因为乌兹别克人都不喜欢住在城里，所以主力部队都在城郊驻扎，守城者只有五六百人。巴布尔率领仅有的240名战士，趁夜色潜入城中，唤起了沉睡中的居民。昔班尼汗纵容部下烧杀抢掠，早就激起了撒马尔罕居民的愤恨，如今见有正统的帖木儿帝国后王前来，居民们揭竿而起，配合巴布尔袭击乌兹别克军，城中的乌兹别克军人数很少，眨眼之间便被消灭。撒马尔罕又回到帖木儿后裔的手中。

刚建立了王朝就丢了首都，这让昔班尼汗大为恼怒，他立即率兵折返，准备夺回撒马尔罕。巴布尔不愿困守孤城，在得到马哈木汗支援的援军后，于1502年春率部在撒里普尔桥头（今中亚卡塔库尔干以东6.4公里处）迎击昔班尼汗。巴布尔的部队除了自己的少量嫡系外，都是招募的撒马尔罕人，他们对昔班尼汗充满仇恨，士气高昂。但马哈木汗派来的数千援军却是既无战意有无战力的疲沓之兵，战斗中迅速崩溃，而且抢夺友军财物马匹，牵动全军混乱。结果巴布尔大败亏输，只得退回撒马尔罕。

昔班尼汗率兵再次包围了撒马尔罕，巴布尔据称死守，双方相持了四个月之久。撒马尔罕城中缺粮，而大军包围之下又不能出城去收割已经成

巴布尔狩猎图

熟的麦子，城中发生饥荒，人们只能用桑树和榆树的叶子充饥喂马。昔班尼汗趁机提出议和，实在坚持不下去的巴布尔只得同意。但他知道昔班尼汗有违约的坏毛病，合约签订后，便带着母亲和少量亲信逃走了。

夺回了首都，昔班尼汗也算度过了自己王朝第一个危机。他改变了大肆劫掠的政策，安抚了撒马尔罕的居民，然后厉兵秣马，开始向巴布尔身后的靠山，东察合台汗国的马合木汗发起了全面进攻。

马合木汗已经郁闷到家，他援助昔班尼结果遭到反噬，援助巴布尔却又没能成事。现在面对昔班尼汗的大军进攻，无能的他只好向自己的大哥，早已自立门户的阿黑麻汗求援。

阿黑麻汗虽然也一直不满自己这个占据着正统地位的弟弟，但他知道唇亡齿寒的道理，如果任由昔班尼汗消灭马合木汗，那下一个遭殃的便是自己了。于是，他率军前来支援弟弟，上演了那个时代在中亚难得的兄弟相帮的剧目。

马合木汗见大哥前来帮忙，胆气大壮，于是也集合所有的部队，与大哥合兵一处，在阿黑昔城（今乌兹别克斯坦那曼干城）附近迎击昔班尼汗。

虽然两位察合台汗集中所能集合的15000军队，但昔班尼汗却有着三万大军，人数是对方的一倍。而且昔班尼汗利用对手是联军，协调不灵行动迟缓的弱点，急行军抢先到达战场。此时察合台两位汗的部队还没有展开阵势，仓促之间遭到昔班尼汗的进攻，战斗只进行了很短的时间，两位汗的军队便全部崩溃掉了。

两位可汗率残部仓皇撤退，阿黑麻汗回到了自己东部领土，而马合木汗则经此一战丢了自己的领土塔什干，只能带着部众扯到哥哥领地中的苟延残喘。

占领了塔什干并歼灭了两位东察合台汗的主力部队，昔班尼汗再无东顾之忧，可以放心的开始称霸中亚了。1503～1504年，他首先侵占希萨尔和包括昆都士在内的阿姆河南岸的大片土地，接着挥师北上，在历经10个月的包围之后攻陷花剌子模的首府乌尔根奇。1506年，昔班尼汗又趁统治赫拉特的帖木儿后王忽辛•拜哈拉去世，击败他的两个儿子，占领了巴尔赫城。1507年，昔班尼汗年攻入呼罗珊，几乎是不战而胜地取得了赫拉特。

至此，昔班尼汗占据了沙哈鲁时代所据有的全部帖木儿帝国领土，成了真正的中亚霸主，昔班尼王朝也达到了鼎盛。

第五节　魂断谋夫城

占领呼罗珊后，昔班尼汗停止了军事扩张，开始对自己的帝国进行治理。

常年的战乱，很多原本富庶的地区已经极为破败，昔班尼汗必须让经济重新恢复，否则自己的霸业是难以持久的。

首先，他利用乌兹别克人畜牧发达而各大城市纺织业发达的现状，让游牧经济与城市经济相得益彰。游牧民生产大量的毛、绒，可以十分便宜的给各大城市的纺织业提供原料，而各大城市则给游牧民提供所需的布匹、粮食以及各种日用品，这样一来，游牧民和定居居民的矛盾得以缓和，双方得利，而各大城市的纺织业也得以繁荣，丰富了税收。

同时，他制定了向商人们颁发“达罕”证书的制度。有了这种证书，商队便是“君主的仆人”，受君主保护，只要在昔班尼王朝境内，任何地方官和贵族领主都不得随意侵害，也不得任意征税。这项制度保证了商人的权益，使得一度衰退的商贸重新恢复，中亚地区又称为连接东西的商业枢纽。

更进一步的，昔班尼汗统一了货币，废除了原先各地割据者擅自发行的货币，而统一用自己铸造的新货币，以制造全国市场，保障货畅其流。

虽然昔班尼王朝有诸多不如意，但毕竟结束了多年战乱，各地统一在一个政权之下，中亚的百姓也可喘一口气了。而昔班尼汗在夺得赫拉特时已经56岁，算是迟暮之年了。他也希望自己能够在荣耀中寿终正寝。

可惜，事与愿违，中亚处在四战之地，很难真正享受长治久安。就在昔班尼汗占据赫拉特的时候，他已经与西方的一个强敌结下了梁子。

这个强敌便是伊朗的萨法维王朝。

在帖木儿帝国的一章中我们介绍过，伊朗在在帖木儿帝国开国大帝帖木儿死后，形成了土库曼人建立的黑羊王朝。后来在1468年土库曼另一支白羊部落灭亡了黑羊王朝，建立了白羊王朝。

白羊王朝的创始人是土库曼英雄乌尊•哈桑，这位强人在位时，白羊王朝稳定无虞，可随着乌尊•哈桑于1477年去世，其后继者也如帖木儿的后人一样，无休止的内讧纷争，几乎每次王位的交接都要伴随着战争。在一次次战争中，白羊王朝逐渐崩坏，伊朗出现了权力真空。

有真空自然要有人来填补，一支名叫“盖泽尔巴什”的军队趁势崛起。这支军队的前身本是一个宗教团体，名叫“萨法维”，是以伊斯兰什叶派的十二伊玛目派为教义，产生于阿塞拜疆的阿达比勒地区。这个团体的创始人名叫谢赫萨菲丁，这位大神级的人物将萨法维教团发展壮大，在小亚细亚、叙利亚和阿塞拜疆等地的许多土库曼部落纷纷加入。谢赫萨菲丁死后，教团的首脑便在他的子孙中世袭。

谢赫萨菲丁一直坚持教团的宗教属性，并没有军事和政治诉求。然而到谢赫•祝奈德为教长时（1447～1460年），萨法维组织的性质发生了重大转变。他成功的将其追随者组织成为一支富有战斗力的军队。每个战士都佩戴一种红帽，上饰有十二条流苏，代表十二伊玛目，他的军队因此得名“盖泽尔巴什”，意为红头军。这本是其敌人对萨法维战士的蔑称，但战士们却很快将其当作一种荣誉称号而引以为豪。从此，萨法维教团发展成为带有极端主义什叶派色彩的武装运动，其影响也日益扩大。

乌尊•哈桑在建立白羊王朝的过程中，便曾经倚重于萨法维教团的力量。祝奈德的儿子海达尔还娶了乌尊•

昔班尼王朝与萨法维王朝形势图

哈桑的女儿为妻，两家携手并肩，一起推翻了黑羊王朝。祝奈德死后，教主之位传给他的儿子海达尔。1487年，海达尔在反对巴库国王什尔凡沙赫的战争中被杀，萨法维教团便又传给其子伊斯麦尔执掌。

白羊王朝在乌尊•哈桑去世后陷入了无休止的内斗，伊斯麦尔看到了自己的机会，1499年，他率领忠实于己的七大土库曼部落军队发动征服战争，先击败了与自己有杀父之仇巴库国王什尔凡沙赫，占领了巴库。然后又在1501～1502年期间击溃了白羊王朝阿尔文德苏丹的军队，占有整个阿塞拜疆南部、伊朗中部和西部，结束了白羊王朝的统治，建立了萨法维王朝，定都大不里士，宣布什叶派十二伊玛目宗为国教。在征服伊朗中部以后，伊斯麦尔在西部、南部和东部继续扩张。1507年，占领亚美尼亚、库尔德斯坦。1508年，占领巴格达与阿拉伯的伊拉克。接着，挥师东进，征服了伊朗南部的胡泽斯坦，使之成为波斯与奥斯曼帝国之间的缓冲地带。

萨法维王朝是萨珊波斯帝国被阿拉伯帝国灭亡850年后，第一个由波斯人建立的统一的波斯国家。“萨法维王朝在几个世纪的外来统治和长期的政治分裂以后，在伊朗建立起一个强大而持久的政权”[①]，是今天伊朗国家的奠基者。

这是一个朝气蓬勃的帝国，伊斯麦尔作为波斯皇帝伊斯麦尔一世也是一个雄才大略的君主，而其崛起的时间与昔班尼汗的王朝是几乎同时的。两个军事强国同时崛起而又比邻而居，这本就必然会发生冲突，何况昔班尼汗占领赫拉特，已经威胁到了萨法维王朝的东境。而萨法维王朝疾风烈火般的伊朗统一战争，也给昔班尼王朝的西境制造了极大的压力。

1509年，认为应该先下手为强的昔班尼汗率兵取道卡维尔沙漠，袭击了萨法维王朝的克尔曼省，大肆抢劫。伊斯麦尔一世此时还不想和这个东部强敌决战，他修书一封以示交好。但昔班尼汗因为多年来战争顺风顺水，见到对手主动示弱，不但不给予同样友好的回应，反而派使者给伊斯麦尔一世送去了一副乞食的棍子和托钵，并在回信中讥讽说：“你已忘记你父的职业，这副东西就可使你想起来。”以此来嘲笑伊斯麦尔一世出身于伊斯兰托钵僧，不能和自己出身于成吉思汗黄金家族的高贵身份相比，完全不把这位波斯皇帝放在眼里。

作为王朝开创者，伊斯麦尔一世也不是甘于服软的人，最初的示好只是为了腾挪出整顿西部疆土的时间，见昔班尼汗如此咄咄逼人，他也只好

①[美]费希尔著，姚梓良译：《中东史》，商务印书馆年1979版，第186页。

伊斯麦尔一世

全力应战。1510年初，伊斯麦尔一世发动了反击，他率四万大军从阿塞拜疆出发，开往呼罗珊。

萨法维军队的反击是出乎昔班尼汗意料的，他原以为未经一战便至书修好的伊斯麦尔一世是没胆量与自己决战的。此时，他的兵力并不充足，因为昔班尼王朝是依靠河中地区的埃米尔和有影响的伯克们的军事力量。在征服的过程中，昔班尼汗把被征服地区的行政权委任给参与战争的埃米尔和伯克们，对于征战的军官们以赏赐土地作为回报。分封的好处是这些埃米尔和伯克可以因此效忠于汗室，但他们的军队并不能由昔班尼汗如臂使指，战争时间一长，各领主的军队便要返回自己的封地。此时，昔班尼汗的大部队已经散去，和他一起驻扎在呼罗珊的，只有其直属部队不到两万人。

听到萨法维军逼来的消息，昔班尼汗知道自己军力不足不能硬拼，于是一面率军撤退到谋夫城（今伊朗第二大城市马什哈德）中，一面派使臣到各地召集封臣率兵来援。

伊斯麦尔一世见昔班尼汗收兵守城，知道强攻损失太大，而要等昔班尼汗的封臣们率军来到，两军军力相当时再开战，自己则没有必胜的把握。于是，他使出诱敌之计，在谋夫城下驻扎一段时间后便撤退，而且故意显出队伍散乱，士气低迷的样子。

萨法维军退却的情报被哨探报告给了昔班尼汗，昔班尼汗本就瞧不起伊斯麦尔一世，见他未战先退，认为是怕了自己，感觉这是一举击溃敌军，解决西部威胁的良机。于是不听麾下将领等待援军到达后再出击的谏言，率主力出城追击。

萨法维军早已在乌兹别克军必经之地设下了埋伏，昔班尼汗的部队很快便陷入重重包围之中。乌兹别克军

反映昔班尼汗战败的图画

本就比萨法维军少了一半还多，又被打了个措手不及，顿时陷入全面的混乱，在萨法维红头军的碾压之下，乌兹别克战士纷纷倒毙，余下的开始溃退。

危机之中，昔班尼汗和麾下的将领们倒是展现了骑士风范，他们不肯逃走，在队伍的最后压阵，试图阻止溃逃的士兵，但是大势已去，昔班尼汗和将领们反而被萨法维军包围，经过殊死搏斗，昔班尼汗与自己五百名王子、将领、部落首领全部战死沙场。他自己的尸体被压在众多尸体之下，被找到时已经血肉模糊难以辨认。这样全体将帅战死的战例在历史上是不多见的，《拉失德史》的作者米儿咱•马黑麻•海答儿便在书中做出了这样的慨叹："（像这样）将帅全陨的激战，有史以来还从未听说过，载籍上也未曾见过"[①]。

谋夫城之战，让乌兹别克汗国——昔班尼王朝从辉煌跌落到谷底，汗廷直属部队损失殆尽，汗室成员折损大半，连汗王自己都殒命疆场。而伊斯麦尔一世也对这位曾羞辱过自己的对手大肆羞辱，下令将昔班

①米儿咱·马黑麻·海答儿著，新疆社会科学院民族研究所译：《中亚蒙兀儿史——拉失德史》（第二编），新疆人民出版社1983年版，第118页。

昔班尼汗陵墓

尼汗尸体肢解，以分送各地示众，其头皮被剥下来填满草送给奥斯曼帝国的苏丹。其头骨则镶上金银宝石，作为自己举行大型宴会时炫耀赫赫战功的摆设。从流浪儿到佣兵最后奋斗到中亚霸主的昔班尼汗，竟然在自己59岁时，用这么惨烈的方式结束了自己传奇的一生。

那么，遭到这样的重创，刚刚建立的昔班尼王朝，会不会就此一蹶不振，乃至分崩离析呢？

第六节　乌兹别克两汗国

一个以武力建立的王朝，如果在建立初期便遭受到战争的失败，那么往往会一夕之间分崩离析。谋夫城之败后的昔班尼王朝便遭遇了这样的危机，一度到了灭亡的边缘。

歼灭昔班尼汗的军队后，伊斯麦尔一世乘胜进军，先后占领了巴尔赫、赫拉特，并甚至连花剌子模地区也纳入自己的版图。那位帖木儿的五世孙巴布尔在上次占据撒马尔罕失败后，退到阿富汗建立了自己的王国，厉兵秣马随时准备收复祖先的土地。如今昔班尼王朝中衰，他立即与萨法维王朝暗通款曲，于1511年10月发兵北上，占领了撒马尔罕，复辟了帖木儿王朝。同时，巴布尔还扶持自己的表弟，察合台家族王子萨义德（与昔班尼汗会战的两位察合台汗之一阿黑麻汗的第三子）占据了费尔干纳，建立了察合台家族的政权。

巴布尔

昔班尼王朝汗王战死，丧城失地，连首都都丢了，而且三面受敌，离亡国只有一步之遥。所幸，虽然很多贵族随着昔班尼汗战死，但昔班尼家族仍有人才在世。昔班尼汗的儿子马黑麻•帖木儿被拥立为汗，但这位汗仅在位几天便死了。于是乌兹别克贵族们拥立了昔班尼家族最年长者，昔班尼汗的叔叔忽春赤继承了汗位。忽春赤汗仅是一个傀儡，汗国的实权是掌握在昔班尼汗的侄子他的从兄弟马合木之子奥贝杜拉手中的。奥贝杜拉是个极为厉害的人物，在他的主持下，昔班尼王朝开始从惨败中缓过劲儿来。

萨法维王朝是以伊斯兰教什叶派为国教，而中亚地区的穆斯林大多信奉伊斯兰教逊尼派。萨法维王朝在占领区强制推行什叶派，对逊尼派大肆镇压，处死了很多德高望重的大教长，这引起了中亚穆斯林的切齿痛恨。而巴布尔因为依靠萨法维王朝复辟，也不得不在自己的统治区域内推行什叶派，结果帖木儿后人的光环被教派之争冲淡，人民也不支持他。

这么一来，奥贝杜拉便有了机会，他首先集中兵力，强力打击威胁最大的巴布尔。巴布尔得不到百姓拥护，兵员补给都有困难，结果一战而败，撒马尔罕得而复失。巴布尔无奈，只得向萨法维王朝和表弟萨义德求援。

萨法维王朝当然不会坐视昔班尼王朝重新崛起，伊斯麦尔一世派财政大臣纳吉姆•萨尼率军六万支援巴布尔，而萨义德感念表兄恩德，也派出五千援军前来。三方联军无论从人数还是气势上都强过乌兹别克军，但奥贝杜拉并不惊慌，他派忽春赤汗的兄弟速赤云率七千军队先在塔什干击溃了萨义德的军队，而自己率乌兹别克军主力，前往迎战萨法维王朝与巴布尔联军。

萨法维王朝红头军

在速赤云击败萨义德的同时，萨法维军与巴布尔会合后来到了卡尔施城。巴布尔不想伤害卡尔施城的居民，建议绕道而行。但萨法维军的统帅纳吉姆•萨尼却不同意，率兵强攻卡尔施，攻陷城池后，进行了大屠杀，杀害老幼妇孺一万五千多人，连中亚著名诗人巴纳伊也在屠杀中殉难。萨法维军的暴行震惊了中亚，让各地百姓对伊朗人更为痛恨，而巴布尔也对纳吉姆•萨尼极为不满。

萨法维军屠戮卡尔施之后，又

开始围攻伽吉达坂堡（今乌兹别克斯坦的布哈拉州，距离克孜勒贴佩17公里）。因为有了卡尔施的教训，这里的乌兹别克军以必死的信念坚守。萨、巴联军围攻多日也不能破城，粮草即将耗尽，士气也十分低落。巴布尔建议暂时撤兵，可纳吉姆•萨尼仍是不予理睬。

正当萨、巴联军屯兵坚城之下无所作为之时，乌兹别克军已经在奥贝杜拉的带领下杀了过来。从背后猛攻联军。

1512年11月12日，双方在伽吉达坂堡展开决战。乌兹别克军占据先机，将战场设定在狭窄区域，并且占据四周的制高点。战斗一开始，乌兹别克军便“从每一个角落发箭，矢如雨下”，萨法维军多天来攻城不得，士气本就低落，遭到这样的打击顿时混乱起来。而巴布尔对纳吉姆•萨尼轻视自己和屠戮卡尔施的作为早就不满，战况一不利便主动撤退。不多时，萨法维军便“全军溃退，大部分人死在战场上”①，纳吉姆•萨尼和众多将领战死，巴布尔则率部退回到阿富汗去了。

一个国家可以因一场战争的失败而灭亡，也可以因一场战争的胜利而复兴，昔班尼王朝因为谋夫城战役之败几乎亡国，而又因为这场伽吉达坂战役的胜利翻过了身，度过了最黑暗的日子。萨法维王朝再不敢兴兵来犯，巴布尔放弃了恢复祖业的想法，南下去征服印度，连占据费尔干纳的萨义德也在巨大的压力下放弃了根据地，进入了“向阳地”，也就是今天新疆的喀什噶尔、英吉沙尔、叶尔羌、和田、阿克苏、乌什六城地区，建立了叶尔羌汗国。乌兹别克人在中亚彻底站住脚了。

而就在奥贝杜拉取得了辉煌胜利之时，花剌子模地区也发生了重大变化。这里处于阿姆河下游，北临咸海，东连克孜勒库姆沙漠，南接卡拉库姆沙漠，西边则是咸海和里海之间荒凉的乌斯秋尔特高原，这种地理上造就的相对闭塞使这块地区在历史上往往处于独立的状态。在昔班尼汗时代，花剌子模地区是乌兹别克汗国的领地，昔班尼汗战死后，被萨法维王朝吞并。这里的居民也都是逊尼派教徒，不满于伊朗人推行什叶派。趁着萨法维军在伽吉达坂大败的机会，这里的居民驱逐了萨法维军，从钦察草原请来一位成吉思汗的后裔伊勒巴斯，拥立他为汗。

伊勒巴斯也是蓝帐汗国后裔，与昔班尼同宗，因此他的称汗建国，仍

①米儿咱·马黑麻·海答儿著，新疆社会科学院民族研究所译：《中亚蒙兀儿史——拉失德史》（第二编），新疆人民出版社1983年版，第155页。

今天的希瓦城

是乌兹别克汗国的复辟。这个汗国的首都先在乌尔根奇，后来迁到希瓦，因此被称为希瓦汗国。

从此，乌兹别克汗国便分为了以希瓦为首都的希瓦汗国和以撒马尔罕为首都的昔班尼王朝两个国家。

忽春赤汗当了20年的傀儡可汗，于1530年去世。忽春赤汗去世后，他的长子阿不•赛德即位，但仍是傀儡，实权仍掌握在奥贝杜拉手中。1533年，阿不•赛德汗去世，奥贝杜拉终于不再满足于幕后操控，自己登基为汗。他统治到1540年。

从1510年到1540年，整整30年时间，昔班尼王朝都是在奥贝杜拉的统治之下。这位昔班尼家族的杰出人物让王朝十分强盛，先后五次进攻萨法维王朝，一度占领了谋夫城、赫拉特城，让萨法维王朝甚为头疼。奥贝杜拉治下，昔班尼王朝不但军力强盛，文化也很发达。奥贝杜拉本人就是一个多才多艺的人，他能写七种不同的书法，爱好诗歌。藏有突厥、阿拉伯和波斯各国诗人的诗集。精通音律，他的若干歌谱被乐师歌唱。他在世时，首都布哈拉成了文艺和学术的中心，可以和忽辛•拜哈拉时代的赫拉特相媲美。

因为奥贝杜拉的封地是在布哈拉，所以在他成为可汗后，便把首都从撒马尔罕迁到了布哈拉，撒马尔罕终于不再是中亚的中心，这座名城也开始一步步衰落下去。从奥贝杜拉开始，人们称昔班尼王朝为布哈拉汗国。

而在奥贝杜拉汗去世后，布哈拉汗国陷入内乱，王族内部分成两大派系互相攻略。一派是忽春赤汗的后裔，以阿卜杜拉一世和阿卜杜•剌迪甫为首，以撒马尔罕为中心；另一派是

布哈拉汗国贵族服饰

昔班尼汗的后裔，以奥贝杜拉的儿子阿卜杜·阿齐兹为首，以布哈拉为中心。量大派系你争我夺，互不相让。

布哈拉汗国内斗不息，希瓦汗国也好不到哪去。伊勒巴斯被拥立为汗后，希瓦汗国也曾强盛一时，不但统治者花剌子模地区，连呼罗珊北部也被纳入版图，并战胜过萨法维王朝。但在伊勒巴斯汗死后，子侄们争位内讧，互相残酷杀戮。

乌兹别克人所建立的两大汗国都陷入内战，总需要有人收拾残局，于是，昔班尼家族最后一位英雄阿卜杜拉二世横空出世了。

第七节 阿卜杜拉二世的中兴

阿卜杜拉二世出身于昔班尼家族旁支，他的祖父是昔班尼汗的堂弟札尼别。札尼别在昔班尼汗在位时曾担任费尔干纳地区的监治官，昔班尼汗去世后，札尼别家族世袭领有巴里黑、渴石城等地。阿卜杜拉二世出生于1534年，因为在他之前，有一位阿卜杜拉，所以被后世称为阿卜杜拉二世。他幼年时，札尼别家族的掌门人是他的叔叔皮儿•穆罕默德，他的父亲亦思干答儿则控制着卡尔施等地。

阿卜杜拉二世6岁的时候，汗国的奥贝杜拉汗去世，布哈拉汗国便陷入各大贵族的内讧，年幼的阿卜杜拉二世便是在动荡和战乱中度过自己的童年。虽然童年与幸福无缘，却也让他早熟，养成了沉稳多谋的性格。

阿卜杜拉二世的父亲亦思干答儿不是一个合格的统治者，在内战中无所作为。阿卜杜拉二世不得不在很年轻的时候便肩负起家族的重担，代替父亲东挡西杀，与各割据势力作战。1552年，当他18岁的时候，他彻底独当一面，成为乱世群雄之一。

阿卜杜拉二世雕像

此时的布哈拉汗国，各大势力犬牙交错。忽春赤汗的孙子速檀•赛德占据着撒马尔罕，奥贝杜拉汗的孙子布尔甘占据着布哈拉，阿卜杜拉二世的叔叔皮儿•穆罕默德占据着巴里黑，名义上的可汗纳乌鲁孜占据着塔什干，阿卜杜拉二世的父亲驻守渴石城，而他自己则驻扎在卡尔施。

1552年，名义上的可汗纳乌鲁孜征集军队准备夺取撒马尔罕。阿卜杜拉二世知道如果撒马尔罕被纳乌鲁孜夺取，自己家族的领地也会遭到威胁，于是联合自己的叔叔皮儿•穆罕默德，叔侄二人一举击退了纳乌鲁孜。这是他第一次崭露头角。

次年，不甘心失败的纳乌鲁孜再次出兵撒马尔罕，这一次因为皮儿•穆罕默德没有出兵，撒马尔罕被纳乌鲁孜夺取。而这位可汗乘胜进兵，又占据了渴石城和卡尔施城，阿卜杜拉二世和自己的父亲只好都去投奔自己的叔叔皮儿•穆罕默德，在巴里黑休养生息。

纳乌鲁孜占据了撒马尔罕、渴石城和卡尔施城后，雄心暴涨，打算一举统一全国。于是在1554年又向着布哈拉进军。布哈拉的统治者布尔甘向阿卜杜拉二世求援。阿卜杜拉二世率三千军队往援，在阿姆河上的法腊布地方，遭遇到了纳乌鲁孜所部的二万二千大军。

此时纳乌鲁孜并不在军中，领军的是曾经撒马尔罕的统治者速檀•赛德，他被纳乌鲁孜夺了领地，违心服从，所率的又不是自己的部队，因此既无战心又无战法，被阿卜杜拉二世打得大败。

击败纳乌鲁孜的军队后，阿卜杜拉二世和布尔甘便结成了同盟。但布尔甘也是个无能的统治者，1555年布哈拉爆发了叛乱，把布尔甘驱逐了出去。叛乱者邀请阿卜杜拉二世前来做统治者，可正当阿卜杜拉二世打算接下这个天上掉下来的馅饼时，布尔甘却请来了纳乌鲁孜平定了叛乱，布哈拉也交给了纳乌鲁孜。阿卜杜拉二世不得不退走。

在与纳乌鲁孜的较量中，阿卜杜拉二世总是处于下风，有这么一位强人在世，他真是难有出头之日。而成大事的人总是有些运气，纳乌鲁孜这位几乎统一了汗国的可汗没能坚持到底，很快生活腐化，最后于1556年酒池肉林中病死。

纳乌鲁孜一死，阿卜杜拉二世的好日子终于来了。他的叔叔皮儿•穆罕默德因为是昔班尼家族最年长者，在纳乌鲁孜死后被众贵族推举为汗。但着位汗也不过是名义上的，所能控制的不过是自己的领地巴里黑。阿卜杜拉二世于是凭借自己是汗的侄子的身份，与伊斯兰教团结盟，利用世俗和

宗教权威大肆扩张，将一个个城市纳入自己的控制之下。到1559年，他已经控制了布哈拉、渴石城、克尔米纳等地，成为乌兹别克贵族中势力最强大的。

既然势力最大，阿卜杜剌二世便不再安心于辅佐叔叔了。但若是公开叛乱弑君，会造成新一轮的内战，这是他不愿意看到的。于是，他与教团密谋，导演了一场逼宫戏。

1560年，阿卜杜拉二世宣布，自己将西征呼罗珊，与萨法维王朝较量。为了用兵方便，他希望和叔叔皮儿•穆罕默德签订一个协议，用自己领地的布哈拉交换皮儿•穆罕默德的领地巴里黑，因为巴里黑靠近呼罗珊。

这个要求对皮儿•穆罕默德来说是无法拒绝的，毕竟布哈拉是从奥贝杜拉时代便是汗国的首都，住在那里更彰显正统性。而且让阿卜杜拉二世去和萨法维王朝作战，自己还可以坐山观虎斗，于是，他很爽快的签订了协议。

阿卜杜拉二世顺利地接管了巴里黑，可当皮儿•穆罕默德带着家眷侍卫前往接受布哈拉时，城中的伊斯兰教团却闭门不纳。而且宣称，宗教界只拥护阿卜杜拉二世，不欢迎皮儿•穆罕默德。

这下皮儿•穆罕默德成了丧家之犬，根据地没有了，宗教界公开无视他的可汗身份，就连武力对抗都无所凭依。阿卜杜拉二世趁机出面，召集贵族和宗教领袖，于1561年废黜皮儿•穆罕默德的汗位，扶持自己的父亲亦思干答儿为汗，自己执掌大权。

亦思干答儿本就是无能之辈，由儿子掌权正遂其愿，于是从这一年开始，布哈拉汗国正式进入了阿卜杜拉二世时代。

阿卜杜拉二世执掌大权之后，所要进行的首要任务便是完成内部的统一。在纳乌鲁孜死后，他的儿子巴巴•速檀占据了家族领地塔什干自成一体，不承认皮儿•穆罕默德的汗位，现在也继续对阿卜杜拉二世嗤之以鼻。在1567年更是攻陷了撒马尔罕，杀死了这里的监治官。阿卜杜拉二世率兵讨伐，在一个名叫吉兰•乌提的山隘将巴巴•速檀打败。但巴巴•速檀联合了哈萨克汗国，继续与阿卜杜剌二世对抗，经过多年战争，到1582年，阿卜杜拉二世终于彻底击败巴巴•速檀，将塔什干地区纳入自己的统治。

在建立自己至高无上君权的同时，阿卜杜拉二世开始全面扩张的行动。此时，伊朗的萨法维王朝也进入了动荡期，在第一任皇帝伊斯麦尔一世、第二任皇帝塔赫马斯普一世先后去世后，国家出现动荡，与奥斯曼帝国的战争失败，丢失大量领土。阿卜杜拉二世审时度势，立即出兵呼罗珊。1587年，阿卜杜拉二世经过九个月的围攻之后，夺占了赫拉特，并攻破了呼罗珊的东北部，掳走大量人口和财物。

此时萨法维王朝的皇帝是阿巴斯一世，这位日后被称为萨非王朝中兴之主的皇帝知道自己无力同时对付东西两线的敌人，便决定争取莫卧儿皇帝和莫斯科沙皇的援助，希望莫卧儿帝国牵制布哈拉汗国，俄罗斯帝国牵制奥斯曼帝国。

但是，阿卜杜拉二世技高一筹，率先与莫卧儿皇帝阿克巴签订了协议，使得印度方面并没有响应波斯的要求。这么一来，便没有人牵制布哈拉汗国，阿卜杜拉二世派遣自己的儿子阿卜杜勒•穆明作为先锋全面扫荡呼罗珊，先后攻陷谋夫城、尼沙布尔、萨布扎瓦尔、伊斯法拉因等城市，恢复了昔班尼汗时代乌兹别克汗国对呼罗珊的统治。为了报复当年伊斯麦尔一世对昔班尼汗遗体的侮辱，阿卜杜拉二世将塔赫马斯普一世皇帝的尸体从坟墓中挖出来，焚尸扬灰。

阿巴斯一世

虽然不久阿巴斯一世用大量土地的代价换得了和奥斯曼帝国的和约，率兵东进一度收复了不少城市，但在阿卜杜拉二世的进攻下，这些城市又很快失去。终阿卜杜拉二世在世期间，呼罗珊地区在更多的时间里基本处于乌兹别克人的控制之下。

控制呼罗珊后，阿卜杜拉二世更开始统一整个乌兹别克人的事业，出兵希瓦汗国。希瓦汗国自从伊勒巴斯死后，一直没能从内讧中挣脱出来，面对布哈拉汗国的大军，哪有还手之力。1594年，阿卜杜拉二世占领希瓦汗国首都希瓦城以及各大城市，派驻

了官员，此时在位的希瓦汗哈吉姆汗逃到萨法维王朝避难。

至此，阿卜杜拉二世恢复了昔班尼王朝极盛时期的版图，四周的邻居，要么被击败，如萨法维王朝、哈萨克汗国；要么成为盟友，如莫卧儿帝国，乌兹别克——昔班尼家族再次成了中亚霸主。

对外扩张功勋赫赫的同时，阿卜杜拉二世在内政上也卓有作为。他采取了一系列措施恢复和改善战争破坏造成的局面，进行货币改革，改善灌溉系统，从事公共建筑。至今在民间传说中中亚一些著名建筑物的遗迹还同他的名字联在一起。

不过，阿卜杜拉二世的统一和他之前的帖木儿、昔班尼一样，都只是武力强盛的结果，他的帝国并没有长时间的统一的基础，表面的疆域广阔只是暂时掩盖了重新分裂的隐患而已。

在阿卜杜拉二世晚年，他陷入到了和儿子阿卜杜勒•穆明争夺权力的漩涡无法自拔。阿卜杜勒•穆明是阿卜杜拉二世的独子，他骁勇善战，是父亲得力的助手。阿卜杜拉二世也对他寄予厚望，不但将巴里黑赐给他为封地，让他负责呼罗珊的经略，而且还允许他使用“汗”号。按说，阿卜杜勒•穆明就可以安心等着父亲去世，自己在毫无竞争者的情况下即位就可以了。但是，因为中亚地区割地自雄，争权夺利的传统作祟，阿卜杜勒•穆明就是不愿意安心等继位，而在父亲生前便想着扩大权柄。父子二人终于反目，多次发生流血冲突。

内忧必遭外侮。阿卜杜拉二世父子相残，让周边的敌人们找到了报仇的机会。西边的萨法维王朝皇帝阿巴斯一世开始进攻呼罗珊，北边的哈萨克汗国南下频频骚扰，而强盛一时的乌兹别克军团因为父子之争而无法做出有效抵抗。

儿子与自己反目，被自己打败的敌人们又群起相攻。阿卜杜拉二世心力交瘁，终于在忧虑中一病不起，于1597年年底去世，享年63岁。

阿卜杜拉二世前脚归天，不过月余，萨法维皇帝阿巴斯一世便收复了谋夫城、赫拉特等城市，将乌兹别克军赶出了呼罗珊。而到1598年，希瓦汗国流亡可汗哈吉姆汗在萨法维王朝的支持下回到故土，驱逐了阿卜杜拉二世派驻在各地的官员，恢复了希瓦汗国。而哈萨克汗国则南下，占领了塔什干、安集延、阿黑昔等地。

阿卜杜拉二世英雄一世，虽然晚年不幸，但毕竟没有看到自己毕生功业毁于一旦。这也算是不幸中的大幸吧。

第八节 之后的故事

阿卜杜勒•穆明终于在父亲死后登上了可汗的宝座，但因为他的任性妄为，此时父亲的功业已经毁损大半，呼罗珊重归萨法维王朝，希瓦汗国复国，哈萨克汗国攻城略地。

虽然困难很多，但阿卜杜勒•穆明是合法性毫无问题的可汗，而且没有竞争者，加之他也算得很有能力的人。只要他卧薪尝胆，知耻后勇，未尝不能重振父亲的基业。可惜，这

阿卜杜拉二世之后的布哈拉汗国与希瓦汗国

位新可汗所着意的不是对外，而是对内。因为在父亲生前他多次与父亲刀兵相见，所以非常敌视父亲的旧臣。成为可汗后，他大施淫威，对父亲的老臣大肆杀戮，弄得人人自危。

既然在你的治下不能保全性命，人们就只好铤而走险。1598年7月的一天，因为天气炎热，阿卜杜勒•穆明为了避暑夜晚出城，结果在一处山隘遭到杀手伏击，被弓箭射杀身亡。这位原本前途无量的可汗，在位仅六个多月。

唯一的没有争议的可汗死了，布哈拉汗国再次陷入内斗当中，而这一次，结束内斗夺得可汗宝座的，却不再是昔班尼家族的成员了。

原来，蒙古四大汗国之一的金帐汗国崩溃后，产生了几个小汗国，有喀山汗国、阿斯特拉罕汗国、克里米亚汗国等。这些小汗国很快便遭到了崛起为军事强国的俄罗斯帝国的侵攻，先后灭亡。1554年，当俄罗斯人吞并阿斯特拉罕汗国时，汗国一个王子雅尔•穆罕默德和他的儿子扎尼伯南下逃难，到布哈拉汗国请求庇护。他们被阿卜杜拉二世的父亲亦思干答儿收留。阿斯特拉罕汗室是术赤长子斡儿达后裔，而昔班尼家族则是术赤五子昔班后裔，两家本有亲缘。亦思干答儿格外看重这对父子，与他们联姻，将女儿嫁给扎尼伯，扎尼伯于是便成了阿卜杜拉二世的姐夫。

雅尔•穆罕默德和扎尼伯父子深受亦思干答儿、阿卜杜拉二世的赏识和重用，在阿卜杜拉二世对外扩张的战争中立有大功，因此被赐予封地，成为朝中实力派。

阿卜杜勒•穆明死后，因为他没有子嗣，一些贵族拥立阿卜杜拉二世的族弟匹儿•穆罕默德为汗。然而，匹儿•穆罕默德只是阿卜杜拉二世的疏族，合法性并不充分，因此统治很不稳固。而这时，扎尼伯的几个儿子巴基•穆罕默德、定•穆罕默德、瓦里•穆罕默德都已经是一方诸侯，其家族在汗国内实力最大，他们借口匹儿•穆罕默德无力恢复被敌国侵占的土地，于1599年掀起反旗，攻入首都将其杀死，巴基•穆罕默德自立为汗。

至此，昔班尼汗建立的昔班尼王朝经历了99年的风雨，终于灭亡，布哈拉汗国进入了阿斯特拉罕王朝的时代。

阿斯特拉罕王朝始于1599年，止于1785年，经历12位汗，存世186年。这个王朝诸汗之中，伊玛姆•库利和苏不汗•库利（1680～1702年）是两位较有作为的君主，其在位期间，整个汗国出现了难得的恢复。但在苏不汗•库利之后，汗国便遭到邻国的侵攻。在西方，萨法维王朝被赞德王朝取代，赞德王朝的皇帝纳迪尔沙大举侵入布

伊朗赞德王朝皇帝纳迪尔沙

哈拉汗国，在北面，汗国内的曼格特部落首领哈希姆联合哈萨克汗国大肆破坏，将撒马尔罕几乎变成荒漠。阿斯特拉罕王朝无力解决这内忧外患，只能一面接受哈希姆控制汗廷，一面向赞德王朝臣服。

1747年，赞德王朝皇帝纳迪尔沙为部下所杀，布哈拉汗国摆脱了其控制，但哈希姆很快成了汗国的新的统治者。1753年，在布哈拉贵族和宗教界的支持下，哈希姆宣布自己为埃米尔，阿斯特拉罕王朝终结。布哈拉汗国进入了曼格特王朝时期。

曼格特王朝是布哈拉汗国最后一个王朝，也是最衰弱的一个王朝，王朝的统治者不再称汗，而以埃米尔为尊号。君主的权威衰弱不振，封建割据难以消除，汗国疆域急剧缩小，

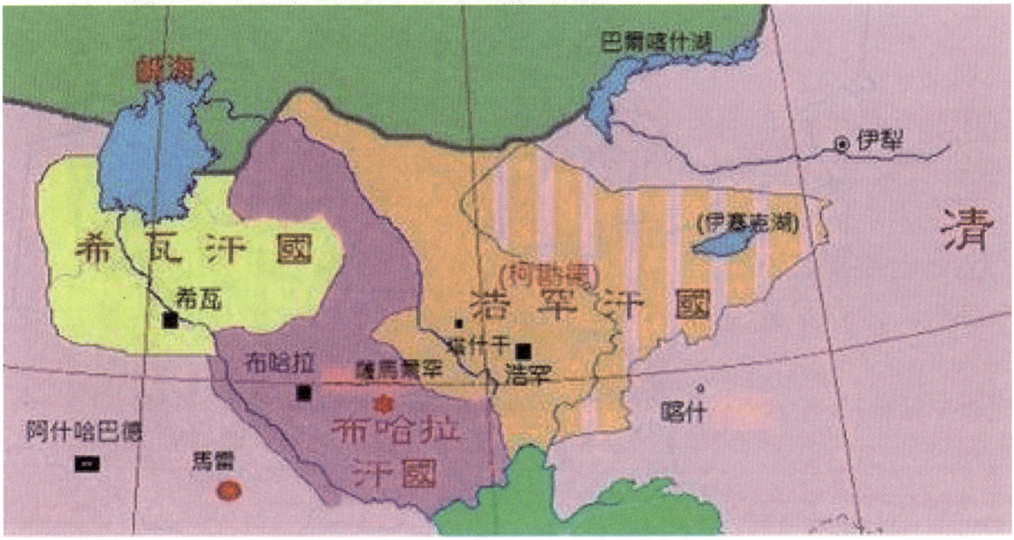

浩罕汗国建立后乌兹别克三汗国形势图

费尔干纳盆地和沙赫里夏勃兹先后独立。尤其是在费尔干纳，自1759年崛起了浩罕汗国，让布哈拉汗国几乎丧失了一半的土地。

在风雨飘摇中，曼格特王朝坚持到了20世纪。1866 年，曼格特王朝被迫沦为俄罗斯的保护国，1920年，王朝最后一位汗被苏维埃政权废黜，王朝灭亡，布哈拉汗国的历史至此终结。

而与布哈拉汗国并立的另一个乌兹别克人国家希瓦汗国，其后来的历史走向与布哈拉汗国殊途同归。

1678年，希瓦汗国陷入严重的政治危机。由伊勒巴斯汗建立的王朝在这一年绝嗣。汗国大权控制在部落贵族代表“伊纳克”（相当于首相）手中。他们常从草原上找来所谓的成吉思汗后代为傀儡扶上汗位，随意废立、篡夺和杀戮。汗位更换频繁，故当时布哈拉史学家阿布•克里姆称之为“汗的游戏”。

1740年，伊朗赞德王朝纳迪尔沙皇帝入侵希瓦，希瓦人进行了顽强的抵抗，付出了大量贵族战死的代价后，总算保住了国家没有沦为臣属。赞德王朝势力退出后，汗国的无秩序状况仍在继续。当权的伊纳克多出自乌兹别克显贵部落弘吉剌部落。1763年至1790年，弘吉剌首领穆罕默德•阿明成为伊纳克，这是一位“贤相”，致力于国家的振兴，兴

希瓦汗国男子服饰

修水利，发展农业，保持国家的相对稳定，使希瓦汗国渐趋繁荣。在其孙子艾勒塔札尔时期，最终废除了傀儡汗，自立为汗。希瓦汗国至此有了一个世袭王朝——弘吉剌王朝。

希瓦汗国的弘吉剌王朝与布哈拉汗国的曼格特王朝不同，并没有衰弱不振，而是积极进取。1806至1825年，希瓦汗国在穆罕默德•热依木统治时期进行了一些改革。在政治上着重加强王权，打击部落贵族的势力，在经济上兴修水利，发展农业。对外，则积极扩张领土。进攻土库曼人、哈萨克人，并和布哈拉汗国、伊朗的恺加王朝开战。他的后继者们继承他的内外政策，在19世纪前半叶，希瓦汗国一直保持着地区强国的声势。

但是，19世纪已经是“三千年未有之变局”的时代，希瓦汗国汗王们的努力在时代的狂风暴雨中就如一个破败的渔船上的舵手无助的掌稳舵，终究不能阻止渔船倾覆。

俄罗斯在征服布哈拉汗国后，很快便将矛头对准了希瓦汗国。1869年11月，俄军在里海东岸的江水湾建立克拉斯诺沃兹克要塞，希瓦汗国处于俄国高加索、奥伦堡和突厥斯坦三面包围之中。1873年春，俄军兵分三路进攻希瓦，5月底攻人希瓦城，希瓦人被迫投降。1873年8月12日，俄国代表考夫曼同希瓦汗国的穆罕默德•拉希姆汗签订了《俄国希瓦和约》。希瓦汗国成为俄国保护国。

1920年2月2日，希瓦汗国的最后一位汗被苏维埃政权推翻，希瓦汗国灭亡。

布哈拉、希瓦两个乌兹别克人建立的汗国都在1920年灭亡，但其实他们早已在俄国的控制下不再是独立的国家了。至于那个从布哈拉汗国分裂出来的浩罕汗

布哈拉汗国末代可汗塞耶德·穆罕默德·阿米尔

1910年俄属希瓦汗国可汗迪亚·朱尔吉·巴哈杜尔

国，更是早在1876年便被俄国用武力灭亡。乌兹别克人全体在俄国的控制下长达一个多世纪。

1924年10月，苏联将原布哈拉汗国的一部分和希瓦汗国的一部分以及浩罕汗国部分领土合并，成立乌兹别克苏维埃社会主义共和国，并加入苏联。直到1991年苏联解体，乌兹别克才复国，成立乌兹别克斯坦共和国。

虽然看似乌兹别克汗国——昔班尼王朝的历史不如蒙古帝国、帖木儿帝国那么波澜壮阔，但是，昔班尼汗建立的王朝以及衍生出来的布哈拉、希瓦两汗国，其领土以今乌兹别克斯坦为中心,基本囊括了整个中亚地区。他们在这片土地上深深扎下了根，产生了乌兹别克民族。其政治、经济、文化对中亚各民族产生了深刻的影响。是中亚各国、各民族一个重要的历史时期。

而在历史上有过无数帝国崛起，无数民族执掌的河中地区，终于在昔班尼之后不再更换主人，永远地成了乌兹别克人的故乡。

第四章　不羁的灵魂——西伯利亚汗国

公元1357年，是元朝的至正十七年，此时的大元王朝已经烽烟遍地，干戈不息，曾经傲视天下的大元官军此时已经崩溃，躲在大都城中的元惠宗妥懽帖睦尔只能在一帮靠募兵起家的军阀保护下勉强维持统治。可已经摇摇欲坠的朝堂中，“帝党”与“太子党”的党争还在愈演愈烈，将早已气息奄奄的朝廷折腾得支离破碎。

而就在同一年，身处欧亚大陆交汇处，名义是元朝藩属，但早已自行其是的金帐汗国，却迎来了自建国以来最辉煌的胜利。从1312年第九任金帐汗月即别即位开始，金帐汗国便进入到国力鼎盛的繁荣期，到如今繁荣已经持续了四十五年，而继承月即别汗的扎尼别汗，更是将父亲的功业发扬光大，在这一年灭亡了已经分崩离析名存实亡的伊儿汗国，完成了历代金帐汗都未能达成的目标。

可是，所谓水满则溢，月盈则亏。当最辉煌的时刻到来的时候，也就要迎来黯淡了。札尼别在灭亡伊儿汗国回军途中病重，他的儿子别儿迪别却发动政变，弑杀了他，并在即位后一连杀掉了自己十二个兄弟。

随着别儿迪别的屠刀挥处血迹斑斑，金帐汗国也不可避免的陷入不断的内耗之中，走向了分裂灭亡的不归路。

第一节 金帐汗国的分裂

今天的乌兹别克斯坦共和国的乌兹别克人，是金帐汗国后裔进入中亚后与诸多其他民族结合所形成的民族。为了彰显自己祖先的荣耀，他们以金帐汗国最强盛期可汗月即别（又名乌兹别克）的名字为自己的族名。在他们之中，长久流传着一句谚语——“别儿迪别汗之后，骆驼的脖子被砍断了”。[①]

这句谚语的意思是，那个曾经强大的金帐汗国从别儿迪别汗开始走向了衰亡，也从别儿迪别汗之后，由拔都（成吉思汗长子术赤的次子，金帐汗国的开国汗王）传承下来的汗统不复存在。

别儿迪别汗在位的两年中，汗国一直处于动荡之中，而他自己根本无力恢复秩序。1359年，别儿迪别汗被自己的兄弟忽里纳所杀。而忽里纳也不过在位两年，便又被自己的兄弟纳兀鲁思所杀。比起两个哥哥，纳兀鲁思更为凄惨，才坐了不到一年可汗，便也死于非命。

从1360年到1380年的20年中，术

金帐汗国与白帐汗国分布图

①阿布尔伽齐：《统治钦察草原的术赤汗后裔》，《蒙古学资料与情报》，1992年3期。

赤的后裔们不厌其烦地自相残杀，先后有十四位可汗相继登台，却没有一个可汗能最终稳定国家，恢复统一。逐渐，金帐汗国形成了东西两大势力，占据西部的，是别儿迪别汗的女婿马买，这位权臣先后拥立三位傀儡金帐汗，大权独揽。而占据东方的，是原本金帐汗国藩属国的白帐汗国。白帐汗国是拔都长兄斡儿达的封国，当年斡儿达因为看到拔都能力出众，众望所归，让位给拔都，如今拔都一系衰微，白帐汗国自然认为自己有资格来统治整个金帐汗国。

两大势力互相攻伐，都认为自己代表金帐汗国的正统。而就在他们无休止的内讧导致国家日益衰落之际，曾经是金帐汗国最恭顺的罗斯诸城邦却在莫斯科公国的整合下逐渐向着统一和强大发展，便开始准备摆脱金帐汗国的控制。

罗斯诸城邦便是今天俄罗斯的前身。1235年，蒙古帝国第二任大汗窝阔台派遣拔都为统帅，发动了蒙古帝国的第二次西征，目标直指欧洲。而正挡在欧亚大陆交汇处的罗斯诸城邦首先中枪，在蒙古大军的打击下迅速败亡，后来成为金帐汗国的藩属。

在金帐汗国强盛之时，罗斯诸城邦只能老老实实的缴纳贡赋，然后由金帐汗任命各城邦中的一个册封为“弗拉基米尔既全罗斯大公”，作为全罗斯的统治者。这种册封原本是金帐汗用来控制诸城邦的手段，但时间一久，便被一个公国钻了空子。

这个公国便是莫斯科公国，是金帐汗册封的第一个“全罗斯大公”亚历山大•涅夫斯基的小儿子丹尼尔的封国。从丹尼尔开始，莫斯科公国历经伊凡一世、谢苗一世、伊凡二世、德米特里四任大公，已经成为罗斯诸城邦中最强大的一个。而且通过贿赂金帐汗，一连几代垄断了“全罗斯大公”的册封，已经隐隐然成为全罗斯的真正统治者。

1380年，莫斯科公国大公德米特里，在顿河边的库里科沃平原大败有着优势兵力的金帐汗国西部统治者马买，导致马买势力大衰，被东部统治者白帐汗国的脱脱迷失汗打败，金帐汗国在脱脱迷失汗手中恢复了统一。

脱脱迷失汗统一金帐汗国后，对莫斯科公国进行了强力打击，攻陷并烧毁了莫斯科城。德米特里及其祖先几代人的努力几乎化为泡影。而就在罗斯诸城邦以为局势不再可能出现转机的时候，又一股势力的介入，让金帐汗国再次衰落，并从此万劫不复。

原来，这脱脱迷失汗是白帐汗国的王子，他的父亲因得罪了在位的兀鲁斯汗而被杀，他逃亡到中亚帖木儿帝国，受到帖木儿帝国开国大帝帖木儿的照顾，给他物资兵马，助他返回

祖国争位。经过多年努力，脱脱迷失终于击败了兀鲁斯汗的后裔，成为白帐汗国可汗，之后又击败马买，统一了金帐汗国。

然而，在统一金帐汗国后，脱脱迷失汗与帖木儿这对盟友之间便爆发矛盾了，帖木儿帝国此时处于上升阶段，四处攻城略地，以欧亚霸主自许，而金帐汗国恢复统一后，也是欧亚之间一大强国，两强并立，只能大打出手。

于是，在1391年和1395年，帖木儿和脱脱迷失在浑度儿查河(今天俄罗斯古比雪夫州)、帖列克河（今俄罗斯北高加索东部河流）进行了两场大会战，双方都投入数十万主力，都是赌上国运而战。最终，脱脱迷失汗棋差一招，被帖木儿击败，所有军团损失殆尽，而帖木儿又趁势对金帐汗国核心区域进行了彻底的破坏，金帐汗国自此彻底退出强国之林。

之后，金帐汗国便一步步陷入沉沦，42年后，金帐汗国彻底分裂。从1437年开始，先后有喀山汗国、阿斯特拉罕汗国、诺盖汗国、克里米亚汗国、西伯利亚汗国出现。1502年，最后一任金帐汗被克里米亚汗国杀死，金帐汗国宣布灭亡。

金帐汗国灭亡后，脱胎于它的子国们并没有马上弱不禁风，喀山汗国、克里木汗国和诺盖汗国多次结盟对俄罗斯用兵，1504年甚至包围了莫斯科。之后，喀山汗国、克里木汗国先后臣服于奥斯曼土耳其帝国，有了大树依靠，更是对俄罗斯威胁重重。

而随着俄罗斯最终实现了统一，尤其是一代雄主伊凡四世的即位，各汗国的噩梦开始了。俄罗斯帝国强势崛起，疯狂扩张，将自己曾经的主宰一个个踩在脚下。

而让人吃惊的是，在金帐汗国灭亡后分裂出来的几个实力强大的汗国在俄罗斯的进攻下或一战而亡或被迫臣服之后，最让俄罗斯头痛的竟然是一个人口不足二十万，作战青壮年不足三万人的小国。

这就是西伯利亚汗国。

第二节　小国寡民

在从金帐汗国分裂出来的国家中，西伯利亚汗国是典型的“老少边穷”。

它的领地是乌拉尔山以东至鄂毕河间的中下游地区，向北直到北冰洋边，统治中心在额尔齐斯河及其支流博托尔河。这里的环境10世纪时便被描述为“南为额尔齐斯河及也的里河，西为钦察人的一些地方和北方无人地区的某些地方……北部位于人类不能生活的北方”①。

而除了为数不多的占统治地位的

西伯利亚汗国疆域图

①王治来，周锡娟译，10世纪末年波斯文著作《世界境域志》，第63页。

蒙古人外，西伯利亚汗国的主要居民包括突厥人的萨贾勒、库兰、托克依厄尔、乞丹、马加尔、克烈、乃曼、吾涅厄提塔尔等部落，另外还有奥斯恰克人、汪古尔人、巴什基尔人、切列米亚人、汉特人和曼西人。有的民族较为发达，有的还处在石器时代。这么多部族和民族加起来的人口只有不到二十万，青壮男人不超过四万人。

按说，这样的国家原本没资格登上历史舞台，也不会为什么人所注意。但西伯利亚汗国最大悲剧在于，他处在东欧通向中亚和中国的必经之路上，盛产珍贵的毛皮，并有丰富的银矿和铁矿。就如一个弱小的孩子拿着一箱珠宝在几乎没有治安的闹市上行走，被人觊觎是理所当然。

西比利亚汗国的奠基者是蓝帐汗国昔班家族后裔马赫穆提。昔班是金帐汗国开国可汗拔都的五弟，在跟随拔都西征过程中功勋卓著。在建立金帐汗国后，拔都给自己十三个兄弟都赐予了封地，其中长兄斡儿达和五弟昔班的封地最大，斡儿达的封国被称为白帐汗国，而昔班的封国便是蓝帐汗国。

在1430年，马赫穆提趁着金帐汗国大分裂之后的混乱，占据成吉—图拉城（今天俄罗斯秋明城）自成一体，但金帐汗国衰而未亡，马赫穆提只能做个实际上的统治者，没有称汗。

马赫穆提死后，他的儿子伊巴克继承了他的事业。这位伊巴克运气极好，正赶上金帐汗国完全灭亡，于是开始称汗，抢了父亲的“开国”之功。

但伊巴克在成为可汗之后运气又衰到了极点——游牧在土尔盖和伊什姆草原的突厥克烈部落此时在首领泰布哈的领导下逐渐强大起来，将众多突厥部落团结在自己周围，组成了一个相当实力的部落联盟。

在弱肉强食的时代，有枪便是草头王，泰布哈自然也不会在拥有实力的时候还主动地臣服在伊巴克汗脚下，为了汗位，双方开始了战争。

与马赫穆提一样，泰布哈在自己生前终究没有把宝座抢到手中，而是成全了儿子穆哈默德。穆哈默德在父亲死后继续进攻伊巴克汗，1495年终于攻陷了成吉—图拉城，杀死伊巴克，成了西伯利亚汗国的可汗。也应该在这之后，穆哈默德将首都迁到坐落在额尔齐斯河右岸，博托尔河口的伊斯凯尔城，这座城又被称为喀什雷克城或西伯利亚城，在俄国史料中，便有了“西伯利亚汗国”的称谓。

在此以后的六十多年间，西伯利亚汗国一直在平静中度过，在乌拉尔山以西的其他汗国要么自己打得不亦

额尔齐斯河

乐乎，要么与俄罗斯斗得如火如荼的时候，西比利亚人却在安静地过着日子，汗王们通过毛皮贸易，也在逐渐增加自己的财富。虽然偶尔会有来自中亚的小股敌人骚扰，但都是容易对付的。

似乎，乌拉尔山把西伯利亚汗国阻隔在另外一个世界了。

但是，乌拉尔山脉和喜马拉雅山脉绝然不同。作为欧亚分界线的它虽然绵延两千多公里，却只是一道平均高度仅平均海拔500至1200米，宽度为40至50公里的久经销蚀的山脉，最高峰也不过1894米，中间还有一段低平地，是欧亚的大通道。

想要依靠乌拉尔山来阻隔什么，是做不到的。

之所以西伯利亚汗国能安享如此长的太平，都是因为那个在金帐汗国崩溃后终于独立的莫斯科公国——俄罗斯帝国还不能马上强大起来，与喀山、克里木等汗国还要势均力敌一段时间。

但随着这头北极熊日益强壮起来后，对蒙古人来说，乾坤倒转的时代便来临了。

第三节 俄罗斯的扩张

1480年，是罗斯诸城邦摆脱金帐汗国枷锁的关键一年。为了将日益不听摆布的罗斯诸城邦重新纳入统治，此时的金帐汗阿黑麻亲自领兵攻打莫斯科。而罗斯诸城邦的盟主、莫斯科公国的伊凡三世也率军与之对峙。

双方军队在乌格拉河（位于莫斯科南部，是奥卡河的支流）对峙多天，虽然伊凡三世因为精神承受不住巨大压力而逃走，但罗斯军在失去主帅后仍然拒不后退，而阿黑麻汗也没有勇气发动正面进攻，双方没来得及兵刃相见，就结束了这场史称“乌格拉河对峙”的战役。这场战役标志着金帐汗国对罗斯诸城邦二百四十年的统治正式结束。

伊凡三世虽然胆子小了些，但也算是有为的君主。统治时期吞并了雅罗斯拉夫公国、罗斯托夫公国、特维尔公国和诺夫哥罗德共和国，自封为“全俄罗斯的大公”。俄罗斯终于成了主权国家——伊凡三世向全世界宣布“俄罗斯人民从此站起来了”。因为娶了拜占庭帝国末代公主索菲娅为妻，伊凡三世以拜占庭帝国继承者自居，用双头鹰作为国徽。

伊凡三世在晚年被自己的儿子瓦西里三世夺取了权力，也算晚景凄凉。但瓦西里三世对父亲的事业继续发扬光大，先后兼并了普斯科夫共和国和梁赞公国，从立陶宛夺取斯摩棱斯克，完成了东北罗斯的统一。在他在位期间，正式标榜莫斯科是第三个罗马。

1533年，俄罗斯历史上第一个被称为“大帝”的伊凡四世登上了大公宝座。这是一个与中国的秦始皇颇为相似的帝王，雄才大略而又残暴无比，被称为“伊凡雷帝”，也就是“恐怖的伊凡”。不过，登基时的他年仅三岁，不但不能有什么作为，连生命都有随时熄灭在贵族争斗中的危险。直到十四年后亲政，才勃发出身为“大帝”应有的活力。

1547年，17岁的伊凡四世宣布自己为“沙皇”，这是凯撒的俄语发音，而“凯撒”在罗马帝国时期与“奥古斯都”一样代表“皇帝”。于是，莫斯科公国消失，俄罗斯帝国应运而生。

19岁时，伊凡四世开始了一系列改革，结束了贵族在领地中各自为政的局面，设置“重臣会议”，也就是“杜马”来辅助沙皇，将俄罗斯改造成为中央集权国家。同时，为了真正成为强国，如历史上所有的强人一

伊凡四世

样，伊凡四世开始了军事的改革。

伊凡四世的军事改革思想来自于另一位“伊凡”——立陶宛人伊凡•彼烈斯维托夫。这是一个有着深远眼光军事理论家，曾在波兰等国军队中服过兵役，参加过捷克国王和匈牙利国王争夺王位的战争，实际了解了欧洲国家的战争形势，明白火器使用在近代战争中的作用。1546～1549年间，他向伊凡四世上书，力陈军事改革建议。在建议中，积极主张以“火枪射手”组成常备军，那种中世纪式的每遇战争才临时招募士兵的做法太落后了。同时指出，军队的主要骨干应是“武人”——中小贵族，大贵族掌兵对于沙皇权利的危害是极为可怕的。

任何思想只有付诸实践才有迸发能量的可能，如果伊凡四世是一个狂妄自大，故步自封的君主，伊凡•彼烈斯维托夫毫无用武之地。所幸，他遇到的是一位“大帝”。

有了改革的蓝本，伊凡四世立即着手实施。在政府设立了“兵部”，作为军事管理的最高机关，并且确立了“一长制”的指挥原则。依门第高下授予军官官衔的军事制度，确定了现役军人的权利和义务，明文规定军役人员之子有权继承父亲的产业和职业，并可得到一定数量的土地作为服役的报偿。

在此基础上，伊凡四世颁布了兵役法。规定，地主以土地多少为标

准，向国家提供全副武装的骑兵。其具体规定是，每150俄亩土地出军士一名，如果少出人员或装备，就要受到处罚。贵族必须从15岁开始服兵役。

有了兵役法，伊凡四世还组建了常备军——射击军。这是近代意义的军队，常驻在指定营地，平时专门进行军事训练，有统一的制服，由国家配发军饷。而在武器上，则基本配置了各种火绳枪，后来又配置了燧发枪。与此同时，炮兵开始成为一个独立的兵种，且分为攻城炮兵和野战炮兵。在中央有炮署管辖，实战时则由炮队队长负责。当时的火炮用铜铸成，后改为生铁铸造，带有轮式发射架，发射球形铁弹。伊凡四世时期，俄罗斯各种型号的火炮号称有两千多门。

兵役法、常备军、火枪的使用、大规模的炮兵，这一切再加上多达30万的军队总人数以及其中的近20万骑兵，“北极熊”的獠牙和利爪都已具备了。

虽然要和欧洲的军事强国们争雄还需要时间，但要对付金帐汗国留下的几个国家，伊凡四世有了十足的信心。

从1543到1549年，伊凡四世连续三次对喀山汗国用兵，相继占领了大片土地，并于1551年在通向其首都喀山城的要冲斯维亚加河和伏尔加河合流处修建了斯维亚日斯克要塞，作为彻底征服喀山汗国的桥头堡。

喀山汗国逐渐失去了还手之力，向其他汗国求援，但此时，诺盖汗国已经一分为二，自残尚且不及，根本无力救援。阿斯特拉罕汗国在1551年便因为汗位争端而被伊凡四世控制，成了俄罗斯的属国，自然也不会帮忙。倒是离得最远的克里米亚汗国很够朋友，可汗杰夫列特—基列出兵图拉，对俄军进行牵制。

可这时候的俄罗斯已经不会为两线作战而苦恼了，克里米亚汗的牵制根本没有起到预期作用。1552年6月25日，伊凡四世亲自督率15万大军，一百五十门大炮从莫斯科开拔，8月22日到达斯维亚日斯克要塞，9月8日，兵抵喀山城下。

没有援兵可以依靠了，喀山人除了集结所能集结的三万军队死守都城外，剩下的只能是向安拉祈祷。

但是，就如金帐汗国强盛时，谁也不能让俄罗斯人免除被奴役一样，现在，谁也不能拯救喀山。

残酷的攻城战在喀山人无力的祈祷声中开始了。俄军用火炮和地雷进行破坏性轰击，专门的工兵营在城墙下挖洞埋炸药进行爆破。喀山的城墙顿时被撕裂了一道道口子。与伊凡四世同名的另一位伊凡——工程师伊凡•维罗德科夫指挥工兵修筑

了复杂的攻城工事，在距城墙一百至一百五十米之处设置火炮，向城内轰击，无数的房屋被击毁，烈火熊熊。

危亡时刻，喀山人激发出祖先的骁勇，一次次地用石块和尸体堵住缺口，劣质的武器和劣势的人数硬是将俄军挡在城外整整一个月。10月9日，又一段城墙被炸塌，这一次，喀山人再也没有什么东西来堵住了，俄军蜂拥而入。

接下来是更为残酷的巷战，剩下的六千名喀山士兵与俄军逐屋争夺，白刃格斗整整持续了三天。10月11日，最后一个喀山士兵倒下，喀山城陷落。

喀山汗国灭亡，伊凡四世为自己加上了“喀山沙皇”的桂冠。

金帐汗国的子国中，喀山汗国最为强大，它的灭亡，标志着俄罗斯最终获得了与蒙古人竞争的优势，其他汗国的灭亡，也只是时间问题了。

今天的喀山

1554年，伊凡四世派兵推翻阿斯特拉罕汗国汗王雅穆格尔切伊，扶持傀儡阿里为汗，1556年，干脆废黜阿里，将阿斯特拉罕汗国吞并。

之后，是从诺盖汗国分裂出来的大诺盖汗国；之后，是巴什基尔亚；之后，是高加索……

没有人能阻挡俄罗斯征服的脚步了。

当西伯利亚汗国从平静的梦中惊醒时，才发现自己像一只站在旷野上的鹿，孤单地面对这头因为不断的饱餐而日益强壮的“北极熊”。

臣服还是奋战而死，这是个问题。

第四节 库楚姆汗的选择

世界历史上不知演绎了多少“王子复仇记”，但大多没有莎翁笔下那么悲情曲折，那么引人深思——情节都简单得很，王子为了给父亲报仇，也为了夺回王位，与自己的敌人殊死搏斗，或者成功，或者失败。

西伯利亚汗国在面临俄罗斯的威胁时，也正在上演着一部“王子复仇记”。只不过，这位王子要夺回的王位，不是源自于父亲，而是源自于祖先。

这位王子，便是库楚姆。

喀山汗国灭亡不久，西伯利亚汗国的汗王叶吉格尔汗便收到了沙皇伊凡四世的敕书，要他向俄罗斯臣服，并缴纳贡物。作为一个国家首脑，面对强敌威逼，一抢不放就俯首称臣是最耻辱不过的事情。但叶吉格尔汗非常清楚，自己的国家和喀山、阿斯特拉罕等汗国相比，弱小的几乎可以忽略不计。那些国家都是一战而亡，自己又何必飞蛾扑火？

何况，除了俄罗斯，还有一件他最为头疼的事情。一个名叫库楚姆的人率军从中亚布哈拉攻打了过来，尤其是，库楚姆宣称自己是马赫穆提、伊巴克的后裔。

叶吉格尔汗的祖先穆哈默德从伊巴克手中夺取了西伯利亚的汗位，到如今已经半个多世纪了，怎么突然冒出了伊巴克的后裔？

库楚姆是不是伊巴克的真正后裔，现在已经难以考证，但作为金帐汗国三大藩属之一蓝帐汗国昔班家族的后裔却是可以确定的，就算不是伊巴克的直系子孙，但也同宗同源。

从蒙古帝国兴起之后，领地内的所

西伯利亚汗国紫貂

有汗国都由成吉思汗的子孙为可汗，“非黄金家族不得称汗”已经是铁律。此后各个汗国虽相继衰落，但这条铁律仍然被遵循着。看看乌拉尔山西边那几个汗国，哪个不是黄金家族称汗？而偏偏西伯利亚汗国却是由突厥部落的首领称汗，对库楚姆来说，夺回汗位天经地义。

叶吉格尔汗没有胆量抗拒俄军，但对于问鼎自己宝座的库楚姆却决不手软，立即组织军队进行“围剿”。可围剿的结果却是屡战屡败，只率少量部队入境的库楚姆日益壮大，叶吉格尔汗只能在首都城墙的保护下才感到些安全。

俄罗斯是要自己臣服，不过是进攻些毛皮，国家还是自己的，但要是库楚姆获胜，自己就连葬身之地都没有了。叶吉格尔汗“明智”地做出了选择。

1555年，西伯利亚汗国正式向俄罗斯帝国称臣，每年缴纳一千张貂皮作为贡赋。而俄罗斯则对西伯利亚汗国提供保护，避免它遭到其他势力的侵略。

人人都有自己的如意算盘，博弈的时候就看谁的算盘打得精，而能够打得精的前提，是是否拥有拨打算盘珠的实力。叶吉格尔汗想与伊凡四世打算盘，实在是太自不量力了。

对于“雷帝”来说，要西伯利亚臣服只是权宜之计，因为自己正在进行立窝尼亚战争，与立陶宛、立窝尼亚、波兰争夺出海口，而且战争很不顺利，没有余力向东发展，等空出手来，将西伯利亚汗国变成自己的行省是既定方针。至于帮助叶吉格尔汗打击政敌，保住汗位，得先拿到珍贵的毛皮贡品再说——拿到，也就不说了。

叶吉格尔汗典型的赔了夫人又折兵，一面在库楚姆的进攻下苦苦支撑，一面要面对沙皇的勒索苦苦维持。本来就不稳固的统治更加危机四伏。

对手的昏招让库楚姆春风得意，原本叶吉格尔汗的家族统治汗国已经几十年，自己虽有黄金家族的金字招牌，有拿回汗位的合法性，但对西伯利亚境内的人民来说，怎么看自己都是入侵者。现在，卖国求安的叶吉格尔汗丧尽了人心，等于告诉人们，非正统的可汗就是上不了台面。

汗国的一些小酋长国，如汉特人的克德酋长国和奥伯多尔酋长国，还有曼西人的彼雷姆酋长国都开始倒向了库楚姆，叶吉格尔汗的领地日益缩小。焦头烂额的他正在想办法应付，俄罗斯又恰到好处地来捣乱了。

1556年，叶吉格尔汗的使者鲍亚恩达带着向沙皇缴纳贡品来到莫斯科，这一次因为与库楚姆交战再加上天灾，贡品只有七百张貂皮，叶吉格尔汗还为此写了一封国书给沙皇伊凡四世，说明了原委。除了表示抱歉，还希望沙皇看在贡品的份上，拉自己一把——库楚姆不消灭，贡品只能越来越少。

这回叶吉格尔汗的算盘又打错了，伊凡四世不想管他为什么会少拿贡品，只知道贡品少了就是不行。于是，将使臣鲍亚恩达随身财物全部没收，并将其关押起来，另派使者回西伯利亚进行催逼。

无奈之下，叶吉格尔汗只好在全境大勒索凑足了毛皮，次年派使者到莫斯科，补足了头一年的数目，缴纳了当年的一千张貂皮，并另缴纳一百张貂皮作为道路费，同时还写了更为谦卑的国书，表示完全服从于俄罗斯，保证以后的贡品无论是天灾还是人祸都再不会迟缓短缺，沙皇这才消了气，把那个倒霉的使臣鲍亚恩达释放。

当年金帐汗对俄罗斯诸公国的盛气凌人也不过如此，伊凡四世算是为祖先出了口气，但这更加催化了叶吉格尔汗的倒台。

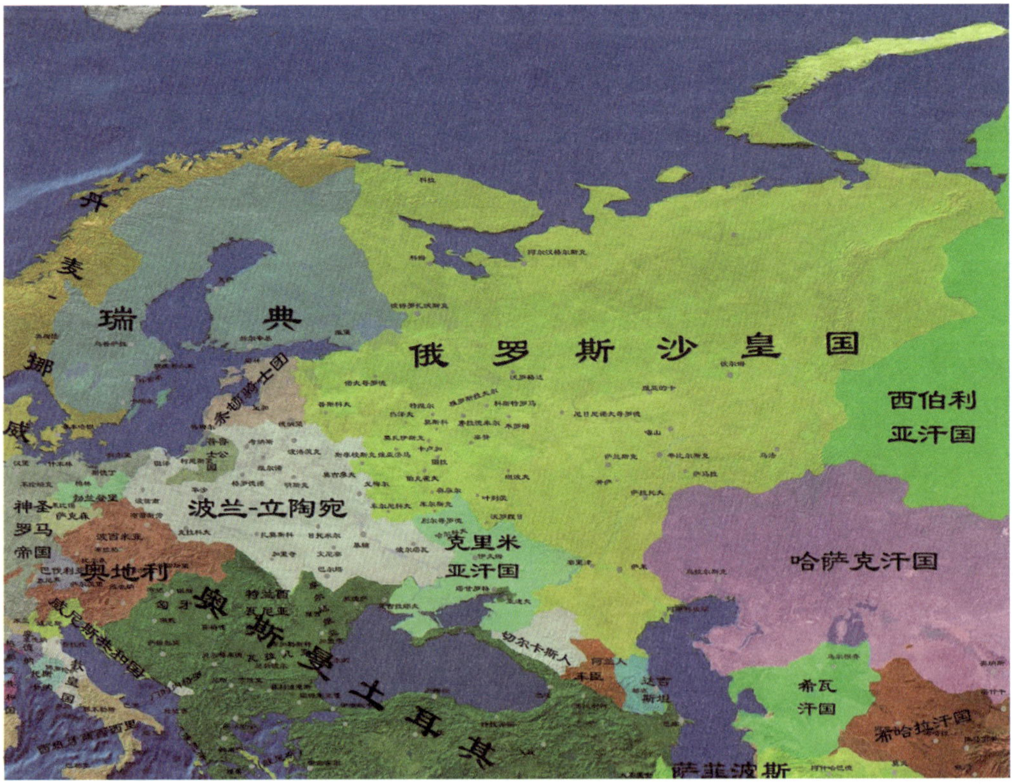

各汗国灭亡后西伯利亚汗国与俄罗斯形势图

1563年，库楚姆终于兵临伊斯凯尔城下，经过毫无希望的抵抗后，叶吉格尔汗弃城而逃，随即便被杀死，无可奈何地摆脱了让自己无限眷恋而又烦恼不已的可汗宝座。

“王子复仇记”得到了完美的结局，库楚姆恢复了祖先的国家。但这个结局也是另一个故事的开场——如何面对俄罗斯人。

成为可汗的库楚姆没有任何权衡，从他坐在宝座上的第一天开始，便宣布解除与俄罗斯的藩属关系，将俄罗斯派驻西伯利亚的使臣处死，并派出军队袭击边境上的俄军哨所。

他没有给自己留丝毫的余地，用行动来向俄罗斯的沙皇表示：我决不会臣服于你，想要土地和毛皮，你只能用军队来夺取。

一些史家对库楚姆汗的作为进行了极高的评价，用了很多溢美之词，例如“远见卓识”“维护民族独立与国家的生存”等等①。

赞美一个人物，实事求是要比以今度古更能表达对他的尊重。在近代爱国主义产生之前，众多身处逆境的英雄在他们面对不可对抗的命运而百折不挠，所想的恐怕并不是如今人们所能想象到的“民族大义”，他们的力量更多的来自于责任、荣誉、尊严和不甘被奴役的渴望。

库楚姆汗打击叶吉格尔汗，是出于对“黄金家族”荣誉的责任感，他无法忍受曾经的臣仆占据着祖先建立的国家；而对于俄罗斯人的强硬，则是出于尊严和傲慢——你曾经是我祖先的奴仆，如今你强大了，可以灭亡我杀死我，但决不能让我向你俯首称臣。叶吉格尔汗可以选择屈辱的苟活，而库楚姆汗则必须奋战到底。

伊凡四世无端地失去了老实听话的藩属，出现了以死相拼的敌国，这是让人很恼火的事。但立窝尼亚战争的频频失利让他更恼火，西伯利亚的事情只能放在其次。

而作为一个有为的君主，与庸君最大的区别在于，后者做事分不清主次，往往什么事都做不好，而前者却可以在作重要的事情时，对其他的事情也做出妥当的安排。

伊凡四世对于西伯利亚汗国的安排，便是对帝国东部边境的大富翁斯特罗干诺夫家族的任命和授权。

斯特罗干诺夫家族原本是在维亚切各达河的世袭贵族，有着广袤的地产，经过几代人的努力，家族的土地一直扩展到彼尔姆地区的卡马河流域。而如果仅仅是拥有土地，也不过是个土财主，但斯特罗干诺夫家族更钟情于经商，并享有沙皇赐予的商业特权。在世袭领地中，他们大规模的

---

①徐景学编著：《俄国征服西伯利亚纪略》，黑龙江人民出版社1984年版，第32页。

俄罗斯大贵族的奢侈生活

生产粮食、鱼类和木材，并设立盐矿、铁矿，这些物资的买卖为他们赢得了大笔财富。同时，家族的首脑阿尼卡•斯特罗干诺夫还开辟了从西伯利亚到俄罗斯腹地的毛皮商道，这更是让他们财源滚滚而来。

这是一个富可敌国的家族，这样的家族原本对中央集权的帝国有害无益，但难得的是，家族的首脑们都是坚定的爱国分子，可以“不顾个人利益，为祖国忠诚的服务”[①]。

早在1558年，伊凡四世便召见了家族的首脑亚科夫和格利戈利，向他们颁发了“管理西伯利亚人及其他汗国和地区人们的一切问题”的诏书，让他们作为自己在西伯利亚代理人。赐予他们从卡马河到楚索瓦亚河流域的88俄里长的土地，并允许移民，同时免捐税20年。

从这时候起，沙皇对于斯特罗甘诺夫家族的赏赐接连不断：1564年，伊凡四世赐予家族坎克尔城以下20俄里的土地，并允许他们自己制造火炮、枪支和招募军队；1568年，赐予楚索瓦河口上溯80俄里两岸的土地；1574年，赐予托博尔河流域的土地……

随着一次次的赏赐，斯特罗甘诺夫家族的封地终于和西伯利亚汗国接壤了。

①徐景学编著：《俄国征服西伯利亚纪略》，黑龙江人民出版社1984年版，第34页。

忠于沙皇的家族首脑们自然知道沙皇的良苦用心，就是要他们作为征服西伯利亚汗国的前哨。为了不辜负圣恩，家族的武装在西尔瓦河与亚伊瓦河建立了西尔文斯克、亚伊文斯克、尼日涅-楚索夫斯基、维尔霍涅-楚索夫斯基、瑟尔文斯基、奥切尔斯基等军事要塞，形成了一个坚固的堡垒链，一方面是为了防御，另一方面，也是为了日后进攻西伯利亚汗国建设后方基地。

在沙皇不停地用赐予土地的方式敦促斯特罗甘诺夫家族向东挺进的时候，库楚姆汗也在积极地作着战争准备。作为一个民族、部族林立的国家，要想把所有人团结起来仅靠祖先的血统是远远不够的。他开始大力推行伊斯兰教，希望用宗教的力量作为纽带来巩固统一。果然，库楚姆汗的政府获得了空前的认可，他的军队中包括了几乎所有的民族和部族的青壮年。

当斯特罗甘诺夫家族的要塞鳞次栉比地出现在边境的时候，库楚姆汗认为自己已经不能再等待下去了，进攻，是最好的防守。

1572年7月，一支由蒙古人、切里米西人、巴什基尔人、奥斯恰克人组成的军队围攻了坎克尔城和克尔格丹城，杀死了八十六个俄国人；1573年7月，库楚姆汗的侄子马麦特库尔率军攻向彼尔姆地区，进逼到斯特罗甘诺夫家族在楚索瓦河畔的城堡附近，不但杀死和俘虏了大量俄国人，连沙皇派驻在此地的特使列季亚克•切布科夫也被击毙。

一系列的袭击让斯特罗甘诺夫家族损失惨重，于是，他们向沙皇上书，希望政府能够允许他们进攻西伯利亚汗国。

这个要求太为伊凡四世分忧了，应付西方战争已经让帝国的兵力捉襟见肘，可西伯利亚的事情也不能坐视不管，伊凡四世正等着这样的上书。于是，1574年伊凡四世在亚历山大皇村召见斯特罗甘诺夫家族首脑，明确地允许他们扩招私人武装作为帝国的军队“去惩罚君主的叛逆者”。

有了沙皇的特许，斯特罗甘诺夫家族终于可以甩开膀子大干一场了。但他们知道，自己的私人武装看家护院还可以，要去真刀真枪的征服一个国家实在有些力不能及。他们需要有着丰富野战经验，凶狠、狡猾并对死亡无所畏惧的部队。也就是说，他们需要毫无牵挂可以勇往直前的亡命徒。

于是，一个外号叫叶尔马克的哥萨克和他的匪帮便当仁不让成了首选。

第五节 哥萨克叶尔马克

俄罗斯有一个非常特殊的群体，他们不是一个民族，却有着相同的生活习惯和组织系统；他们不是一支军队，却几百年以作战作为立身之本；他们并不以游牧著称，但却曾经是让无数人闻风丧胆的精锐骑兵。

他们的名字叫哥萨克。

哥萨克这个词来自于突厥语，按字面解释是“携带轻武器的寻宝者”，后来演变成为“自由自在的人”。用其他的名词来解释的话，褒义的就是“绿林好汉”，贬义便是“强盗土匪”。

从伊凡四世开始的俄罗斯农奴化过程，把众多不愿为奴的人逼迫逃亡到边区尤其是南俄草原谋生。这其中以俄罗斯人和乌克兰人为多，还有一些波兰人、摩尔多瓦人和波罗的海人，这些逃难者积少成多，逐渐成为一个庞大的群体。

哥萨克骑兵

在受到西南部草原游牧民族的影响之后，这个群体具备了能骑善射、极端讨厌约束的特性。沙皇政府对他们还鞭长莫及，于是，抢劫成为他们赖以为生的主要手段。路上的商队、河里的商船、边境的城市、游牧民族的帐落，都是他们猎取的目标。

倚仗着矫健的顿河马、锋利的哥萨克

弯刀和长达三米的长矛，哥萨克四处横行，作着刀头舔血的没本钱买卖。在哥萨克的营地——“塞契”中，大部分居民依靠战利品为生，一部分人从事渔猎与养蜂，只有小部分已婚年长的人务农。

他们在7世纪后，逐渐成了沙皇的重要兵源，为俄罗斯的扩张和强大贡献甚大，但在伊凡四世时期，还是让沙皇极为头疼的“匪帮”。

日后成为俄罗斯的大英雄，被称为“西伯利亚的征服者”“新土地的发现者”的叶尔马克，在“改恶从善”之前，便是一个让伊凡四世称为“恶贯满盈的强盗”的哥萨克。

叶尔马克只是外号，他的原名叫瓦西里•季莫菲耶维奇，出身于卡马河一个贫寒的农民家庭，虽是庄稼汉，但却没有老实本分的家风，祖父阿法纳西•加里宁就因为抢劫而被打入大牢。在他成年后，不甘心于穷困的生活开始出门闯荡，到伏尔加河、顿河一带闯荡，成了一个哥萨克。

年轻人孤身闯世界总不可能一开始就遇到机会，瓦西里也是如此，在多年漂泊中，他拉过纤，作过伙夫，因为会做饭，便被人送了一个“叶尔马克”的外号，意思是“饭锅”①。这个绰号一点都不响亮，不如“及时雨”“托塔天王”之类让人如雷贯耳，但外号如何并不能代表本人的能力，上不了台面的绰号背后，很可能是一个了不起的人物。在以后的历史中，瓦西里的本名成了叶尔马克的注解。

叶尔马克

在社会底层混了一段时间后，叶尔马克终于正式加入了一个哥萨克团体，这一下，便把他所有的长处都发挥出来了：身强力壮，武艺高强，组

① 叶尔马克是什么意思有很多说法，有人认为是烧饭用的三脚架，有人认为是宗教教名。北京大学出版的《沙皇俄国对外扩张史》中认为是“磨石”的意思。

织能力出众。这些都是一个领袖的必备条件，于是，叶尔马克很快成了一个哥萨克镇的首领。

在叶尔马克的带领下，这支哥萨克发展迅速，在伏尔加河下游、顿河中下游和里海北岸的广大地区，只要一提叶尔马克，可以说是无人不知无人不晓。众多哥萨克小团体也前来投奔，叶尔马克的队伍扩展到了数千人。

可土匪毕竟是土匪，实力一壮大便有些忘乎所以。不但对所有被盯上的商队和商船实行抢光政策，连沙皇的官船都不放过，甚至杀死邻国派往莫斯科的使臣。

原本对这些啸聚山林的强盗，伊凡四世是不愿意专门花精力来对付的，可闹到这个地步，不仅仅是影响了商贸，连边疆的稳固都成了问题，于是，1578年颁下谕旨，下令剿灭这些匪帮。

哥萨克虽然骁勇善战，但和正规军相比不但人数少而且武器、训练都相差很多，一个又一个哥萨克队伍被消灭，叶尔马克的部队在与官军的作战中也溃不成军，只得带了五百余人的残部跑回家乡隐遁下来。

如果没有斯特罗甘诺夫家族准备入侵西伯利亚，叶尔马克最后的结局也不过就是再次复出，然后被官军剿灭走上绞刑架——所有匪首必然归宿。

正当叶尔马克在官军追捕下惶惶不可终日的时候，意外地收到了一封邀请信，写信给他的是斯特罗甘诺夫家族三个首脑人物：谢苗、尼基塔和马克西姆。信中三位大富翁对这位绿林好汉大加吹捧，并为他指出一条明路:只要他能够帮助斯特罗甘诺夫家族征服西伯利亚汗国，就可以得到沙皇的赦免，甚至还能得到册封。

叶尔马克没有任何理由可以拒绝，去征服一个国家虽然很冒险，但相对于和沙皇对抗来说还是要简单得多，也有希望的多。他不是起义军领袖，用不着什么内心挣扎就接受了“招安”。

1579年，叶尔马克率领自己仅剩的五百四十人的队伍来到了斯特罗甘诺夫家族领地的楚索瓦亚城，受到家族首脑的热烈欢迎，笑纳众多礼物。从此在这里的农庄驻扎下来，耕田练兵，准备随时应主人的召唤而进行东征。

哥萨克天生就是难以安静的，虽然在斯特罗甘诺夫家族的农庄里不用担心安全而且吃喝不愁，但平静的生活让他们躁动不已。

不知多少回，他们会向着东方投去充满征服欲望的眼光……

第六节　叶尔马克的大冒险

两年之后，快憋疯了的叶尔马克和他的手下总算等到了这一天——谨慎的斯特罗甘诺夫家族终于决定动兵。

1581年9月10日，在斯特罗甘诺夫家族首脑举着手绘圣像的祝福中，叶尔马克率领着八百四十名远征军开拔了。

这里有他的老部下五百四十人，另外还有三百人是斯特罗甘诺夫家族的“家丁”，其中有很多是在立窝尼亚战争中被俘虏的德意志人和立陶宛人，忠诚虽然不能保证，但有着丰富的作战经验，而且要钱不要命。

虽然人数不多，但组织甚为严密，每一百人为一个中队由一个百人长统领，每五十人有一个五十人长统领，每十人还有一个十人长。所有人都必须坚决服从叶尔马克的命令，凡是逃离和变节，或者不愿意干下去的人，都会被处以“水刑”，也就是在怀里塞满沙石，然后把他装入口袋沉入水中。部队携带了充足物资，粮食、衣服、金钱、火绳枪、大炮应有尽有，还有着当时最先进的速射炮。

叶尔马克高喊着“驱逐不信神的撒旦（魔鬼）库楚姆”和自己的战士踏上了征途。这不仅仅是口号，而且是策略。如此少的部队要去征服比自己多上百倍的人口，不把对方当作魔鬼而毫不留情，是没有希望的。

当年冬天，东征军进入西伯利亚汗国境内，为了躲过寒冬。哥萨克们先驻扎下来。在风雪中，西伯利亚汗国最先遭殃的是沃古尔人，叶尔马克下令“抢走沃古尔人所有的物品，只把可怜的人们留在一无所有的帐篷之中”①。

等到春暖花开，哥萨克们开始继续推进。而此时，倍受荼毒的沃古尔人早已把他们入境的消息传遍了整个汗国。坐镇首都伊斯凯尔城的库楚姆汗向全国发出了总动员令。四处而来的军队在各个要地上设卡防守，严阵以待。

1582年春，叶尔马克率军乘船沿着图拉河前进，不久便到达了今天俄罗斯图林斯克城附近。在这里，开始了征服者和抗战者的第一次战斗。

图拉河畔是西伯利亚汗国一个沃古尔酋长国的领地，酋长叶恰潘是库楚姆汗忠实的追随者，在得到子民的哭诉和汗王的命令后，立即组织军队对叶尔马克的部队进行包抄。

①徐景学编著：《俄国征服西伯利亚纪略》，黑龙江人民出版社1984年版，第42页。

双方在河上遭遇，两岸的沃古尔人在叶恰潘带领下向着在河中船上的哥萨克们围攻，各种弓箭如飞蝗一般。叶尔马克立即下令用速射炮和火枪进行还击，并指挥船只靠岸。

火器的优势顿时显现了出来，哥萨克只有很少人受伤，而沃古尔人则在炮弹的轰击下成排倒下。当叶尔马克带着人跳上岸，在火枪掩护下用刀剑肉搏后，沃古尔人的阵势便彻底崩溃，叶恰潘带着少量的随从逃走，自己的驻地耶帕奇城堡被叶尔马克占领后烧毁。

这次轻松的战斗让哥萨克们大为振奋，继续高歌猛进，一路上将所有见到村庄洗劫一空。之后，又占领了西伯利亚汗国的旧都成吉—图拉城。

故都的沦陷让库楚姆汗大为吃惊，他意识到自己小看了这股人数不多的军队。于是不再被动地设卡防守，派出主力部队正面迎击。

在攻占成吉—图拉城不久，推进到图拉河口的叶尔马克迎面遇到了由卡什卡拉、瓦尔瓦拉、马依特马斯等六位王公率领的汗国军队。双方在开阔地展开激战。

今天的成吉—图拉（俄罗斯秋明市）

用梭镖、弓箭为主战武器的汗国军队依靠人数优势数次迫使叶尔马克军后撤，但在火器的射击下伤亡惨重。数日之后，死伤累累的汗国军连人数优势都没有了，在哥萨克的反攻下仓皇撤退。

这一战，叶尔马克收获巨大，战利品堆积如山，因为无法运输，大部分被埋在了地下，以至于后来成了吸引众多探险者的宝藏传说。

6月17日，叶尔马克军攻陷“桦树崖”，打开了通往博托尔河的入口。

库楚姆汗被一连串的失败激怒了，派出重兵防守博托尔河两岸，并用锁链截断河道，等待叶尔马克前来。

7月8日，当叶尔马克军到达博托尔河的“哨兵崖”后立即遭到伏击，毫无准备的哥萨克有数十人战死。眼看硬攻无法取胜，叶尔马克采用了疑兵之计，扎了很多稻草人放在船上迷惑敌军，自己则率领部队从陆路发起突击，汗国军顿时大乱，四散奔逃。

人们也许会问，为什么库楚姆汗的军队会如此不堪一击？

库楚姆汗虽然有着抵抗的决心，也尽了最大努力团结整个汗国的力量，但他没有改进汗国的军事。他的士兵武器落后，而且都是临时征集的“民团”。这样的军队在获胜时士气高涨，而一旦遭到挫折便会一泻千里。

相对而言，叶尔马克的部队几乎都是职业化的军人，且有铁的纪律，遇到困境仍能坚持作战。两相比较，是近代化的部队与中古部队的差距，不仅仅是武器，组织上更是无法相比。叶尔马克军如此少的部队屡屡得逞便显得并不奇怪了。

可库楚姆汗没有意识到这一点。

“哨兵崖”之战的失败，叶尔马克直抵伊斯凯尔城的态势已经再明显不过。库楚姆汗向全国征集了近万人的部队，一部分拱卫首都，另一部分由侄子马麦特库尔率领前去阻击叶尔马克。这是汗国最后的主力，但这些部队仍是“民团”，战斗力和组织仍是松散不堪。

7月16日，叶尔马克军在巴巴桑地方遭遇马麦特库尔的军队，双方数日鏖战，数百人的哥萨克又创造了重创汗国军的“奇迹”，虽然也损失了上百人，但，随着“枪鸣弓抖”，“鞑靼人血流成河，横尸遍野”[①]。马麦特库尔率残部撤退，汗国的一半主力便这样消耗掉了。

随着在巴巴桑的胜利，叶尔马克进而攻陷了图尔巴河口的“长崖”，向汗国首都又前进了一步。

8月10日，为于额尔齐斯河左岸的

①徐景学编著：《俄国征服西伯利亚纪略》，黑龙江人民出版社1984年版，第45页。

汗国最重要的酋长国卡拉恰酋长国被叶尔马克占领，首府卡拉恰城中的大量宝石、金银、粮食和牲畜都成了叶尔马克军的给养和战利品。

卡拉恰酋长是库楚姆汗的重臣，实力雄厚，他的失败使得汗国其他酋长国对库楚姆汗失去了信心。当九月叶尔马克到达阿季克酋长国时，这里的酋长不战而降。

到了这里，叶尔马克已经能看到自己此行的目的地——伊斯凯尔城了。

伊斯凯尔城还有最后的屏障——楚瓦什岬。这里高耸于额尔齐斯河右岸，正面建有堡垒，四周围以沟壑，居高临下，易守难攻。而库楚姆汗已经派马麦特库尔率领最后的军队数千人据守在这里。

而此时，叶尔马克的军队里发生了分歧，一些人认为，这里是西伯利亚汗国的首都，他们一定会殊死抵抗，而人数是自己的几倍。再加上沿途作战，减员严重。进攻必然遭遇失败，不如先原路返回，多带些人之后再做计较。

叶尔马克坚决反对，他对士兵们指出，大家都是被通缉的罪犯，不立下功勋是得不到赦免的，就算回去了，也要被处死。不如最后再拼一下，如果成功一切都可以得到。

最终，所有人还是听从了叶尔马克。

在这里终于显示出了斯特罗甘诺夫家族首脑们的远见，他们招募这些哥萨克，就是看中他们没有退路只能一直向前，如果这时自己的家丁武装，稍有困难早就打道回府了。

叶尔马克率军占据了一座小城——

油画《叶尔马克征服西伯利亚》

阿迪克—姆尔萨等待战机。库楚姆汗多次派军来进攻，都被击退。这样的攻防战持续了近两个月，直到哥萨克们的粮食几乎耗尽。

这是叶尔马克使用的众多名将使用过的战术——“破釜沉舟”，或者是“背水一战”。

没有粮食，除了拼死一搏，哥萨克们没有任何生机。

11月1日，叶尔马克率领部下不要命地冲出城堡向汗国军猛攻，库楚姆汗在楚瓦什岬上督阵，马麦特库尔率军正面迎击。这是库楚姆汗和叶尔马克第一次碰面，他们应该都看到了对方，当四目相对时，难以想象他们心中会想些什么。

在决战前的两个月中，屡屡进攻受挫的汗国军已经丧失了锐气，何况众多酋长已经没了跟随库楚姆汗抗战到底的决心。在哥萨克几乎疯狂的进攻下，面对着一个接一个倒下去的人，一些酋长率领自己的部队撤出了战斗。

库楚姆汗发动的首都保卫战终于随着部队自行瓦解而失败，十一月三日，他和马麦特库尔率领着少数卫队撤出了首都。十一月四日，叶尔马克的哥萨克军开进了已经空无一人的伊斯凯尔城。随后，城市周围的苏兹古恩、阿巴拉克、别什凯等村镇也相继被占领。

西伯利亚汗国的中心地带完全被叶尔马克所控制。

虽然得到了一座空城，但意义巨大，一些酋长将叶尔马克当作了代替库楚姆汗的统治者。占领伊斯凯尔城近三天后，捷米扬卡河流域的各酋长便纷纷给哥萨克人送来了毛皮和给养，表示归顺。接着，康达河流域(额尔齐斯河下部的一条支流)和塔夫达河流域(托博尔河下部的一条支流)的各酋长也送来了毛皮和粮食。叶尔马克对他们表示了怀柔，并让他们发誓，必须效忠俄国，并按期交纳税款。

取得这样大的成果让叶尔马克踌躇满志，立即派部下伊凡•科里佐带着自己的奏报以及由2400张貂皮、20张狐皮、50张海狸皮组成的礼物前往莫斯科，向沙皇报捷。

伊凡四世原本对斯特罗甘诺夫家族收留叶尔马克很是不满，对于他们派叶尔马克进攻西伯利亚汗国也不以为然，甚至因为立窝尼亚战争失利而害怕南部边疆不稳还申斥过斯特罗甘诺夫家族，让他们撤回叶尔马克。

而当科里佐将奏报和礼物摆到伊凡四世面前的时候，自负的沙皇被飞来横福震惊了，他根本没有想到，这么一小撮土匪竟然取得了如此骄人的成绩。

立窝尼亚战争失利的阴霾一扫而空，莫斯科大教堂进行了感恩祈祷，

全城鸣钟进行祝福，并对贫民进行大量施舍。斯特罗甘诺夫家族再一次受到慷慨的赏赐，获封大量土地，并被减免租赋。

而对于叶尔马克和他的哥萨克们，伊凡四世下诏赦免了他们的一切罪过，并表彰他们的伟业。拿出金钱、绸缎、呢绒进行犒赏。叶尔马克则获得了沙皇钦赐的御衣和皇室特用的金银器皿，尤其是一件无价之宝更是代表了伊凡四世对他的重视——叔伊斯基的铠甲。这是俄罗斯著名军役大贵族叔伊斯基的珍宝，当他在立窝尼亚战争中阵亡后，留给了沙皇。赏赐这件铠甲，意味着沙皇把这个曾经的强盗看作了与功勋贵族一样重要的臣子。

叶尔马克的大冒险获得了巨大的成功，一个通缉犯成了帝国新贵，一时风头无人能及。他的故事如果到这里便结束，可以说相当的完美。

但有人不答应。他就是库楚姆汗。虽然失去了首都，失去了汗国，但他还有忠心的部下，还有着继续抵抗的精神。

套用一句话，库楚姆汗正面战场的抗战虽然失败，但他还有游击战可以打击侵略者。

俄罗斯贵族铠甲

第七节 复仇

叶尔马克很快发现自己有些高兴得太早了。

虽然占领了汗国的首都，但西伯利亚的统治中枢并没有被破坏，汗王库楚姆、王子马麦特库尔、重臣卡拉恰酋长这些坚决与俄罗斯为敌的人一个都没有死或者被俘虏。

在首都伊斯凯尔城墙之外的广阔土地上，他们随时都在进行着反击。

在占领伊斯凯尔还不到一个月，20名哥萨克出城到湖里捕鱼时遭到马麦特库尔的突然袭击，只有一个人侥幸逃脱。

当叶尔马克派手下的50人长勃利亚兹去招抚额尔齐斯河下游的各个酋长国，收取贡赋时。原本以为会顺利的哥萨克迎头便遇到了忠于库楚姆汗的捷米扬酋长和罗曼酋长率领奥斯卡克人拼死抵抗。为了震慑敌军，勃利亚兹将抓到的酋长倒悬吊死，其他俘虏则被枪毙或斩首，用血腥的手段才使当地人屈服。

叶尔马克和库楚姆汗的地位对调了，原本主动的他在获得胜利后反而陷入了被动挨打的境地。库楚姆汗却可以灵活机动的组织对他的进攻。

对付游击战的方法就是情报战，如果掌握了情报，小股骚扰的游击部队便会成为猎物。曾经是匪首的叶尔马克深谙此道，为了扭转局势，他对于臣服的汗国贵族极尽笼络，从而掌握了很多有关库楚姆汗的情报。

1583年二月十九日，一个汗国贵族巴赫塔向叶尔马克报告，马麦特库尔王子正带着小股部队在立额尔齐斯河不远的库拉尔湖活动。叶尔马克立即派出六十名哥萨克前去埋伏，夜晚偷袭了马麦特库尔的宿营地。毫无准备的王子被生俘，身边的战士全部被杀。

为了避免更激烈的反抗，叶尔马克没有杀死马麦特库尔，而是把他送往莫斯科。在那里王子受到了礼待，后来还成为一名俄军上校。

马麦特库尔的被俘使库楚姆汗失去了重要的将领，为了报复，他与卡拉恰酋长一起商定了以牙还牙的计策。

是年九月，卡拉恰酋长派出使节向叶尔马克投降，并提出希望他能帮助自己巩固领地，避免库楚姆汗的进攻。得知卡拉恰和库楚姆汗已经分裂，叶尔马克大喜过望，没有过多考虑便派伊凡•科里佐带领40人前去。

卡拉恰酋长对来访者进行了热烈的欢迎，不但设宴款待，还在宴会上

将他们全部砍了脑袋。

科里佐是叶尔马克麾下的大将，向沙皇报捷时在莫斯科更是受到了最高礼遇，每天享受国宴。可没想到最后竟死得如此窝囊，而且还在被杀死之前说出了伊斯凯尔城中的俄军缺粮而且坏血病流行的消息。

这个消息对于一直准备反攻的汗国军太重要了。卡拉恰酋长立即开始调集部队，向着伊斯凯尔城开拔。汉特人、沃古尔人、巴什基尔人从四面八方汇集而来。

汗国军聚集的时间长达五六个月，直到1584年三月才集结完毕，如此长的时间，俄军本该察觉得到，但这时军中的灵魂人物叶尔马克正在额尔齐斯河上游扫荡不愿纳贡的村寨，没有人负责情报工作。等到哥萨克们发觉四周到处都是密密麻麻的人群时，城市已经被围得水泄不通。

卡拉恰酋长知道俄军火器厉害，强攻只能徒增伤亡，于是围而不打，将俄军围困在城里。原本就缺粮的俄军顿时陷入绝境，不到一个月，粮食便完全吃完，只能以死尸果腹。

只要再有几天，不用卡拉恰动手，哥萨克们就会活活饿死。

就在此时，哥萨克们再次发挥了他们职业军人的素质和亡命徒的性格，为了不坐以待毙，在卡拉恰的军队士气最高而又放松警惕的时候发动了一次夜袭。

组织夜袭的是两个百人长马维特和麦舍利雅克，经过观察，他们了解到卡拉恰酋长的大营所在地，在一天夜里，只用百余人对围城大军的心脏发起了进攻。

原本以为胜券在握的卡拉恰酋长根本没有想到本应该饿得拿不动武器的俄军会突然出现在自己面前，而且凶神恶煞般势不可挡。他的两个儿子当场战死，卡拉恰酋长只带着两三个仆人逃脱了追杀，抛下自己的军队仓皇而走。

没有了首脑的围城部队顿时乱作一团，虽然俄军已经没有余力再进攻他们，但仍然逐渐散去。

库楚姆汗的苦心再次付诸流水。

当年十一月，由莫斯科出发的五百名射击军到达了伊斯凯尔城，这是由伯爵鲍尔霍夫斯基率领的帝国正规军。但与叶尔马克相比，这些军爷根本不适合与西伯利亚的抵抗军打交道，不但对小股的袭击束手无策，还很快的患上了坏血病，成群的死去。到最后，连指挥官鲍尔霍夫斯基都一命呜呼。

而叶尔马克却继续着征服的使命，继续向西伯利亚深处挺进，一路上凡是抵抗的酋长国和村寨一律实行三光政策，缴获的珍宝、毛皮不计其数。直到到达塔拉河口后，才因为补给问题不得不退回了伊斯凯克。

面对着无能的帝国正规军，叶尔马克除了鄙夷，就是自豪——自己才是这片土地的主人，帝国的利益，只有靠自己才能在西伯利亚实现。

但还有些事情让他不安，一个是因为坏血病，一个便是库楚姆汗。那个顽固的汗王现在在哪里？

围城战失败后，库楚姆汗所能够调动的部队已经很少了，得力助手马麦特库尔、卡拉恰都已不在。他的处境已经很不乐观，但这个倔强的汗王仍然随时在关注着叶尔马克。即使已经无力恢复国家，他也要为死在其手下的子民复仇。

当叶尔马克从塔拉河口返回后，库楚姆汗再一次开始了运筹。

1585年八月，一个情报在俄军占领区传播着：有一个布哈拉的商队将渡过瓦卡依河前来伊斯凯尔城，库楚姆汗率兵劫击，商队正在瓦盖河一带，急需救援。

保护商队是叶尔马克分内的职责，得到情报后，他立即出发。上过当的他，这次非常谨慎，率领了300个哥萨克，这是他剩下的老部下中的大部分。对于用840人长驱直入征服汗国的他来说，这300人足以应付任何情况。

但库楚姆汗没有再与叶尔马克硬拼，而是完全使用了游击战术。

叶尔马克走到瓦盖河口后，遭到了一支小部队袭击，将其击退后，却并未打听到布哈拉商队的任何消息，于是沿额尔齐斯河向上游挺进。在伊施姆河的河口附近，他又一次击退小股敌人的骚扰，在塔沙特干城了停下来。可是派出去的探子仍然没有得到商队的消息。叶尔马克隐隐感到会有个圈套等着他，他下令调头返回。

一直在暗处窥视着哥萨克军动向的库楚姆汗连忙再一次派人在周围的村寨中散布消息：布哈拉商队沿瓦盖河向下游走去。这种散布的消息比派人伪装奸细去通报更能让叶尔马克相信，他急忙赶往该河的下游。

迎着假想的商队，叶尔马克和他的哥萨克一路不停，但总是未能找到。这种诡异终于让叶尔马克决定放弃自己的职责，不再寻找下去了。但多日的行军和战斗让部队很疲劳，于是，八月十四日，在瓦盖河口附近的额尔齐斯河岸边停下来宿营。

这天晚上倾盆大雨下个不停，哥萨克们都沉沉睡去，连哨兵都打起了盹。在一片鼾声中，一个身影溜进了营地偷走了熟睡的俄国哨兵的三支火绳枪和三袋子弹。

这是一个库楚姆汗的侦察兵，他将这些东西作为俄国人完全没有防备的证据交给了不远处密林中的汗王。

得知对手已经完全松懈，库楚姆

汗率领自己的部队向俄国人的营地移动，半夜到达时，包括叶尔马克在内的所有俄国人仍然在梦乡里浑然不知。

一场屠杀开始了。

库姆汗的士兵们用刀矛将睡梦中的哥萨克一个个刺死，为了不引起骚动，有的干脆扼住熟睡的俄国人的咽喉。这支在西伯利亚横行无忌的军队霎时间成了一具具死尸。

凭借着多年养成的机警，叶尔马克醒来了，饶是他多么善于应付突发事件，也无法挽回，除了逃走，他什么也做不了。也许他再一次看到了库楚姆汗，但与当年在楚瓦什岬遥遥相对不同，那时他是征服者，而现在却成了俎上鱼肉。

凭借着高强的武艺，叶尔马克一面用佩剑击退围攻者，一面奔向河岸，靠着沙皇御赐宝甲的保护，他冲到了河边，向着停泊在岸边的一只舢板跳去。

只要能登上船，他就逃出生天了。可笨重的铠甲让他失足落水。在顿河、伏尔加河闯荡的他原本是会水的，但仍是那身铠甲让他根本无法游泳，一代枭雄挣扎了几下便沉了底，溺死在额尔齐斯河中。

一周之后，一个渔人在瓦盖河的下游某地发现了叶尔马克的尸体，那件带给他荣耀又将他拖入死亡的宝甲再一次发挥作用，证明了他的身份。

整支部队只有一个哥萨克幸运的乘小船逃生，回到了伊斯凯尔城，并把叶尔马克和部队人员死亡的消息带给这里的守军。

库楚姆汗终于消灭了这个几乎让自己失去一切的仇敌，当他坐镇首都指挥全国的军队抵抗入侵时，往往牺牲数千人只能让哥萨克付出不到百人的伤亡，如今自己四处游击，居无定所，却轻而易举的消灭了300个哥萨克。面对满地的死尸，心中的苦辣酸甜可想而知。

在伊斯凯尔城中还有150名俄军，由伊凡•格鲁霍夫率领。得到叶尔马克全军覆没的消息后，全城一片震惊和沮丧。灵魂已经没有了，他们根本没有信心再坚持下去。叶尔马克死后十天，所有俄国人撤出伊斯凯尔城，然后乘船返回俄国。

当俄国人消失在地平线后，库楚姆汗派自己的儿子阿莱王子率军进驻了伊斯凯尔，光复了沦陷三年的首都。

国家已经糜烂的不成样子，无论什么部族都已经被剥夺的一无所有，曾经得统一也已不复存在，面对着似乎从天而降的胜利，库楚姆汗有些茫然。

但毕竟俄国人已经走了，也许一切都会再好起来的。

也许。

第八节 最后的傲慢

库楚姆汗因为演绎“王子复仇记”成为西伯利亚的汗王，但这个故事是可以循环的。他夺走了别人的汗位，便会激起新的王子来复仇。

尤其是自己虚弱不堪的时候，对这个故事的再次演绎根本无法阻止。

光复首都不久，坐镇在这里的阿莱王子便受到了袭击，领军的是被库楚姆汗推翻的叶吉格尔汗的侄子，名叫塞伊季亚克。

父亲不在身边，手上又没有足够的军队，阿莱王子无奈放弃了首都。塞伊季亚克占据了伊斯凯尔城，并宣布自己为汗。

国家未靖，边境不宁，祸起萧墙的惨剧便又降临在西伯利亚汗国头上，酋长们各自归附自己承认的可汗。一切希望都在内耗中渐行渐远。

而俄罗斯却决不会因为叶尔马克的死而放弃对西伯利亚的征服。虽然“雷帝”伊凡四世已经驾崩，但并不影响东征大业。1585年春，尚不知道西伯利亚变故的新沙皇费多尔•伊凡诺维奇派出了新的东征军。

这是由上校督军伊凡•曼苏诺夫率领的100名军人，并携带着几门大炮。

他们沿着叶尔马克走过的道路行进，先到托博尔河，然后转向额尔齐斯河，进入到西伯利亚汗国境内后，才得知西伯利亚汗国已经光复，所有的俄国人已经从另一条路回国了。

曼苏诺夫无奈，只得在额尔齐斯河河口对面的鄂毕河的河岸上建造了一座城堡过冬，第二年开春后，便返回了莫斯科。虽然这支部队没有继续前进，但他们修建的这个名叫“鄂毕”的城堡却为日后的重新征服钉下了一颗钉子。

1586年年初，莫斯科又派了一支300人的新部队前往西伯利亚，由将军瓦西里•苏金指挥。这支部队以鄂毕城为支点，堡垒推进，先在图拉河高耸的右岸上建造一座新城，称为秋明城，在这里过冬后向莫斯科请求援军。

第二年，在文书官丘尔科夫带领下的500名军人到达，两支军队合流后，继续推进到离伊斯凯克城十几公里远的托博尔河口，在这里建造了一座要塞，取名叫托博尔斯克。

堡垒推进让俄国人稳扎稳打，巩固了补给线，再不用担心粮荒和坏血病，这比叶尔马克时期更为危险。但塞伊季亚克忙着和库楚姆汗争斗，根本无暇顾及俄军的动向，库楚姆汗也在与归附塞伊季亚克的酋长们的冲突

托博尔斯克

中无法抽身，不但只能眼看俄军长驱直入，还与众多酋长结下了仇恨。

俄国人一面高兴地看着两个人争斗不休，一面在盘算着对付的方法。对他们来说，库楚姆汗极为顽固，只能缓图，而塞伊季亚克却是可以用和谈来欺骗的。

1588年夏，塞伊季亚克带着五百名侍卫到托博尔斯克要塞外的草地上猎鹰，丘尔科夫派人请他来赴宴并和谈。塞伊季亚克与他的叔叔一样对俄国人没什么警惕，只带了一百人进入了要塞。

丘尔科夫热情款待，但对于和谈的事情却只字不提。赛伊季亚克感到对方没有诚意，便一言不发。丘尔科夫举起酒杯，希望赛伊季亚克能够为沙皇的健康和两国的友好干杯。赛伊季亚克拒绝了。这个拒绝既是借口也是暗号，随着丘尔科夫一声令下，伏兵四起，赛伊季亚克和自己侍卫全部被抓。

自己的汗王被俘，在要塞外等待的人便一哄而散，守在伊斯凯克城中的部队也弃城而走。俄军不费一枪一弹重新占领了西伯利亚的首都。塞伊季亚克被送到莫斯科后也受到礼待，并被赐予封地。这样的怀柔手段让越来越多的酋长开始效忠沙皇，俄罗斯的军队中有了越来越多的当地人，军队的数量不再需要远道而来的援军维持。

到了这时，库楚姆汗虽然看到自己的政敌被另一个敌人所消灭，但抵抗的路已经很难走下去了。一个又一个俄军堡垒拔地而起，一个又一个部落和酋长效忠于沙皇，而愿意和自己一起作战的人已经越来越少。

作为一个明智的人，因该选择投降，马麦特库尔、塞伊季亚克不都获得了礼遇和册封么，自己如果投降，就剪除了俄国在西伯利亚最大的敌人，自己能得到的要远比其他人更多。

但他不愿做明智的人，在他心中有更多比明智更值得他为之奋斗的东西。

1590年，库楚姆汗率领着数千人逼近托博尔斯克要塞，浩大的声势让俄军大为吃惊，坚壁清野相对。见无机可乘，库楚姆汗撤退。

现在，能够阻挡俄军继续深入西伯利亚腹地的，仅有库楚姆汗一人了。为了彻底消灭他，1591年7月17日，督军科尔卓夫•莫萨尔斯基公爵带着数百名俄国人和数千当地人组织的军队进行远征，八月十日在伊希姆河附近的奇里库尔湖畔和库楚姆汗遭遇，双方展开混战，这一次，俄军不但武器占优，人数上也超过了库楚姆汗，库楚姆汗的一个儿子，两个妻子被俘，军队被俘杀殆尽。自己只带了十几人退往南部巴拉宾草原。

这次胜利后，俄军继续着堡垒战术，先后在彼雷姆地区修建了彼雷姆城，在额尔齐斯河的安加尔小河河口修建了塔拉城，尤其是塔拉城在1594年建成后，迅速成为中亚通往俄罗斯的重要中转站。整群结队的俄罗斯人迁到了这里，一个个原先只能算是要塞的小城变成了真正的市镇。

对新来定居的俄罗斯人来说，西伯利亚汗国成为了过去，甚至没有人知道这个国家存在过。

但对于代沙皇统治这里的督军们来说，库楚姆汗如果没有死或者投降，这个国家就还没有灭亡，俄国人在这里的统治就还不算稳固。

他们利用被俘的王子和王妃对库楚姆汗劝降，传出消息希望和他和谈。但库楚姆汗的回应仍然是用小股部队不断地骚扰俄军的城寨和补给线。

从当地人口中，俄国人得知，此时已经年迈的库楚姆汗耳聋眼瞎，多数时候已不能骑马，只能坐在车上或靠着仆从的搀扶步行游走于各个部落，号召人们对抗俄军。

叶尔马克当初的宣传似乎成了真实，库楚姆汗如同魔鬼一样顽固。

劝降无效，为了这个垂暮的老人，西伯利亚的督军们先后组织了多次围剿。

1595年，托博尔斯克督军叶烈茨科依公爵率领一千五百余人的部队寻找库楚姆汗，这一次，徒劳无功。

之后不久，格里果里•亚塞里指挥九十人组成的小部队搜集情报，虽然

没有找到库楚姆汗，但却得到库楚姆汗驻扎在额尔齐斯河左岸的一座切尔内伊城堡里的消息。

这个消息让总督大为兴奋，立即派文书官包利斯•多莫日诺夫率领270人前去攻打。库楚姆汗得到消息后撤离了，但城中坚持抵抗的数十名酋长和士兵全部战死。

几次都没能追到库楚姆汗，叶烈茨科依公爵决定对库楚姆汗活动的中心巴拉宾草原进行扫荡。1596年早春，仍然由多莫日诺夫率领485人的部队乘雪橇出发，用两个月时间对巴拉宾草原进行了一次清洗，将遇到的一切与人有关的东西全部摧毁，先后焚烧了七个村镇，直到春暖花开雪橇不能使用才返回。

但库楚姆汗仍然逃脱了俄军的追缴，仍有人愿意用生命来保护和跟随他。

在随后的两年中，西伯利亚的督军先后换了四任，总有库楚姆汗的人在塔拉、博托尔斯克等城附近活动，不断袭击俄国人的消息传来。为了应付沙皇不断的追问，每一个督军都向莫斯科写去了有关库楚姆汗行迹的奏报，但没有一个能确切说出他到底在哪里。

直到1598年，塔拉城的督军莫萨里斯基公爵终于从奸细口中得到了库楚姆汗行踪的确切情报——他在鄂毕河游牧，身边大约有五百多人，并且种植了粮食。

为了能够毕其功于一役，莫萨里斯基召集了700名俄国正规军和300名当地人携带了充足的武器，由将军安德烈•沃依斯科夫率领出征围剿。

这次征讨持续了三个半月之久，库楚姆汗带着队伍不停地转移，与俄军兜圈子，但最终仍然在塔拉城东南约五百公里处，被俄国人追上。

最后一战终于来临，西伯利亚汗国最后的抵抗者们与俄军进行了自杀式搏斗。270人战死，50人被俘虏后杀死，库楚姆汗的八个妻子，五个儿子和十三个女儿也作了俄国人的俘虏。然而，行动不便的库楚姆汗在卫兵的保护下竟再次奇迹般的脱逃了。

安德烈•沃依斯科夫带着人四处寻找，就是找不到这个征战的最终目标。只好无奈地向沙皇报告："我乘木筏在鄂毕河上航行，在鄂毕河岸的森林里寻找库楚姆汗，但到处都没有找到他。"①

从此，库楚姆汗在历史上消失了，俄国人再也没有听到过关于他的确切消息。只是通过传言得知他仍然拒绝身边的人让他投降的建议，"年老、耳聋、眼瞎，失掉了家庭和财产的库楚姆汗仍旧是骄傲和倔强

①瓦西里耶夫著，徐滨、许淑明等译：《外贝加尔的哥萨克史纲》第一卷，24页。

的。”[①]

这是失败者对于胜利者最后的傲慢。

1600年，俄国人终于得到了库楚姆汗的死讯，但究竟是如何死的，却有多种说法。有的说他被部下杀死，有的说他被诺盖人所杀，还有的说他死在卡尔梅克地区。

从1581到1598，整整17年，“驱逐不信神的撒旦库楚姆”的口号终于成为现实。原西伯利亚汗国地区每年为俄国提供数十万张的各类毛皮，在贵金属缺乏的17世纪，这些毛皮起着黄金储备的作用，是国库收入1/3的来源。

库楚姆汗的死，标志着西伯利亚汗国彻底消失在历史长河之中。自此以后，在对整个西伯利亚地区征服的过程中，虽然仍会有人英勇的抵抗，但如此难缠，让俄军踌躇难行近二十年的人物再也没有出现过——“库程汗（库楚姆汗）抵抗俄国人的战斗在北部成吉思汗后裔的历史上放射出最后一抹光辉”[②]。

打开地图，从西向东，叶尼塞河、勒那河、东北亚、贝加尔湖、黑龙江……“北极熊”一步一个脚印向前推进。

1619年，俄军在叶尼塞河西岸，克姆河口上方十二俄里处建成叶尼塞斯克城，这是连接西伯利亚东西两大部分的咽喉，以此城为依托，俄国人打败了这里的吉尔吉斯人、开特人和通古斯人，逐渐将叶尼塞河流域纳入掌控。到17世纪末，叶尼塞河地区成为西伯利亚地区仅次于托博尔斯克的第二大农业产业中心。

1643年，在打败了雅库特人和通古斯人的一些部落后，俄军在勒那河左岸，萨伊萨拉湖附近修建了雅库次克城，到17世纪中叶后，勒那河流域进入俄国版图。

1633年，俄军进入东北亚，最先遭遇的是尚处在原始社会的尤卡吉尔人，1641年，宣布征服“尤卡吉尔土地”，尤卡吉尔人在抵抗过程中人口减少了44%，其中阿纳乌尔部落被彻底屠灭。

1652年，乌达河流域宣告“服从沙皇统治”，与此同时，俄军进入贝加尔湖地区。

这里是蒙古人的聚居地，是漠北喀尔喀三汗部的领土。居民生活在贝加尔湖以西，属于蒙古布里亚特部。虽然人数稀少，却继承了祖先的骁勇，反抗极为激烈，俄军多次有百余人的部队被全部歼灭。可在俄军不断的进兵之下，布里亚特人大量南逃，

①瓦西里耶夫著，徐滨、许淑明等译：《外贝加尔的哥萨克史纲》第一卷，第25页。
②勒内·格鲁塞著，蓝琪译：《草原帝国》，商务印书馆1998年版，第606页。

到17世纪末，贝加尔湖地区也彻底被北极熊吞下。

这样一来，进入黑龙江流域的道路便敞开了。

在入侵黑龙江的过程中，出现了一个类似于叶尔马克的人物哈巴罗夫。此人原本是雅库次克地区的大富商，因为得罪了督军被剥夺了全部财产，于是决定去“探险”。他于1653年抵达乌苏里江与黑龙江的汇合点，在这里建设了要塞，后来发展成为现今的哈巴罗夫斯克城。这是俄国人进入黑龙江流域的开始。

但这一次，北极熊遇到了也在积极向外扩张的清帝国，一往无前的势头终于被挡住，不但是哥萨克，就是帝国的正规军也无法顺利前进。经过三十多年的反复争夺，最后双方只能在笔墨上打起了官司，1689年签订了《尼布楚条约》。

屡屡损兵折将的俄国运气出奇的好，正赶上清帝国与准噶尔汗国争夺外蒙古的战争。为了避免俄国帮助准噶尔，清朝康熙皇帝放弃了以尼布楚为边界，而以额尔古纳河为边界，牺牲了近四十二万平方公里的土地。而俄国虽然得了便宜，但与觊觎已久的黑龙江失之交臂，也算是扩张史上的败笔。这个遗憾，直到鸦片战争后，清朝衰落，俄国乘着西方列强入寇中国的东风，才连本带利地收了回来。

哈巴罗夫

向南无法前进，俄国人又转向北方。

1697年初，哥萨克五十人长阿特拉索夫集结120人的队伍征服堪察加半岛，在这里与堪察加人进行了激烈战斗，建立了堪察加等城堡。到1711年，整个堪察加半岛被征服，并入俄国版图。

16世纪和17世纪的地球上，与俄罗斯一样在疯狂地聚敛土地和财富并获得成功的，还有奥斯曼土耳其、西班牙和葡萄牙，一个老式帝国，两个新殖民帝国。奥斯曼帝国随着衰落，所有的土地和其他老式帝国一样分崩离析。西班牙建立了第一个“日不落帝国”，所抢得的真金白银更是俄罗斯难以企及。但他所获得的领土，却在日后全部失去，继之而起的大英帝国比他占得的土地更多，也难免步其后尘，最后只保住了英伦三岛。

而俄罗斯，却是稳扎稳打，吃下的肉决不再吐出，在领土上实实在在

堪察加半岛的勘察加人

的打夯。即使衰落到极点，什么都在动摇，唯独土地没有大的变动。

无论对俄罗斯赞叹还是诅咒，“探险者”们的勇气和贪婪是打夯的动力，而当地人的抵抗，则是把夯打得如此之牢的动力。

历史走到今天，俄罗斯坐定世界第一领土大国交椅，回望冰海雪原的征服史，叶尔马克和库楚姆汗是最值得仔细品味的人物。一个，为了征服的职责，一个，为了抵抗的使命。他们都为此奋战到最后一刻，没有退缩，也没有放弃。

他们都值得人们记住，无论谁来扮演“魔鬼”的角色。

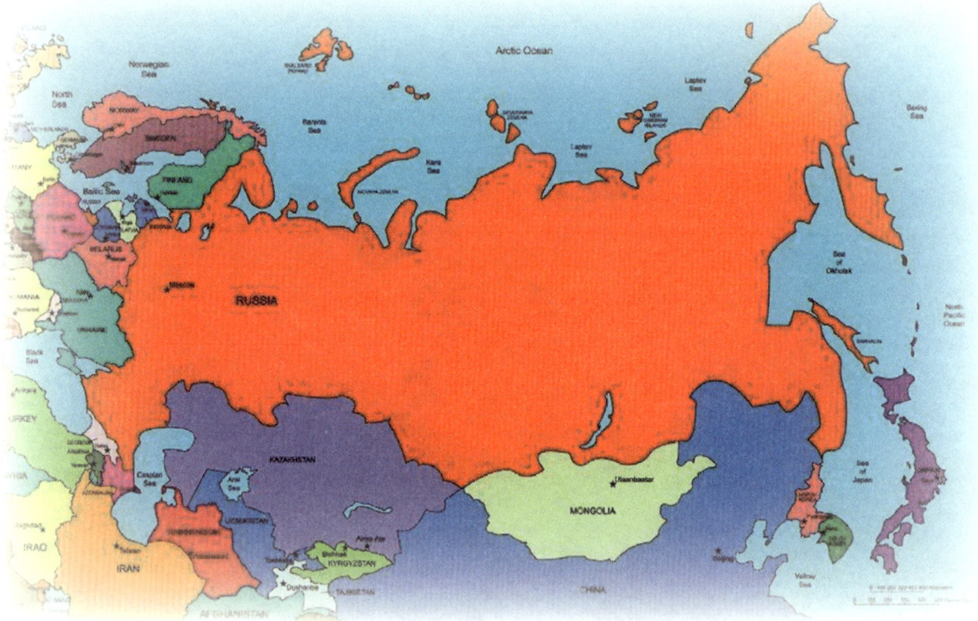

参考文献

1. [明]宋濂等撰：《元史》，中华书局2008年版。

2. [清]张廷玉等撰：《明史》，中华书局2007年。

3. [波斯]拉施特著，余大钧、周建奇译:《史集》，商务印书馆2014年版。

4. [明]刘佶撰：《北巡私记》，《明代蒙古汉籍史料汇编》（第一辑），内蒙古大学出版社2006年

5. [元]叶子奇：《草木子》，中华书局2006年版。

6. [清]昭连著：《啸亭杂录·续录》，北京中华书局1997年版。

7. [韩]郑麟趾等撰：《高丽史》，西南师范大学出版社2014年版。

8. [韩]金渭显编：《高丽史中中韩关系史料汇编》，台北食货出版社1983年版。

9. 《满文老档》，中华书局1990年版。

10. 梁生智译：《马可·波罗游记》，中国文史出版社1998年版。

11. 道润梯步译校：《蒙古源流》，内蒙古人民出版社2006年版。

12. 朱风、贾敬颜译：《佚名蒙古黄金史纲》，内蒙古人民出版社2007年版。

13. 米儿咱·马黑麻·海答儿著，新疆社会科学院民族研究所译：《中亚蒙兀儿史——拉失德史》，新疆人民出版社1983年版。

14. [印度]巴布尔著，王治来译：《巴布尔回忆录》，商务印书馆2010年版。

15. [明]陈诚著，周连宽校注：《西域藩国志》，中华书局2000年版。

16. 杨兆钧译：《克拉维约东使记》，商务印书馆1985年版。

17. 邓拓：《中国救荒史》，上海书店1984年版。

18. 宋工主编：《中国人口丛书·内蒙古分册》,中国财政经济出版社1987年版。

19. [法]勒内·格鲁塞著，蓝琪译：《草原帝国》，商务印书馆1998年版。

20. [苏]格列科夫、雅库博夫斯基著，余大均译：《金帐汗国兴衰史》，商务印书馆1985年版。

21. [法]布哇著，冯承钧译：《帖木儿帝国》，中国国际广播出版社2013年版。

22. [苏]加富罗夫著，肖之兴译：《中亚塔吉克史》，中国社会科学出版社1985年版。

23. [俄]瓦西里耶夫著，徐滨、许淑明等译：《外贝加尔的哥萨克史纲》第一卷，商务印书馆1977年版。

24. [巴基斯坦]赛义德·菲亚兹·马茂德著、吴云贵等译：《伊斯兰教简史》，中国社会科学出版社1981年版。

25. [伊朗]阿宝斯·艾克巴尔·奥希梯扬尼，叶奕良译：《伊朗通史》，经济日报出版社1997年版。

26. [美]希提著，马坚译：《阿拉伯通史》，商务印书馆1979年版。

27. [美]费希尔著，姚梓良译：《中东史》，商务印书馆年1979版。

28. 刘迎胜著：《察合台汗国史研究》，上海古籍出版社2006年版。

29. 王治来著：《中亚史纲》，湖南教育出版社1986年版。

30. 王治来著：《中亚通史（古代卷）》，新疆人民出版社2004年版。

31. 徐景学编著：《俄国征服西伯利亚纪略》，黑龙江人民出版社1984年版。

32. 黄维民著：《奥斯曼帝国》，三秦出版社2000年版。

后 记

公元1260年，忽必烈成为蒙古帝国第五任大汗。虽然忽必烈一直努力将分崩离析的帝国重新统一，但毕竟时移世易，覆水难收。无论忽必烈多么不情愿，从他开始，蒙古不再是一个国家的名称，而成为了“国家群”。

这个群的各个组成部分便是人们所熟知的大元皇朝和四大汗国。在经过各自不同的成长经历之后，在公元14世纪相继衰落。窝阔台汗国于1310年被察合台汗国吞并；地域最为广大，并有名义宗主权的元朝于1368年灭亡；1380年，旭烈兀建立的伊儿汗国灭亡；金帐汗国于1359年陷入内战；察合台汗国在1346年分裂为东西两部分。

可以说，从14世纪中叶开始，蒙古国家群的第一批成员逐渐从历史前台隐退。而同时，还不停地有新的成员加入进来，在广大的欧亚大陆上上演更为精彩的戏目。

在本丛书的《卫拉特三大汗国及其后人》以及《雄踞欧亚——蒙古四大汗国》两书中，我们对蒙古国家群中的一些成员，如卫拉特蒙古建立的准噶尔、土尔扈特、和硕特三大汗国以及东察合台汗国、叶尔羌汗国进行过介绍。在本书中，将为读者介绍元朝的继任者北元、金帐汗国后裔西伯利亚汗国、蓝帐汗国后裔乌兹别克汗国以及被称为“第二蒙古帝国”的帖木儿帝国。

因为笔者学力有限，本书难免会有疏漏和瑕疵。希望方家和广大读者能够予以批评指正，以帮助笔者取得进步。笔者在此致以衷心的敬意和感谢。

班布日

2017年11月13日